楚文化的东渐

刘和惠 著

楚学文库

张正明 主编
刘玉堂 执行主编

长江出版传媒
湖北教育出版社

图书在版编目（CIP）数据

楚文化的东渐 / 刘和惠著. -- 武汉 : 湖北教育出版社, 2024.5
（楚学文库）
ISBN 978-7-5564-4387-1

Ⅰ. ①楚… Ⅱ. ①刘… Ⅲ. ①楚文化—研究 Ⅳ. ①K871.34

中国国家版本馆CIP数据核字(2023)第112168号

楚文化的东渐 CHUWENHUA DE DONGJIAN

出 品 人	方 平	责任编辑	邓珍珍
封面设计	蔡立国	责任校对	李庆华
美术编辑	李 枫 何亦明	责任督印	刘牧原

出版发行	长江出版传媒	430070 武汉市雄楚大道268号
	湖北教育出版社	430070 武汉市雄楚大道268号
经 销	新 华 书 店	
网 址	http://www.hbedup.com	
印 刷	湖北新华印务有限公司	
地 址	武汉市硚口区长风路31号	
开 本	787mm×1092mm 1/16	
印 张	14.5	
字 数	200千字	
版 次	2024年5月第1版	
印 次	2024年5月第1次印刷	
书 号	ISBN 978-7-5564-4387-1	
定 价	78.00元	

总　序

光阴荏苒，岁月不居，弹指间《楚学文库》初版问世已近三十个春秋。蓦然回首，当年的盛况仍历历在目：《楚学文库》甫一亮相，即在北京召开了出版座谈会与楚学研讨会，著名学者季羡林、张岱年、何兹全、任继愈、邹衡、庞朴、黄展岳、俞伟超、黄景略、瞿林东、刘梦溪、王渝生、徐敏、白翠琴和主编张正明等先生欣然赴会，畅所欲言，对《楚学文库》给予了高度评价，称其“是本世纪楚文化研究成果的一次重要总结和集中展示”，为“区域文化研究树立了里程碑”，“对其他地域文化的研究必将产生强大的推动作用”，《光明日报》以《光彩神州，丰润中华》为题，整版刊发了与会学者的精彩发言。李学勤先生因故未能莅临盛会，特意致函主编张正明先生，盛赞《楚学文库》“不愧为楚文化研究的集大成之作”。社会反响异常强烈，文化史学界更是好评如潮，虽多次重印，某些专著仍一书难求。

然而，自《楚学文库》出版以来，有关楚文化的考古发现层出不穷，出土文献联翩而至，相关研究成果亦如雨后春笋，学术界对楚文化的认知已由量的积累上升到质的飞跃，加之初版《楚学文库》已难以购全，因此，增补、修订《楚学文库》成为学术界和广大读者的共同心愿。湖北教育出版社审时度势，毅然决然对《楚学文库》进行增修，堪称远见卓识之举！

相较于原版《楚学文库》，增修版至少有如下优长。

一是体量增大，即所收专著数量增加。初版《楚学文库》共有专著18部，除《楚人的纺织与服饰》尊重作者意愿未纳入外，其他17部全部纳入增修版，并在此基础上增加了3部专著，即张正明先生的《楚文化史》，刘彬徽、刘长武先生的《楚系金文汇编》和宋公文先生的《楚令尹制研究》，共计20部。其中，《楚系金文汇编》弥补了初版有简帛文字研究而无铜器铭文研究的缺憾，与原《楚系简帛文字编》可谓珠联璧合，便于人们在一套丛书中得窥楚文字之全豹；《楚令尹制研究》不仅填补了楚令尹制度研究的空白，还为楚官制研究向纵深推进提供了有益的借鉴，二书的重要意义不言而喻。尤其值得关注的是张正明先生《楚文化史》的收入，该书堪称海内外第一部全面、系统、深入研究楚文化的精品力作，不仅在楚学界具有开榛辟莽之功，而且在中国区域文化乃至中华传统文化研究领域享有盛誉，其影响力并未因时光流逝而消减。回想起1987年《楚文化史》横空出世，旋即在历史文化学界掀起一股先睹为快的热潮，书中锦句如“从楚文化形成之日起，华夏文化就分成了北南两支：北支为中原文化，雄浑如触砥柱而下的黄河；南支即楚文化，清奇如穿三峡而出的长江……”等，一时为楚文化研究者和爱好者广泛征引传诵，几近“有井水处皆歌柳词”之情状。正是由于《楚文化史》一书思接千载，视通万里，新意纷披，文采斐然，故虽屡屡再版，依然洛阳纸贵。此次其被纳入增修版，与初版中的《楚史》相映生辉，更利于人们对楚国历史文化的全面认识和整体把握。

二是内容增加，即每部专著都增添了新的内容。近30年间，随着湖北枣阳九连墩楚墓、河南新蔡葛陵楚墓、湖北宜昌万福垴遗址等的发掘，尤其是湖北荆门郭店楚简和上海博物馆、清华大学、安徽大学珍藏的战国竹简等出土文献陆续问世，极大地丰富了楚文化的内容。各位作者秉持精益求精的态度，对新资料悉心梳理、精细甄别，进而充实到原书相关部分，从而使原著更加丰满。

三是精度更高，即匡谬正误，推陈出新。随着新材料的出现、新方法的运用和新技术手段的推广，楚文化研究高潮迭起。增修版各位作者在充分吸收最新研究成果的基础上，提出了一系列新的见解，纠正了原著中存在的谬误，廓清了初版中某些模糊的认识，调整了不甚合理的结构，文字表述也更加准确、精炼和畅达。

人们常常以章太炎先生的“前修未密，后出转精”来形容作品的初版和修订版的差别，我们虽不敢如此自诩，但增修版的质量超越初版则是毋庸置疑的。时值《楚学文库》初版问世29周年和主编张正明先生仙逝18年之际，湖北教育出版社历经9年艰苦细致的工作，郑重推出《楚学文库》增修版，充分体现出该社对学术的尊崇、对事业的执着和对楚文化研究一如既往的关心与支持，其中也饱含着对张正明先生的敬重和缅怀。

作为忝列张正明先生门墙的弟子，我承蒙湖北教育出版社真诚而盛情的邀请，有幸主持了《楚学文库》的增修工作。受命之日，我即摒弃其他琐务，全身心恭奉其事，未敢有丝毫懈怠。因为从某种意义上说，我把这项工作当作是恩师张正明先生布置的一次特殊作业，只不过评判这次作业的不再是恩师，而是广大热心的读者。

因我学识浅陋和能力有限，各位作者增修的时间也较为仓促，增修版错讹之处在所难免，诚望读者诸君不吝指正。

刘玉堂

2024年4月28日

于武汉东湖之滨

编者献辞 *

楚学是一个正在开拓中的学术园地，从初辟草莱到蔚成气象，还不满半个世纪。

楚学的任务是对楚国的历史和文化做多层面的、全方位的研究，需要众多志士仁人为它献出智慧和辛劳。

楚学的对象自成一个博大精深的体系，从神话、传说到信史，从石器时代、铜器时代到铁器时代，从天文、历法到地理，从物质形态的、精神形态的到制度和风俗，从民族、语言到文字，到玉帛到干戈，从科学到巫术，从老、庄的“玄览”到屈、宋的“流观”，从事象到模式，等等，凡上古文化涉及的一切，无所不包。只靠一个学科或者几个学科的力量，断难窥其堂奥而得其神髓。

中国的古代文化是多元复合的，它的主体华夏文化是二元耦合的。所谓二元，就方位来说是北方与南方，就流域来说是黄河与长江，就代表性的始祖来说是黄帝与炎帝，就象征性的灵物来说是龙与凤，就学术的主流来说是儒家与道家，就风格的基调来说是雄浑、谨严与清奇、灵巧。早在先秦，就形成了这样的格局。春秋战国时代的华夏文化，北方以晋（韩、赵、魏）为表率，南方则由楚独领风骚。近数十年来，学术界论及中国古代文化，大抵重北轻南，重河轻江，重黄轻炎，重龙轻凤，重儒轻道，总之，不免失之偏颇。要全面地认识中国古代文化，不可不研究楚学。

世界的古代文化更是多元复合的，它的主体即旧大陆的古代文化也是二元耦合的。这个二元，简单地说来，就是西方与东方。从公元

* 本文系 1995 年版《楚学文库》编者献辞。

前6世纪中到公元前3世纪中，西方的希腊与东方的楚竞辉齐光，宛如太极的两仪。然而，近百余年来，学术界论及世界古代文化，往往重西轻东，也不免有偏颇之失。要全面地认识世界古代文化，也不可不研究楚学。

我们奉献给读者的这套《楚学文库》，结集了晚近的楚学专著，总计有书18部。出齐之后，则非仅一斑，而足使读者获睹楚国历史文化的全豹。

对于学术问题，见仁见智是正常的现象。我们的编纂宗旨是择善而取，不拘流派，不分门户，不求千口一腔。各部专著分开来看，都自成一家言。整套文库合起来看，则可谓："纷总总其离合兮，斑陆离其上下。"

《楚学文库》编委会

目　　录

导　言

由于田野考古工作的蓬勃开展，大量楚文物陆续出土，使我们惊奇地发现，在哲学、文学之外，楚人还创造了丰富多彩的物质文化及其所体现的精神文化——科技和艺术。琳琅满目的地下珍藏呈现在我们面前，可赏，可触，使我们对楚文化不得不重新认识了。

楚文化大约形成于春秋中期。它融合了周围地区一些先进文化因素，特别是吸收了中原物质文化和精神文化的精华。更为可贵的是，楚人能顺应历史发展的趋势，在融合的基础上有所出新，从而逐渐形成了具有楚民族特色的一种新的文化风格。所以，楚文化一经面世，便以惊人的速度影响于四方。

夏商周三代是中原文化的繁荣时期。在我国上古时代各区域文化中，中原文化居于先进的地位，这是无可非议的。但是到了西周晚期，中原文化的发展步伐有所减缓，延及春秋，有加无已。其原因是，中原的统治者以老大自居，只知“用夏变夷”，而不明夷人也有夷人之长，夷也能变夏。这种故步自封的状态，恰好为楚文化的勃兴提供了契机。

本书不是全面阐述楚文化的，其重点在于介绍楚文化的东渐，换句话说，就是东方的楚文化。所谓“东方”，系指长江下游、淮河中下游一带，包括今天的安徽、江苏两省，以及鲁南、浙北部分地区。直到春秋时期，这一地域仍然是方国、部族林立，存在着大大小小的文化圈。虽然均受中原文化的影响，但是各自土著文化的特色仍然相当浓厚。春秋中晚期到战国这一阶段，随着楚人东进，楚文化的东渐，这一区域之文化才逐渐融合于楚文化。至战国晚期，不仅在文化形态上完全趋于一致，并且在人们文化心理上也得到了普遍的认同。楚文化成长于江汉地区，而最后却在“东方”落脚、生根，其遗绪及于秦汉。

早在20世纪20年代，江淮一带就有零星的楚器出土。30年代，寿县朱家集李三古堆大墓被盗掘，出土青铜器近千件，引起学术界广泛的关注，对出土器物及铭文的考释和研究，吸引了当时许多著名的学者，成为楚文化这个学科诞生的序曲。50年代，寿县西门发现蔡侯绅墓，出土遗物近六百件，其文化面貌简直和楚器难以区分。蔡是周王朝的同姓封国，说明楚文化兴起以后，中原诸夏亦受到楚风的冲击。闻名中外的“鄂君启节”面世，以及70年代至80年代大量的楚币——郢爰和铜贝的频繁出土，反映了战国晚期楚国政治、文化中心的东移。同时，大江南北发掘了不少春秋至战国时期的舒墓、吴墓、越墓，出土了许多珍贵的器物，这些器物所体现的楚文化因素，则带来了一种新的历史信息。这些发现使我们充分地感受到了楚文化的辐射力。而江陵、丹淅、长沙等地区大量的楚文物出土，也使我们广开眼界，深化了对楚文化的认识。

王国维在论述屈原诗歌时曾说：“大诗歌之出，必须俟北方人之感情与南方人之想象合而为一，即必通南北之驿骑而后可，斯即屈子其人也。”（《屈子文学之精神》）大而言之，文化其他领域也是如此。当然，师夷夏之长技，合南北文化为一体的，不止屈原一人，还有楚国的人民。楚人不仅是通南北之“驿骑”，而且也是长江、淮河流域东西文化融合的桥梁。应该说，这是楚人在中华民族文化形成过程中所做出的不可磨灭的贡献。

在这本书里，我们只是对主题作巡礼式的介绍，既难于对楚文化进行细部的欣赏，更谈不到深入的论述，仅仅希望能够为楚文化史做一些有益的补充工作。不过，书中也涉及一些其他问题，如：楚文化为什么在春秋中期兴起？楚文化的出现对我国古代文化起了什么样的作用？楚文化在中国文化史发展中占有什么样的地位？楚文化与中原文化是什么关系？这些亦是饶有兴味的课题，这里只是把它们提出来，尚需深入探讨，如能抛砖引玉，那就如愿以偿，不胜欣幸之至了。

本书第三章第七节《皖南地区的古铜矿》为杨立新撰写，第四章第二节《郢城——寿春》为丁邦钧撰写，附录一和附录二为张宏明提供。

第一章　楚文化的勃兴及其特征

楚立国于周初，始封者为熊绎，僻处于荆山一带，是一个“土不过同”四五等爵位的小国[①]。《左传·昭公十二年》载，楚灵王时右尹子革说：“昔我先王熊绎辟在荆山，筚路蓝缕以处草莽，跋涉山川以事天子，唯是桃弧棘矢以共御王事。”《国语·晋语八》载，晋大夫叔向也说过：“昔成王盟诸侯于岐阳，楚为荆蛮，置茅蕝，设望表，与鲜卑守燎，故不与盟。”这些记载所说的就是楚人立国之初艰辛创业、位卑地微的处境。

当时，他们尚处于氏族社会发展阶段，后来，经过二三百年的时间，方逐步过渡到阶级社会，而文化远远落后于中原地区。这种社会状况和淮夷、吴越非常近似。

先进和落后是相对的，在一定的条件下，二者都有向相反方向转变的可能。进入春秋以后，楚人逐步改变了自己落后的面貌，并且创造了灿烂的楚文化，光照千古，这是奇迹。然而，从客观发展规律来说，又是并非罕见的社会历史现象。

第一节　楚文化勃兴的历史背景

春秋战国时期，是我国社会大变动的时代。《左传·昭公三十二年》记载，晋国的史墨对赵简子说：“社稷无常奉，君臣无常位，自古以然。故《诗》曰，‘高岸为谷，深谷为陵’。三后之姓于今为庶，主所知也。”史墨所说的旧贵族的没落和新贵族的兴起，是社会等级的嬗变。他没有

① 楚为子、男之爵。《尚书·武成》：“列爵惟五，分土惟三。”《孔传》：“列地封国，公、侯方百里，伯七十里，子、男五十里为三品。”

进一步说明原因。其实，当时经济、政治、文化无不发生了巨大的变化。

经济上的变化，主要是封建领主制的没落和封建地主制的兴起，劳役地租逐渐为实物地租所取代，私营工商业开始抬头并得到发展，铁器的发明和推广，有利于私田的开发，推动了所有制的变革。政治上的变化，主要表现是“天下共主”周天子的权力彻底崩溃，诸侯不受节制；大诸侯吞并小诸侯；“政逮诸侯”以至“政逮大夫”。体制上郡县制逐渐取代领主制。社会经济、政治的变化，势必引起社会文化的变化，社会风气的变化。这就是当时所称的“礼崩乐坏”。旧的崩坏，新的产生。

变革，是春秋战国历史发展的总趋势。楚国的崛起和楚文化的勃兴，恰好与变革开始的春秋时代同步。这不是历史的巧合，而是难逢的历史机遇。

从已发现的考古资料看，直到西周末东周初，楚文化仍相当落后，没有什么显眼之处。可是，楚人并没有自卑，楚人敢于面对现实，也敢于向权威挑战。《史记·楚世家》载，周夷王时，熊渠在江汉一带扩张领土，立三子皆为王，声言“我蛮夷也，不与中国之号谥”。后来虽然恪于形势，取消了王号，但是这种敢于躐阶冒级的精神和气魄，对于后起之秀来说，却是十分可贵的。

变革之风不是始自楚国。可是，楚国在变革的过程中却居于举足轻重的地位。特别是文化领域，可以说，楚人起了领异标新的作用。

比起诸夏，楚国在文化上原是落伍者。它还要向先进的诸夏学习，如何能在变革的过程中体现领先的作用呢？其实，这并不矛盾。正是楚人所处的特殊地位，主客观条件的遇合，才有可能发挥这样不同于一般的历史作用。

诸夏是宗法社会传统文化的继承者，虽然直到春秋时期仍然处于先进的地位，但是，这一传统文化已经发展到它的转折点，面临革新的抉择。这种趋势，诸夏统治阶层中也有人已经有所认识。不过，总的说来，他们对传统文化习染既久，在世界观上已形成固定模式，“困顿于宗法社会缧绁之中，不能自拔”[①]。所以，他们在变革的潮流中，只是处于被动的地位，而不能成为推动的力量。

楚国则不同，没有这种历史传统的负担。就像熊渠、熊通坦承自己为“蛮夷”一样，它没有那么多的“宗法”规范和礼法的约束。同时，更重要的是，楚人意识中较多地保存了氏族社会的自由精神，以及无羁的想象和重感性认识的风习，有一种开拓、趋新的原始活力，而这种活力正是诸夏所缺乏的东西。

历史亦有神秘的一面。这种神秘表象的后面往往是一种历史的机遇。楚人身上具有的活力，在变革潮流中，产生了一种奇异的作用。进入春秋以后，楚国迅速发展，楚文化在多方面取得了重大成就。

正由于此，所以楚人在学习中原文化及其他文化的同时，就渗入了自己的观念，有所创新，特别在工艺上表现得尤为突出。如果楚人只是单纯地模仿、搬用，仅仅步人后尘，那就不会出现一个光彩照人的“楚文化”来，更不用谈震古烁今的业迹了。

《国语·郑语》载，西周末年，史伯和郑桓公谈论天下大势，预见到社会将有重大的变化，并提出了“和实生物，同则不继”的概念。他举出一些事例，说明一成不变或同上加同，就不可能产生什么新的事物，也不会有发展的前途。他所讲的是不同因素的调和及其变异。当然，他还不能进一步阐明对立物统一的辩证法则，但有此认识已是难能可贵的了。

史伯所说的道理，正是楚人优势之所在，也正中诸夏之弊。在文化演变的进程中，诸夏所以举步维艰，恰是由于故步自封。诸夏必须向民间、向“蛮夷”吸取新的源泉，才能跟上时代的步伐。

春秋后期，中原出现的“新声”，就是来自郑、卫两国的民间，所以又称“郑卫之音”。这种音乐很快地风靡起来，连国君也爱听，卫灵公、晋平公、魏文侯、齐宣王等都是春秋战国之际著名的新声迷。原来

---

① 姜亮夫．三楚所传古史与齐鲁三晋异同辨［J］．历史学，1979（4）．

的“雅乐”（庙堂之乐）遂逐渐为“新声”所取代了。这是中原文化由下而上变革的例子。

至于吸收外族之长，向“蛮夷”学习，诸夏总有些自大，与之保持着一定的距离。可是，随着时间的推移，以及楚文化的勃兴，诸夏各国也不得不刮目相看了。最显著的例子是诸夏中的蔡、曾两国。从蔡昭侯、曾侯乙两座墓葬出土物的文化面貌看，两国大约在春秋后期已经广泛地接受楚文化影响了。① 这固然有地缘的关系和政治的原因，但从根本上说乃是适应变革的形势，反映趋新的潮流。

诸夏其他各国，亦在逐渐地接受新风的影响。例如 1923 年发现的新郑铜器群，新制器物与旧制器物并存。初不知其所自，今有河南淅川下寺与和尚岭楚墓出土器物相证，其新制器形与纹饰，显然受楚风的影响。特别是“莲鹤方壶”，壶身满饰龙凤纹，盘绕纠结，二兽耳，胸、腹共附六兽，皆回首卷尾，跃动欲出，器足为爬行双兽，盖周列双层莲瓣，中立一鹤，展翅昂首，欲飞欲鸣。这件器物造型，一反旧制风格，极尽动态之美②，代表着艺术上新的境界。而这正是楚艺术的特征。虽为郑器，却有楚风。此件新制佳构之作，毫无疑问，当系郑国宫廷的宝爱之物。

如上所述，楚文化成长、发展的过程，与那个时代社会发展的趋势有着密切的联系。它是一种开放文化。一方面，博采众长，包容中原文化以及其他文化的因素；另一方面，也对周边诸文化产生积极的影响，尤其对中原文化的演变起到了相当重大的作用。不过，这一点目前尚缺乏充分的认识。

楚文化虽是一种区域文化，但它的影响，远远超过楚国的范围，从这一点说，它又不受地域的局限。它不仅是春秋战国时期与中原文化并肩媲美的文化之一，而且后来居上，在变革过程中发挥了领异标新的作用，

① 两墓的时代，一为春秋晚期，一为战国早期，具体分析，其文化面貌的改变应早于墓葬的时间。

② 孙海波．新郑彝器［M］．开封：河南通志馆，1937．

为华夏南北两支文化融合做出了重大的贡献。汉代在政治体制上继承秦制，但在文化上却与楚交化一脉相承。有人说，汉文化就是楚文化，从源流上说，不是没有道理的。

第二节　楚文化的特征

一、包容众长的出新道路

楚文化勃兴的原因，主要有两个：一个是社会时代变革的机遇，上节已予介绍；另外一个是楚人因所处的特殊环境而走的不同于一般的道路，就是下面所要讨论的了。

楚在西周时的贫困状况和屈辱地位，从另一个角度看，对一个有强烈自尊心的民族来说，是产生历史主动性的有利条件。楚人要改变自己的落后现状，就必须学习他人之长，吸收外来的经验，把别人先进的东西变成自己发展的条件。具有进取精神的楚民族，走的正是这样一条符合社会客观发展规律的道路。

历史上曾大放异彩的文化，都具有综合和多源的性质。任何民族，如果僻处一隅，遗世而独立，就只能导致停滞落后，乃至被历史所淘汰。

所谓多源性，借用自然科学一句术语，就是“杂交的优势”。楚文化的茁壮成长和取得的辉煌成就，与具有这种优势是分不开的。

就楚人所接触的周围文化来说，当然首推与其关系最密切的中原文化，其次如东方的齐鲁文化，西北的秦文化，长江上游的巴蜀文化，长江中游以及南方的杨越文化，长江下游的吴越文化，淮河流域的淮夷文化，等等。这些文化发展的水平自然是不平衡的。中原文化虽然在西周末东周初已呈现停滞状态，但是其发展水平仍然大大高于周围地区。向中原文化学习，是楚文化成长的必由之路；可以吸收的东西很多，既有物质方面的，也有精神方面的。这应是楚文化的主源。其他文化，相对来说比较落后，但也不是一无所长，楚人并不鄙弃，也从他们那里吸收养分，得到了不少助益。在这方面，楚人是没有畛域之见的。

下面我们以手工业生产技术为例加以介绍。

楚人的青铜冶铸技术是从中原传入的。可是，在发展过程中，却吸收了多种文化因素。如青铜冶炼技术就有杨越的贡献，湖北大冶铜绿山冶炼遗址的发现，得到了物证。[①]青铜武器铸造技术的提高，则得益于吴越。据《越绝书》记载，楚曾不惜“邦之重宝”聘请吴越铸剑名师，以获得铸造兵器的先进技术。另外，从出土的楚器看，在铸造工艺方面，除受中原文化影响以外，亦吸收了吴越、淮夷以及秦文化的某些因素。

楚人纺织技术的提高，与齐鲁文化有很大的关系。当时，齐鲁是全国纺织手工业最先进的地区，有“冠带衣履天下”之称。《左传·成公二年》载，楚侵鲁，鲁“赂之以执斫、执针、织纴，皆百人，……楚人许平”。“执斫”指木工，“执针”指绣工，“织纴”指织工。[②]我们参考1982年江陵马山1号墓出土的战国时期丝织品，不难发现，这是包括当时织机制造、丝绸织造和刺绣在内的一整套丝织技术和工艺的输入。通过数百名熟练的技术工奴，把先进的齐鲁纺织技术和工艺传到了楚国。

琉璃（早期的玻璃）烧制技术，楚人最初可能亦是从中原那里学来的。后来西方多彩琉璃品传入，楚人对其制造工艺很感兴趣，在仿造中逐渐掌握了新的制造技术，从而推动了琉璃生产的发展。据张正明考证，西方多彩琉璃器是由印度—缅甸—昆明—长沙这条商路传入的。[③]

由此可见，楚人不仅不排斥外来的东西，而且善于接受新的事物。同时，他们也不满足于单纯模仿，新东西被引进来往往经过一段时间实践，并加以融通，变成具有自己风格的东西。也就是说，在模仿的基础

① 张正明．楚文化史［M］．上海：上海人民出版社，1987：57-59．

② 杜注：“执斫指木工，执针指女缝工，织纴指织布帛工。”从整体看，执针应是绣工。

③ 张正明．料器与先秦的楚滇关系和中印交通［J］．江汉论坛，1988（12）．

上加以创新。这种精神无疑是可贵的。

下面仍以技术为例：

春秋时期青铜铸造技术有很大进步，主要表现在两个方面：一是分铸焊接技术的出现，一是失蜡法（蜡模熔铸法）的发明。分铸焊接法是浑铸法的发展，不仅提高了成器的效率，亦为青铜工艺创新提供了技术条件。失蜡法为铸造技术史上一项重大发明，它使青铜器造型和装饰工艺达到了精确、完美的境界。这两项铸造技术都与楚文化有着密切的关系。分铸焊接法最早见于公元前6世纪的河南淅川下寺楚墓和新郑大墓的两个铜器群。现在虽然尚不能肯定这种铸造方法是否为楚人所创，但是楚人对这一新技术的积极推广和发展的贡献是毋庸置疑的。失蜡法铸造的青铜器，一见于淅川下寺楚墓的青铜禁，一见于曾侯乙墓的青铜尊盘，中原地区尚不曾发现过。这两件佳作，精美绝伦，可谓古代青铜工艺中的极品。从已发现的资料看，失蜡铸造法很可能就是楚人所发明的。

铁的冶炼技术，楚人初始亦是从中原那里学来的，不过，楚人对铁器冶炼技术的提高和铁器的推广都有很大贡献。春秋战国时期铁器遗物，以楚地出土最多。①从出土的实物分析，大约在春秋晚期，楚人已经掌握了加热锻打技术，炼制出了块炼渗碳钢。战国中期，楚人又掌握了将生铁铸件在一定高温下长时间退火技术，生产出韧性铸铁，增加了铁的韧性，大大提高了铁器的功能。②显然，楚人在冶铁技术上亦有所贡献。

楚人对漆器的发展和普及的贡献尤为显著。漆的发明虽然很早，但漆器登上大雅之堂和功用的扩大，是春秋后期出现的，其功绩主要应属楚人。先秦的漆器，多出于楚墓，不仅数量多，而且品类亦多，可谓洋洋大观。当时，制胎已出现镟木、卷木、夹纻等技术；装饰已有彩绘、描金、针刻、嵌镶等髹漆装饰技术，创新殊多，为后来漆器的发展奠定了技术和工艺的基础。比起青铜器，漆器有轻巧、绚丽、适用的优点。

① 黄展岳．试论楚国铁器［J］．湖南考古辑刊：第二集，1984.
② 后德俊．楚国科学技术史稿［M］．武汉：湖北科学技术出版社，1990：44-45.

所以漆器兴起后，不仅部分取代了青铜器，而且生活用具的普及范围大大超过了青铜器。漆器是继青铜器以后不同于铁器功用的一种物质文化。

上面，我们仅举荦荦大者，旨在说明楚人在模仿中有改进，在包容中有创新。模仿、包容是手段，改进、出新则是结果。

包容、改进、出新，这就是楚文化成长和发展的道路。

二、独具一格的艺术特色

楚人虽然喜新，却不弃本。他们很看重自己的传统，有自己的观念和审美标准，尤其在艺术上充分展现了自己的风格和特色。可以说，艺术是楚文化之花。如果离开艺术，那么，楚文化就要黯然失色了。

前已谈到，楚人较多地保存了氏族社会自发的自由精神，无羁的想象和浪漫的激情，使得他们把神话和现实糅合在一起，以抒发炽烈的情感。这种激情的力量推动了他们对新技术的追求，从而丰富了他们艺术表达的手段。

这种近乎原始的艺术偏好，虽是古代社会各民族的共同现象，但楚人似乎表现得更充分、更突出。

出土的楚工艺品琳琅满目，美不胜收，概略言之，主要有以下几个特色：

1. 人神交融的浪漫意境

艺术是精神产品，它源于自然，又不同于自然。楚人脱离氏族社会不久，在他们朴素而又绚烂的思维中，大自然仍是十分神秘的，神灵占着主宰的地位。他们相信，生命的灵魂是永生的，死只是灵魂脱离了躯壳，进入了另一个世界。山川、草木、鸟兽等亦皆有灵，并且和人之间有一种亲密的关系，灵魂升天有赖于神灵或神物的帮助。在这方面，他们的思维获得了最自由的发挥。一个是人的世界，一个是神的世界，沟通这两个世界的方式就是崇祖、祭祀、丧葬仪式，以及巫术，这些也成了艺术题材的宝库。

楚艺术形象中的动物、植物以及自然现象大都是变态的、抽象的，这均与神话有联系。例如凤是楚艺术品中常见的形象，但它不是现实中的鸟，而是神话中的鸟。1949 年湖南长沙楚墓出土的人物龙凤帛画中的龙、凤就是导引灵魂升天的神物。《楚辞》中多次提到的凤，亦是可以沟通天上和人间的工具。还有一种异形的凤，如湖北江陵不少楚墓出土的木雕“虎座立凤”，凤背上长出一对鹿角，展翅昂首，立于虎背之上，这种凤、鹿合体的形象，据考证就是古代神话中的“飞廉”，即风神。[①]《楚辞·远游》说，“前飞廉以启路”，《楚辞·离骚》说，“后飞廉使奔属”。可见，飞廉是作为前导或后扈，带着死者灵魂遨游九天的。

再如一种被称为“镇墓兽”的木雕，为楚墓常见的出土物，这种艺术品形状怪异，头插鹿角，口吐长舌，似龙非龙，似虎非虎，莫可名之。有的研究者认为是山神，有的认为是土伯。其实这很可能仍是神话中“飞廉”的形象。文献记载的风神有两说，一属鸟类，一属兽类。[②]楚人给凤配上鹿角即为鸟类飞廉，那么，给龙或虎配上鹿角可能就是兽类飞廉了。这都是他们想象中协助灵魂升天、融合两个世界的自然力形象。

马克思说：“任何神话都是用想象和借助想象以征服自然力，支配自然力，把自然力加以形象化。”[③]神话不是科学，但却是古代艺术产生的土壤。

2. 飘逸、流畅的动态美感

我们在欣赏楚艺术品时，首先映入大脑的，是一种十分鲜明的、强烈的动态美感，好像每一个形象、每一根线条都蕴含着一种动势，具有活泼、旺盛的生命力。显然，这种表现生命运动之美是与楚人热爱大自然的风习分不开的，因为他们看到的自然界是变化多端、生机盎然的动态美。

如果和中原传统艺术相比，我们不难发现，楚艺术十分强调曲线、

① 郭德维. 楚墓出土虎座飞鸟初释［J］. 江汉论坛，1980（5）；张正明，等. 凤斗龙虎图象考释［J］. 江汉考古，1984（1）.

② 郭德维. 楚墓出土虎座飞鸟初释［J］. 江汉论坛，1980（5）.

③ 中央编译局. 马克思恩格斯选集（第 2 卷）［M］. 北京：人民出版社，1972：113.

弧线，而极少直线、死线。曲线、弧线之所以受到青睐，原因不在于形状，而是曲线、弧线具有一种运动的态势，例如青铜器中的升鼎，这种礼器中的列鼎，楚人原是从中原那里学来的，但却按照自己的审美观加以改创，把直耳改为撇耳，器腹加以束腰，蹄足增添了兽面纹，鼎周附上数只爬兽。化静为动，化严肃为轻盈，以柔美的线条，改变了原来给人以压抑之感的礼器氛围。又如河南淅川下寺 2 号楚墓出土的铜禁，器下有 10 只昂首前行的虎足，器侧又有 12 只攀附的怪兽①；湖北随县（今随州市）曾侯乙墓所出的尊盘，尊体上装饰 28 条龙，盘体上装饰 56 条龙②，皆以生命运动的姿态，使静态中的器物呈现出动态之美。楚青铜器中最常见的蟠虺纹，也是因为它那屈伸的身躯具有运动的态势，而受到青睐的。

动态美在漆画、刺绣艺术上表现得更为洒脱。那些云纹、气象纹和动物造型，既奔放又多样。如漆画常见的云纹就有十几种形态，有的如云海滚滚，有的像秋天的流云、阵云，有的像朵朵的飘云。这些回旋卷曲的纹饰，难以捉摸，给人一种飘逸之感。漆器上凤纹、龙纹大都是变形的，也是运用婉转的云纹构图手法，寥寥数笔，别有意趣。丝织品中最多见的菱形纹，与一般几何形纹不同，它是由 S 形纹、Z 形纹、六角形纹、圆圈纹等十几种细纹组成的，寓动于静，其折线艺术之巧，令人眼花缭乱。刺绣品中以凤的形象最多，有三头凤、凤戏龙尾等，其中尤以舞蹈的凤最具动态美，整个凤体全用回旋流畅的线条构成，如敦煌壁画艺术中的舞姿，融化在腾跃的旋律里，极尽婉转、袅娜、飘荡之美。另一凤斗龙虎纹样也十分精彩，“整个画面几乎布满了舞动着的 S 形和 Z 形的忽粗忽细的曲线，每个空隙都有从 S 形和 Z 形上引申出来的弧形附饰填补，这些附饰又都是凤、龙、虎的肢体，绝无闲笔虚文”③，把飞旋流动的曲线美表现得淋漓尽致。其想象力之丰富，不禁令人神往。

---

① 河南省丹江库区文物发掘队．河南省淅川县下寺春秋楚墓［J］．文物，1980（10）．
② 湖北省博物馆．曾侯乙墓［M］．北京：文物出版社，1989：229．
③ 张正明．楚文化史［M］．上海：上海人民出版社，1987：181．

楚造型艺术中青铜雕塑和木雕作品也无不鲜明地体现动态之美。如安徽寿县李三古堆大墓出土的青铜“飞鹰攫蛇”，展翅的雄鹰利爪下抓着一条尚在挣扎的双尾连体蛇，通过捕捉转瞬即逝的大自然现象，表现速度和冲力之美。湖北江陵雨台山 471 号楚墓出土的蟠龙漆卮木雕（原报告称“蟠蛇”），全器共 20 条蟠龙，龙体用红、黄两色漆相间，相互盘旋缠绕，似在蠕动，又似在翻腾①，静中恍惚有动，可谓匠心独运。江陵望山 1 号墓所出的“虎座凤架鼓”，双凤背向，尾相接，昂首立于虎背之上，启喙欲鸣，生动传神。鼓即悬于双凤之间。②构思之妙，令人叹服。安徽寿县出土的大府铜牛，江陵雨台山楚墓出土的木雕鹿和鸳鸯豆，以及望山 1 号墓所出的木雕座屏中的凤、鹿、蛙、蛇等动物形象都生动活泼，其态可掬，表现出热烈的生命力，给人一种和谐及气韵生动的美感。

另外，湖北荆门包山 2 号楚墓出土的漆奁彩绘“车马出行图”，是一幅反映贵族生活的现实题材通景画③，与一般楚器艺术风格迥然不同，但表现动态美则是一样的。画上有 26 个人，10 匹马，4 辆车，9 只雁，2 条狗，1 头猪和 5 株柳。人在行进，车马在奔驰，雁在飞，柳条在摆动，整个画面俱在动态之中。作品的时代为战国晚期，当是汉代此类情节画的滥觞。

生命运动的动态美感，是楚艺术最主要的特色。

3. 惊采绝艳的色彩美感

“惊采绝艳”是刘勰在《文心雕龙·辨骚》中对《楚辞》的评语，用以形容楚艺术的色彩美，也是十分恰当的。楚人对大自然的赞美，对感官享受的欲求，在欣赏动态美的同时，也对鲜明色彩有强烈的爱好。

在《楚辞》中我们看到楚人对色彩美的欣赏、追求，在楚艺术品中

① 荆州地区博物馆．江陵雨台山楚墓［M］．北京：文物出版社，1984.

② 杨宽．战国史［M］．上海：上海人民出版社，2003：637.

③ 湖北省荆沙铁路考古队包山墓地整理小组．荆门包山楚墓发掘简报［J］．文物，1988（5）.

我们也同样看到这样的追求。出土的先秦艺术品中，没有哪一国像楚国的艺术品有那么多繁富、艳丽的色彩。

楚地出土漆器最多。楚人喜爱漆器，主要是漆器适宜于表现丰富而绚丽的色彩，并且经久不变。这是当时其他质地的器物难以比拟的。据统计，已出土的先秦漆器有红、黑、黄、白、绿、蓝、紫、褐、金、银、橘红、海蓝、暗红等色。上面提到的透雕座屏彩绘，就运用了红、绿、黑、金、银等数种漆色。[①] 不过，漆器运用最多的是黑、红两色，常以这两种颜色为基调。因为黑、红两色对比鲜明、强烈，典雅不俗，如果再加上描金，就更显得华贵富丽了。此外，还有髹漆的铜器、陶器、竹器和皮革的甲胄等，显而易见，主要都是为着追求色彩的效果。

丝织物和刺绣也适宜于表现艳丽的色彩。据后德俊统计，楚墓出土的丝织品颜色有红、黄、绿、蓝、紫、棕、褐、黑及藕色等。[②] 可见，楚人对于色彩强烈的爱好，也推动了古代染色工艺的发展。丝绸是服饰的材料，而服饰最能体现人的爱美心理，五颜六色的丝织品，更能满足楚人对色彩的欲求。刺绣的色彩更复杂，有红、绿、蓝、棕、褐、黄、金黄、深红、朱红、橘红、草绿等等。[③] 刺绣纹样最多的是凤，楚人爱凤，也爱凤凰羽毛的斑斓色彩。

楚俗尚赤，但也爱绿。《左传·昭公十二年》载，楚灵王“次于乾溪……翠被，豹舄，执鞭以出”，翠被，系饰以翠羽的披风。《说苑·善说篇》言：楚“襄城君始封之日，衣翠衣”。《楚辞·招魂》亦提到“翡翠珠被”“翡帷翠帐”“砥室翠翘”[④]。可见，楚人对绿色也是很感兴趣的。

尚赤，爱绿，喜五彩，楚人在艺术上追求的乃是惊采绝艳的意境世界。

---

① 后德俊．楚国科学技术史稿［M］．武汉：湖北科学技术出版社，1990：84.
② 后德俊．楚国科学技术史稿［M］．武汉：湖北科学技术出版社，1990：124.
③ 张正明．楚文化史［M］．上海：上海人民出版社，1987：172.
④ 砥室，石室。全句的意思是石室内有翠鸟长尾羽毛的装饰。

第二章　商周时期的“东方”

楚文化是在江汉地区孕育成长的。随着楚人的东进，楚文化从江汉传播到江淮，从长江中游传播到长江下游。到了战国晚期，楚人东徙，楚都东迁，东方不仅成了楚国政治、经济的中心，同时在文化上也取得了东方土著居民的认同，完成了文化融合的最后一个阶段——共同文化心理的形成。可以说，楚文化发源于江汉地区，但最后扎根却在江淮、江海的东方大地。

这一章，我们要介绍的，就是楚文化东渐以前，商周时期“东方”社会的概貌。

第一节　考古的发现

对于商周时期“东方”的文化面貌，过去我们所知甚少，近年来，由于考古新资料不断发现，扩大了视野，认识有所进展。不过，文化遗址虽然发现不少，但科学发掘尚为数不多。全面看来，仍然存在一些缺环。

商周时期的“东方”地处长江、淮河的中下游，水流纵横，湖泊较多，文化遗址一般多分布在河流和湖沼两旁突出地面的土墩高地。考古工作者称之为“台形遗址”。这种现象反映那时这里可能时常发生季节性的水患，洪水对人们的生活构成相当大的威胁。土墩大多为人工所筑，形状多为椭圆形或长方形，面积大小不等，一般为数千至两万多平方米，高度为二三米至十几米，有的遗址地层从新石器时代一直延续到商周。这是江淮、淮北和江南商周时期遗址共同的特点。

下面，我们就来分区加以介绍。

1. 江淮地区

在上古时期，江淮属于南北文化交会地带，文化面貌比较复杂。考古发现显示，商周时期这里存在两个文化圈，我们暂称为 A 圈和 B 圈。

A 圈，包括从北面的淮河两岸到东南沿江的含山、和县之间的地区。发掘和试掘的遗址有：含山大城墩、孙家岗，肥东吴大墩、大陈墩，肥西大墩孜、七姑墩，寿县斗鸡台、青莲寺，六安西古城、众德寺，霍邱绣鞋墩、红墩寺等处，遗物有陶器、石器及小件青铜器等。①

这些相当于商代时期的文化遗存，陶器以夹砂灰陶为主，其次为泥质灰陶、黄褐陶、红陶。纹饰多绳纹，也有弦纹和附加堆纹。其主要特点受中原商文化的强烈影响，并且表现得相当浓厚。例如，鬲完全代替了鼎，大口尊、假腹豆、圈足簋、深腹罐，以及折沿方唇盆、甗这些典型的商式器普遍流行，而当地传统的器型则相对较少。

这一文化圈南北尚存在一些差异，靠近长江的南面遗址有一定数量的印纹硬陶，并且随着时间推移逐渐增多，反映东南文化的影响；沿淮一带的北面遗址基本上不见印纹陶，而有岳石文化因素的器物，如浅盘豆、平底罐等，但影响比较微弱。

墓葬出土的大件青铜器数量亦相当可观，如嘉山县（今明光市）泊岗出土的斝、爵、罍、觚，其形制与纹饰和郑州二里岗铜器风格相类②；阜南朱寨月儿河出土尊、斝、爵、觚、分裆鼎各两件，其中以龙虎尊最为突出，为晚商青铜器中的精品③；颍上王岗出土的父丁爵、父丁卣、鼎以及兵器等，亦系晚商之物。另外，合肥、肥西、六安、淮南、蚌埠等地零星出土了觚、爵、斝、鼎、方彝等商代铜器多件。④

---

① 安徽含山大城墩遗址发掘报告［C］// 考古学集刊：第 6 辑. 北京：中国社会科学出版社，1989；张敬国. 略论江淮地区夏商周文化分期及族属［M］// 文物研究：第 3 辑. 合肥：黄山书社，1988.

② 葛治功. 安徽嘉山县泊岗引河出土的四件商代铜器［J］. 文物，1965（7）：23.

③ 葛介屏. 安徽阜南发现殷商时代的青铜器［J］. 文物，1959（1）.

④ 李国梁，等. 安徽文物考古的新收获［M］// 安徽省博物馆・安徽文博・建馆三十周年特刊，1986.

相当于西周时期的遗存，多叠压在商文化层之上，出土物一般均存在连续发展的关系。如陶器仍以夹砂灰陶为主，多绳纹，主要器类为鬲、豆、盆、罐。中原周文化的影响亦有表现，如素面器增多，陶鬲出现柱状足和疙瘩状足等，但比较平淡，远不如商代中原文化影响那样强烈。西周晚期，夹砂红陶逐渐占有优势。南部沿江一带遗址原始青瓷器大量出现，说明南方文化因素有所增长。

西周大件铜器，有合肥、巢湖发现的鼎、鬲、盉数件。春秋墓葬出土的铜器较多，暂不论及，留待下章一并介绍。

淮北地区商周遗址发现也不少，据调查资料，文化面貌和沿淮有共同之处，但尚未有科学发掘，目前还说不清楚。

B 圈，分布于江淮西南部的皖河、菜子湖流域。这里为大别山脉的东南麓。已发掘和试掘的遗址有：潜山薛家岗商文化层、枞阳汤家墩、怀宁跑马墩、太湖王家墩、安庆张四墩等。

这一文化圈的遗存具有浓厚的土著色彩，外来文化影响较少。如鼎、斝、盉、壶等陶器的形制具有鲜明的地方风格，不见于其他地区。不过，也受到中原文化的影响，如鼎逐渐演变为鬲。但是，这种鬲与中原的鬲不同，袋足浅，裆面小，还留有鼎的特点。这是一种鼎式鬲（见图 2-1）。其形制显然是鼎与鬲相互结合的产物。

相当于西周时期遗物，多承前期形制，变化不大，唯黑皮陶增多，三足器更加流行，鼎、鬲并存。

鼎式鬲出现于商代时期，系由鼎演变而来，它的渊源可以上溯至新石器时代薛家岗文化。至于和江汉地区的“楚式鬲”存在什么关系，尚待进一步探讨。

2. 淮海地区

这一地区商周时期文化遗址发掘和试掘的有：铜山丘湾、高皇庙，连云港九龙口，徐州邳州黄楼，新沂三里墩，泗阳宗墩，萧县花家寺等。[①]

① 曾昭燏，尹焕章．古代江苏历史上的两个问题［M］// 江苏省出土文物选集．北京：文物出版社，1963．

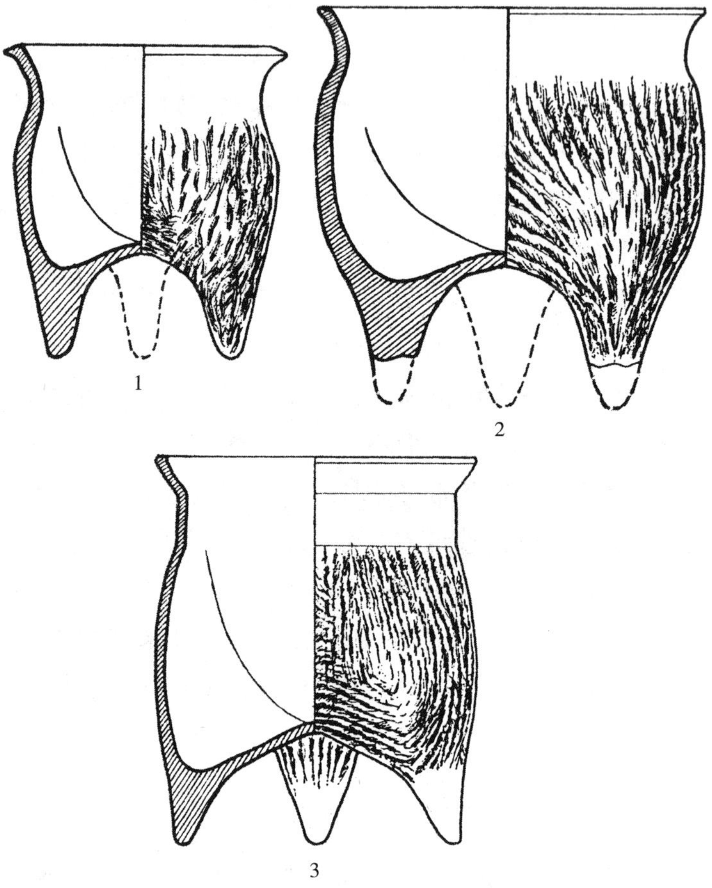

1、2. 怀宁跑马墩商代遗址出土　3. 薛家岗遗址商文化层出土

图 2–1　陶鬲摹绘图（杨德标绘）

这些遗址商文化层多压在龙山文化层之上，陶器以灰陶为主，多绳纹，主要器类有鬲、甗、簋、盆、豆等，其特点与中原商文化比较接近。生产工具有石器、蚌器、角器，以及小件铜器等。邻近的鲁南滕州、邹城相当于商代的文化遗址，出土物大致与之相类。

西周时期遗存，仍承袭上一阶段文化之余绪。炊器以鬲、甗为主，绳纹灰陶器比较普遍，生产工具中蚌器仍很盛行，并有卜甲、卜骨伴出。同时，中原周文化对其亦有一定影响，如陶器中瓿、罍的形制和纹饰与中原同类器近似，涟水、连云港出土的青铜鼎、甗体态浑厚，兽面纹简练，亦是中原西周铜器的风格。[①]

3. 江南地区

江南地区商周考古学文化以“湖熟文化”和与之有密切关系的土墩墓为代表。

“湖熟文化”分布的范围，以宁镇地区为中心，东南至武进，西南至马鞍山，北跨大江达江浦、六合、仪征一带。发掘的遗址有南京北阴阳营、锁金村，镇江马迹山，丹徒断山墩、赵家窑、团山等十余处。[②]土墩墓则遍布苏南、皖南以及浙北地区，发掘的有句容浮山果园墓群、高淳顾陇、永宁墓群、南陵千峰山墓群等多处。[③]

“湖熟文化”地区出土的陶器主要是夹砂红陶和泥质红陶，并伴有几何印纹陶及原始青瓷器。器类主要有鬲、甗、瓮、罐、盆、豆等，鼎较少。纹饰有绳纹、回纹、云雷纹、方格纹等。生产工具有石器、蚌器以及镞、鱼钩等小件青铜器。商至西周时期发展有连续性，变化不是太大，几何印纹硬陶和原始青瓷器比例有所上升，仿铜器的纹饰开始流行，绳纹锐减，角状把手的鬲、鼎多见。春秋以后这一文化已趋衰落。

西周时期兴起的土墩墓和“湖熟文化”有着密切的关系，考古学界多认为二者可以归于同一文化类型。土墩墓的特点是平地堆土起冢，不挖墓穴，没有葬具遗迹。墓葬大多成群，有一墩多墓，也有一墩一墓。随葬品主要是印纹硬陶和原始青瓷器，少数大中型墓亦有青铜器出土。战国时期趋于消亡。

---

① 文物编辑委员会．江苏文物考古工作三十年［M］// 文物考古工作三十年．北京：文物出版社，1979.

② 曾昭燏，尹焕章．试论湖熟文化［J］．考古学报，1959（4）；刘建国，等．论湖熟文化分期［J］．东南文化，1989（1）.（按：“湖熟文化”的命名尚未得到考古学界的公认。）

③ 邹厚本．江苏南部土墩墓［C］// 文物资料丛刊：第6辑．北京：文物出版社，1982；杨德标．试论皖南土墩墓［M］// 文物研究：第4辑．合肥：黄山书社，1988.

商周时期江南地区的另一文化圈是太湖流域的“马桥文化”①。这一文化和“湖熟文化”虽有某些共同之处，但二者文化因素也有不相同的地方。“马桥文化”主要特点是陶器以泥质灰陶（包括黑衣灰陶）为主，有鼎无鬲。与“马桥文化”分布范围大体相当的石室土墩墓，又是一种特殊的葬制，和土墩墓有别，它有石块筑成的长条形墓室，随葬品多是制作粗劣的印纹硬陶和原始青瓷明器。②

殷商时期的大件铜器在这一地区颇为罕见，据我所知，仅有出土于皖南铜陵的一爵一斝。可是，西周时期的大件铜器却屡有出土。据商志䃅统计，已发现西周到春秋早期的青铜器有 225 件③，其中可以确定为西周时期的青铜器，数量相当可观。马承源对这些青铜器作了详细的研究，将它们分为三类：

A 类，即“从形制、纹饰乃至铭文，全部属于中原西周青铜文化的系统”。器物有丹徒烟墩山出土的宜侯夨簋、凤纹觥，大港母子墩出土的伯簋；屯溪 1 号墓出土的父乙尊、3 号墓出土的公卣和壶盖；仪征破山口出土的兽面纹纹尊，等等。

B1 类，从形制到纹饰完全仿铸中原西周时期铜器的铸品；B2 类，祖型来自中原系统，但形体已有较大改变的器物。

C 类，纯属土著风格的青铜器。④

三类中以第二类占的比例最大。不难想见，西周时期，中原青铜文化对江南地区有着相当大的影响。

从上面所述考古发现来看，商周时期“东方”各个地区文化，

① 蒋赞初．关于长江下游地区的几何印纹陶问题［C］// 文物集刊：第 3 集．北京：文物出版社，1981．（按：这一命名也未得到考古学界的共识。）

② 冯普仁．试论吴国石室墓［C］// 吴文化研究论文集．广州：中山大学出版社，1988．

③ 商志䃅．吴国都城的变迁及阖闾建都苏州的缘由［C］// 吴文化研究论文集．广州：中山大学出版社，1988．

④ 马承源．长江下游土墩墓出土青铜器的研究［C］// 上海博物馆集刊：第 4 期．上海：上海古籍出版社，1987．

都不同程度地受到中原文化及邻近文化的影响，都处在演变过程之中。不过，各个地区演变的途径并不完全相同，各个历史阶段外来文化影响的程度亦有差异。在商代，淮河流域和江淮地区受中原文化的影响较大，而西南一角却较少受到外来文化的冲击。江南地区虽亦受到中原文化的影响，但相对来说则平淡得多。西周时期又不同，江淮地区与中原文化的联系，就没有殷商时期那么密切，出现了疏远的现象；而在江南地区，中原文化的影响却显然比以前大大增强。这是什么原因，下面我们还要进一步进行讨论。

第二节　淮夷和徐夷

商周时期的江淮地区，尚处于氏族部落的发展阶段。居民的结合基本上仍是建立在以血缘关系为基础的共同体中，在社会组织、经济生活、文化心理等各个方面，都呈现一种过渡状态。

这里的居民，中原华夏人称之为“夷”。夷，是他称，不是自称。现在我们所知道的商周历史，是由国家机器发展比较完善的中原华夏人记下的。因此，我们只好随着他们所加的称号，不然就无以为名了。

“夷”也有许多大小不同的套合概念，有的加上一个方位的名称，如“东夷”；有的加上一个氏族图腾的名称，如“鸟夷”；有的加上一个方国的名称，如“徐夷”；等等。

东夷的地域，据徐旭生考证，大约相当于今天的山东全境及徐淮地区、河南的东部和南部、安徽的两淮之域。① 可见，东夷是一个泛称。那时候，两淮的居民都属于东夷这个大集团。

淮夷的“淮”字是一个复合概念。淮字从“隹”，《说文》：“隹，鸟之短尾总名也。”可知淮夷是鸟夷的一支。因为居住在水边，所以“隹”字加一个“水”字偏旁，意为住在靠近河流的鸟夷。据顾颉刚研

① 徐旭生. 中国古史的传说时代［M］. 北京：文物出版社，1985.

究，淮夷原来居住于今天鲁东之潍水流域，潍水古名“淮水”，盖“族名和水名出于一源”①。

相对于“东夷”的概念，“淮夷”可以说是一个专称。但是，它不是一个部族的名称，也不是国名，而是一定地缘的许多部族的群称。同时，在不同的历史阶段，包括的部族并不完全相同，居住的地域也有所变迁。所以，严格地讲，“淮夷”又是一个不定的群称。

徐夷的“徐”是自称，也是专名，已由出土的徐器铭文证实。徐夷人原来也是居住于今天的鲁东，和淮夷地相邻近，本来也是淮夷的一支，并且同属嬴姓，关系密切。所以周人常将淮夷、徐夷并称，时而统称为淮夷；时而又称之为“淮戎”“徐戎”。当时，夷蛮戎狄的界限往往是混淆不清的。

商末周初的淮夷、徐夷，均指生活于今天山东东南部的嬴姓部族，与江淮无关。淮河两岸的居民被称为淮夷，是周初以后的事情。

顾颉刚认为，“现今的‘淮河’，这个名词乃是由山东南移到江苏、安徽和河南去的，因为周代几度东征以后，有一部分淮夷被迁徙到那里，水名就被带过去了”②。不过，淮河的两岸居民并非都是由山东迁徙来的。

从考古资料来看，江淮地区在新石器时代已经进入以农业为主的社会，相当于商周时期的遗址大都叠压在新石器时代文化层之上，具有连续性，发展有序。我们认为，山东潍水的淮夷只是部分南迁于淮河流域，这里的居民大多仍是土著的氏族，原来也被称为“夷”的，由于水名的南迁，周人就统称为淮夷了。

两群淮夷，一指鲁东南之淮夷，即周初“东伐”之淮夷，一指淮河流域之淮夷，就金文所见，又称为“南淮夷”。显然，这一东一南淮夷之分，是以中原周人为基点的。

淮河流域之淮夷有嬴、偃、归诸姓，可见淮夷并非一姓。论者多认为嬴、偃二字一声之转，偃即嬴。其实嬴、偃古音是有区别的，并不相

①② 顾颉刚．徐和淮夷的迁留［M］// 文史：第 32 辑．北京：中华书局，1990．

通，王力在《汉语史稿》中已予指出。[①] 据记载嬴姓出自伯益（一作伯翳），偃姓出自皋陶，同源不同宗。皋陶是尧舜时期的人。皋陶墟传说在六安城东，遗址犹存。可见，偃姓诸方国早就在江淮定居了，而不是在西周初年迁徙过来的。

周初时，淮河流域的诸部族与周人尚能相安，大概维持一种臣属关系，即诸部族通过纳贡向周天子表达忠诚。宣王时期的兮甲盘铭文中有“淮夷旧我帛贿人”，就是反映这种关系的实证。可能由于周王室对淮夷众邦索取过甚，加上徐人的鼓动，因此淮夷起而反抗，引起周王朝的征伐——从穆王到宣王历时百余年的战争。

自成王几次东征后，徐人被迫迁徙到今滕州市以南、微山湖以东地带。但以后徐又与淮夷联合叛周，并且充当了盟主，因而成了周人征伐的主要目标，再次被迫迁到汉东。后来在战争中，淮夷曾经几次打到淮河上游以北的支流地区，一度进至成周附近，威胁到周王室的安全。

穆王、厉王时期经过多次战争都未能征服淮夷。到宣王时，召穆公在江汉间取得了决定性的胜利，南仲等率师沿淮东向追击，把徐人一直赶到淮河的下游。淮夷和徐均被征服，与周王室又恢复到以前的臣属关系。《诗经·大雅》中的《江汉》篇和《常武》篇描绘和歌颂了这次战争的胜利。青铜器兮甲盘和驹父盨的铭文反映了这次战争以及淮夷、徐夷被征服的史事，补充了文献记载的不足。

纵观西周一代，淮夷与中原周王朝的关系，有一个叛与服的过程。周人征服淮夷的目的，是勒取贡物，主要是布帛，可能还有金属。淮夷则反对这种勒取。这一矛盾虽然通过战争方式暂时得到解决，但淮夷始终于心不服，在心理上与中原存在隔阂，因此影响到文化方面的联系。这可能就是考古发现西周时期江淮地区与中原文化有所疏远的一个原因。

徐与淮夷结成联盟抗周，但是这一联盟是松散的。徐人始终未能将淮夷众邦真正统一起来，建立一个实质性的大共同体。原因很多，主要

---

① 李学勤. 兮甲盘与驹父盨［C］. 西周史研究，1984.

原因是受历史条件的限制。所以直至春秋时期，楚人来到江淮之前，江淮大地仍然处于方国、部族林立的比较落后的社会状态。

第三节　春秋时期的方国

一、淮河南北的方国

西周时淮夷包括哪些方国、部族，现在已无法全面搞清楚了。据《春秋左氏传》等文献记载，春秋时期江淮地区的方国，大都在商周或者更早的时期就已存在了。可考的有以下几组古国：

1. 偃姓诸国

上面提到，偃姓部族可能是在商周以前就在江淮定居的土著。该部族的居地在淮河以南、长江以北、大别山以东、巢湖以西的地带。

（1）六。传说为皋陶之后，夏代所封，在今六安附近。

（2）英。传说亦为皋陶之后，在今金寨东南。

（3）群舒。据《世本》，有舒庸、舒蓼、舒鸠、舒龙、舒鲍、舒龚等名，在今舒城、庐江境内及其附近。还有宗，在今舒城、庐江间；桐，在今桐城西北，亦为群舒之属。[①] 这些小共同体仍保持部落的组织形式，从出土的舒器来看，土著色彩相当浓厚，后面我们还要具体介绍。

（4）巢。为殷商之古国，《书序》有周武王灭商后“巢伯来朝”之记载，在今巢湖附近。有的文献说它也属于群舒。

（5）蓼。据《史记・楚世家》记载，亦为皋陶后；另有一说，蓼为庭坚之后，姬姓，在今安徽霍邱与河南固始间。

2. 嬴姓诸国

皆由山东南迁之部族。

---

① 尚有“皖”，传说为偃姓，因不见先秦文献记载，不敢遽断。从考古发现来看，亦可能为群舒之属。也有学者认为，群舒就是群徐，是从徐方分出来的，亦为一说，但依据不足，记以备考。

（1）徐。自周宣王时被迫迁徙到淮河下游，遂定居下来，在今洪泽湖北泗县、泗洪一带，北境达到微山湖南。后灭于吴。

（2）钟离。大约是周初南迁之淮夷，在今凤阳境内。其城址已在临淮关发现。后为吴灭。

（3）钟吾。亦为周初南迁之淮夷，在今苏北新沂、宿迁之间。后亦为吴所灭。

（4）郯。在今鲁南郯城与苏北邳州间，属于东淮夷。

（5）养。在今皖北界首与豫东沈丘之间。①

3. 其他

（1）胡。归姓，在今阜阳及其附近，可能属于东夷集团，或者是殷商时期的旧国。②

（2）萧。子姓，为殷人之后，其地近宋，在今萧县西北。

（3）州来。故址跨淮河两岸，今寿县、淮南、凤台县境。其姓氏未见记载，可能为周初山东迁来之淮夷。

（4）莒。己姓，传说亦出自嬴姓，为少昊之后，周灭殷后为武王所封，为未曾南迁之淮夷。其地在今鲁南莒县境。

（5）邾。曹姓，传说为祝融之后，系周初之封国，都城在今鲁南邹县东南，城址已发现。③

（6）邳。任姓，在今鲁南滕州西南。

（7）费。季姓，在今鲁南费县境，为鲁季氏之邑。其正式立国则在战国初年。

另外，还有许多部落，现在已无从稽考了。《左传》昭公四年和定公六年提到的“淮夷”和“小惟子”，其中不少是部落的酋长。春秋时期东方仍然散布着一些部落群体，可见，商周时期就更多了。

进入春秋，周室衰微，历史出现大的转折，淮域古国仍然处于原来

---

① 何浩．楚灭国研究［M］．武汉：武汉出版社，1989．（另外在淮河流域的嬴姓国尚有江、黄，俱在今河南省境内。）

②③ 何浩．楚灭国研究［M］．武汉：武汉出版社，1989．

的散漫状态，没有崛起新的力量统一众邦，与大国抗衡，这就给楚人东进提供了有利的条件。

二、江南的吴、越

吴、越两国到春秋晚期才真正登上历史舞台，在这以前它们尚处于比较闭塞的状态。

从考古发现来看，新石器时代江南地区文化可与黄河流域的中原文化媲美。但是，到了夏商周三代，中原首先出现了国家，并相应地建立了一系列的典章制度。特别是文字的发明和使用，方便了人们将与自然和社会斗争的经验记载下来并流传后世。“惟殷先人，有册有典”①，这是划时代的大事。精神文明出现了飞跃的发展。相比之下，江南地区物质文化虽然也有所进步，但上层建筑却跟不上时代的发展，大大落后于中原地区。严格地说，商周时期，江南地区还没有完全脱离原始的状态。这里的居民，中原人称之为“荆蛮”。

商末周初，周人来到江南，建立了吴国。江南的社会面貌因而发生了很大的变化。

据《史记·吴太伯世家》记载，殷商末年，周文王的伯父太伯、仲雍来到江南，受到荆蛮的拥戴，四传至周章，周武王克殷之后，遂封之。关于这条记载，自清代崔述提出疑问以来，一直聚讼不决。② 其事可不可信，这里我们暂且不论。但是，吴为周的封国，统治者为周人之裔，是毋庸置疑的。这不仅见于《左传》《国语》《论语》等先秦文献记载，并且获得了地下考古资料的证据。其中最能说明问题的是 1954 年丹徒烟墩山西周墓出土的宜侯夨簋③ 以及 1956 年寿县蔡侯绅墓出土的吴

① 《尚书·多士》。

② 刘和惠．荆蛮考［C］// 文物集刊：第 3 集．北京：文物出版社，1981．

③ 江苏丹徒县烟墩山出土的古代青铜器［J］．文物参考资料，1955（5）；参阅唐兰．宜侯夨簋考释［J］．考古学报，1956（2）；李学勤．宜侯夨簋与吴国［J］．文物，1985（7）．

王光鉴[①]。前者铭文显示西周早期，江南确有周王朝的封国；后者铭文说明吴的统治者确系姬姓。显而易见，吴是周人与土著荆蛮相结合而形成的周王朝封国。不过，在中原人眼中，它仍是一个“蛮夷”之邦。

周人君吴，自然扩大了江南与中原的文化联系。这就回答了上面提到的考古发现，为什么西周时期中原文化对江南文化影响那么突出。正如李学勤说的：“吴国是周王朝与江南地区文化的重要桥梁之一。”[②]

可是，西周后期，吴与中原周人的关系出现了转折——疏远以至中断。这可能和淮夷与周人的长期战争，以及周室中衰有关。直到春秋吴王寿梦时，吴国才恢复与中原交往的关系。

西周时期吴国的疆域，大致和所谓“湖熟文化”及土墩墓分布的范围相当。“荆蛮”可能就是“湖熟文化”的主人。

越人传说为夏禹之后，少康庶子之裔。周人君吴，已有确证，但夏人君越，却无过硬的证据，尚待进一步探讨。越的方位在今浙北宁绍和杭嘉湖地区，北达太湖东部与吴人错居。吴人、越人均断发文身，“习俗同，言语通”[③]，所以论者多谓吴越同族。

商周时期越人的活动，古籍缺载，不便推测。越国之兴在吴之后，到春秋时方见于史。

吴越两国居民原来相安无事。但是，吴自寿梦称王，交通晋国后，逐渐强大，与越发生了冲突，变成了宿敌。吴得到晋人的支持，越也成了楚的与国。实际上，吴、越之争在一定程度上是晋、楚两大国争霸的余波。

吴、越之争的结果，为楚国进一步统一江南准备了条件。

---

① 安徽省文物管理委员会，安徽省博物馆．寿县蔡侯墓出土遗物［M］．北京：科学出版社，1956.

② 李学勤．吴国地区的尊、卣及其他［C］// 吴文化研究论文集．广州：中山大学出版社，1988.

③ 伍子胥语，见《吕氏春秋·知化》。

第三章　楚文化的东渐

楚文化的东渐，与楚人的东进同步。

楚自兴起后，即把东进与北进定为长期战略，二者互为表里，目的是扩疆拓土，称霸诸侯。随着楚人的东进，楚文化从汉水传播到淮水，从长江中游传播到长江下游，在趋新的潮流中，这股新风逐渐地吹遍江淮大地。

楚成王十六年（前656），时为霸主的齐桓公率诸侯之师伐楚，由于双方均无意进行决战，遂有“召陵之盟”。楚人暂时中止了北进，转而东向，这就是《国语·吴语》所说的“逾诸夏而图东国”。成王十七年（前655）灭弦（今河南潢川西北），二十四年（前648）灭黄（今河南潢川境），二十六年（前646）灭英（今安徽金寨、霍山之间），随后又灭蒋（今河南固始东北）[①]。楚人的势力达到今豫东南及皖西大别山东北麓。成王三十五年（前637）楚复北向伐陈，取焦（今安徽亳州境）、夷（今安徽亳州、涡阳间）二邑。前632年，楚在城濮之战中败于晋，北进再次受阻。但是，其称霸诸侯之雄心并未稍减，几年以后，又继续东向扩张。楚穆王四年（前622）灭六（今安徽六安境）、灭蓼（今安徽霍邱县以及寿县南境、河南固始县东境），十一年（前615）征服群舒（今安徽舒城县、庐江县、桐城市一带）。楚庄王即位后，继先世之大略，积极开疆拓土。十三年（前601）群舒服而后叛，庄王乘机灭舒蓼，拓境至滑汭（今安徽无为县、巢湖市之间），兵锋达到长江北岸，并示好于江南的吴、越。

① 据何浩考证，灭蒋在楚成王二十四年至三十七年之间。（何浩．楚灭国研究［M］．武汉：武汉出版社，1989：11．）

第一节　江淮地区的水利开发

楚人东进江淮，在经济文化上影响最大的，要数兴修水利开辟农田了。

江汉平原是我国比较早的稻作文化地域之一，对于水利和稻作的关系，楚人是有足够认识的。他们来到江淮，诸小国初服，而北面又有齐、晋两国的威胁，势必驻守重兵。可是，军粮的来源，不论就地征调或者由本土东运，在当时都有很大的困难。可能出于长远打算，楚庄王起用了热心于农田水利开发的孙叔敖为令尹。在孙叔敖的主持下，江淮地区兴建了一批陂塘，其中规模最大、遗址至今犹存的是位于今天安徽寿县境内的芍陂——安丰塘。它是我国最早的人工水库。[①]

一、芍陂稻田的兴创

芍陂位于淮河中游以南，介于淠水、东淝水之间。原址北距寿县约 30 千米，南到六安约 40 千米。

淮河属于我国自然地理过渡带，北面为广袤的淮北平原，南面多为丘陵山地。淮河中游南面地带总的地貌趋势是南高北低，由大别山北麓至淮河多山地丘陵，地势陡峻。山地的海拔高度一般在 300 米以上，而处于北面的沼泽地和入淮处海拔高度只有 30—50 米，芍陂与淠水之间平坦地海拔仅为 26 米。这样悬殊的高差，造成这一带河流河床浅、比降大、水流急。因此，一遇汛期，洪水必然外溢而下。显然，这一带是无法进行农耕的。

就水文气象而言，两千多年前的气象条件与 21 世纪差异不大。淮河流域处于我国南北气候交替带。淮河以南年降雨量 800—1 500 毫米，而主要集中于夏季。6 至 8 月是南北气流在淮河上空相峙的阶段，常常连续降雨，造成洪灾。同时，由于全年降雨量不均，少雨季节又很容易

① 刘和惠．孙叔敖始创芍陂考［J］．社会科学战线，1982（2）．

出现旱情。所以，从自然条件说，芍陂及其灌溉区原来很可能是时潦时旱的一片湖群沼泽之地。[1]

芍陂始创者的选址是相当科学的，充分利用了地形和水文的自然条件，因湖拦水成陂。陂东紧倚长岗，为一天然堤坝。人工堤主要施于西、北两面。据文献记载和遗址勘测，西堤长 23 千米左右，原来有一河道，因缘河岸为堤，利用自然地势作为基础。北堤较短，不到 5 千米。这西、北两面大堤，当是芍陂初建的主要工程。

芍陂南高北低，正源为朱灰革南来之水。此水系由六安望城岗至龙穴山一线山地众流归总，初时水势甚大，后来流量逐渐减小。芍陂另一水源来自六安北 10 千米处分流之淠水，经木厂铺东流，与朱灰革水相汇北流入陂。木厂铺为纵贯南北之望城岗低处，必须截岗，淠水方能通注。据清代夏尚忠《芍陂纪事》记载，这条人工渠道，全长约 18 千米，应是芍陂创建阶段第二项重大工程。

我们认为，这两项工程，可能并非同时完成。芍陂初建时在于筑堤拦水、蓄水，变水害为水利，后来灌溉面积增加，而朱灰革水源的流量又逐渐减小，因此才有开凿水渠引进淠水之举。这一工程，《汉书》已见记载（见下面的引文），它的开凿时间，估计不会晚于战国时期。

芍陂初制，略呈直三角形，周长合今 60 千米左右，陂面合今 80 余平方千米。[2] 它的诞生，为开辟 1 300 多平方千米的淠东平原稻田创造了前提条件。所以《后汉书 · 王景传》中有“芍陂稻田”之称。

芍陂的灌溉面积，先秦文献未见记载，汉以后史籍所载有数万顷、万顷、数千顷等几说。据著者研究，在正常发挥效能的情况下，受益的稻田 5 000 余顷（50 余万亩）。[3]

芍陂的规模，从春秋到元代，没有出现大的变化。明代以后，由

---

① 张义丰. 淮河中游江淮湖群形成的地理因素和社会因素——并论芍陂的形成［C］// 芍陂水利史论文集. 安徽省水利史志研究会，1988.

②③ 参阅刘和惠. 芍陂史上几个问题的考察［C］// 芍陂水利史论文集. 安徽省水利史志研究会，1988.

于源流阻塞情况日益严重，蓄水量急遽下降，上游陂面日渐干涸，因而引起占陂为田之风。据夏尚忠《芍陂纪事》记载，从明初开始，日侵月占，陂面逐渐缩小，至万历初年，此风方被刹止，但是，陂之半壁已变为垦田，原来的陂面只剩下 40% 了。

芍陂始创至今已经超过 2 600 年了。几经兴废，历尽沧桑，中华人民共和国成立以后，芍陂才得到全面的综合治理，沟通了淠河总干渠，纳入淠史杭灌区大水系，彻底解决了水源问题。1988 年的芍陂，水面为 34 平方千米，蓄水能力接近 1 亿立方米，灌溉面积超过 63 万亩，具有蓄、灌、排以及反调节源水的综合效能。旧貌新颜，今非昔比了。①

芍陂是楚文化东渐的一颗光彩夺目的明珠，至今仍在发挥效益，造福江淮。

二、孙叔敖在江淮的治水业绩

楚人在江淮的水利开发，据文献记载，芍陂之外，尚有阳泉陂、大业陂，均为孙叔敖主持修建。

芍陂之名，首见《汉书・地理志》。“庐江郡・潜县”：“沘山，沘水所出，北至寿春入芍陂。”又“六安国・六县”：“如溪水，首受沘，东北至寿春入芍陂。”沘水，即淠水；如溪水，又称泄水。具体提到芍陂创始者的是范晔（398—445）《后汉书・王景传》：“建初七年（82），（景）迁徐州刺史。……明年，迁庐江太守。先是百姓不知牛耕，致地力有余而食常不足。郡界有楚相孙叔敖所起芍陂稻田，景乃驱率吏民，修起芜废，教用犁耕，由是垦辟倍多，境内丰给。”1959 年，安徽省文物工作队在安丰塘（芍陂）东北角发掘一座东汉闸坝工程遗址。这座闸坝建筑在一条泄水沟上面，用层草层土叠筑而成，闸坝前有一水潭，潭前又有一道由树木纵横逐层错叠的拦水坝。据殷涤非研究，这可能就是王景所倡导的“堨流法”。出土遗物有“都水官”铁锤、铁斧、铁锄、

① 安丰塘历史研究小组．古塘芍陂［C］// 芍陂水利史论文集．安徽省水利史志研究会，1988．

铁犁铧等多件铁、铜工具，以及陶井圈、竹篓、两汉货币等。[①]这一发现为王景整修芍陂的记载提供了物证。

比范晔稍晚，北魏郦道元在他的名著《水经注》中关于芍陂的记载就比较详细了。该书卷三十二《肥水》注："……陂水上承淠水[②]于五门亭南，别为断神水。……又东北迳白芍亭东，积而为湖，谓之芍陂。陂周百二十许里，在寿春县南八十里，言楚相孙叔敖所造。……陂有五门吐纳川流，西北为香门陂。陂水北迳孙叔敖祠下，谓之芍陂渎……北注肥渎。"郦氏以"访渎搜渠"为己志，这是他亲自调查的第一手资料；如果他没有到过芍陂，是不可能写得这样详细的。

"言楚相孙叔敖所造"之"言"字，表明这是江淮人民世代相传下来的一条口碑史料，十分可贵，郦道元如实地载入了他的专著。更难得的是，他还记下了孙叔敖祠。这"祠"，不言而喻，是芍陂周围的人们为纪念孙叔敖开发芍陂稻田的业绩而建立的。它建于何时，可能郦道元到芍陂访渎的时候已经无法搞清楚了。这个世代相传下来的"纪念馆"，进一步证实了上述口碑史料的真实性。

阳泉陂和大业陂，一在霍邱西，一在霍邱东北，规模比芍陂小得多。其与芍陂并称见于《华夷对境图》："芍陂……与阳泉（陂）、大业（陂）并孙叔敖所作。"该书早佚，此据胡三省《资治通鉴注》所引。[③]唐李吉甫《元和郡县图志》也有相同的记载："寿州安丰县有芍陂，灌田万顷，与阳泉陂、大业陂并孙叔敖所作。"[④]

东汉延熹三年，固始令段光在孙叔敖所封之地"寝邱"为孙叔敖立碑，碑文中也提到孙叔敖治水的业绩："宣导川谷，陂障源泉，灌溉失泽，堤防湖浦，以为池沼，钟天地之美，收九泽之利。"[⑤]成书于西汉前

① 殷涤非．安徽省寿县安丰塘发现汉代闸坝工程遗址［J］．文物，1960（1）．

② "淠水"据熊会贞疏改，他本为"涧水"。

③ 见《资治通鉴》卷七十四（邵陵厉公正始二年）"吴全琮略淮南，决芍陂"下注文。

④ 《元和郡县图志》亦非完帙，此据南宋章樵《楚相孙叔敖碑》转引。

⑤ 引自马骕《绎史》卷五十七。

期的《淮南子·人间训》，以及与范晔同时代的裴骃的《史记集解》，亦有孙叔敖治水事迹的记载。唐以后的地理、历史著作提到者更多。可以说明，孙叔敖在江淮的治水业绩，是得到历代的史学家，特别是地理、水利学家公认的。

然而，也有例外，南北朝梁人刘昭在《后汉书·志第二十二》“郡国四”（晋司马彪补）“九江郡·当涂县”下注云：“《皇览》曰，楚大夫子思冢在县东山乡，西去县四十里；子思造芍陂。”这条资料，迄今一无所考，楚国历史上有没有子思其人，一条旁证也找不到。[①]人且有疑，何论其事！但是，既有这条资料存在，而学术界亦有据以提出芍陂非创于孙叔敖时代之说，因此，稍加辨析，就有其必要了。

言“子思造芍陂”的《皇览》，系三国魏文帝时官修的一部类书，早佚。此书取材冗滥，“务多为美，聚博为功”[②]，前人早有定评。范晔、裴骃、郦道元与刘昭同生南北朝之世，其时该书尚未散佚，无疑他们均见过《皇览》，但不谋而合，三大家皆未理会这条资料，也未对孙叔敖始建芍陂之说有所置疑，这绝非偶然巧合，而是经过鉴别的共识。

刘昭的《后汉书补注》，前人亦有所评论。如唐代杰出的史学家刘知几在《史通·补注》中说：“窃惟范晔之删《后汉》也，简而且周，疏而不漏，盖云备矣。而刘昭采其所捐，以为补注，言尽非要，事皆不急，譬夫人有吐果之核，弃药之滓，而愚者乃重加捃拾，洁以登荐，持此为工，多见其无识也。”清代著名史学家王鸣盛认为“刘注多所抵牾”，尤其是那些“荒诞肆臆妄造”之言，“而刘昭信之，可谓愚矣”[③]。这些批评是切中肯綮的。[④]在此，“子思造芍陂”之说，为什么

① 春秋战国时，有两个子思，一是孔子的弟子原宪，字子思；一是孔子的孙子孔汲，也字子思，皆非楚人，也未在楚国做过官。

② 刘知几《史通·采撰》（卷五）。

③ 《十七史商榷》卷三十二“世纪荒诞”条、卷三十三“总论刘注抵牾”条。

④ 这里，我们无意对刘注全面评价，只是说明其所引资料真伪混杂，不加鉴别，是不能轻信的。

为众家所摈，而刘昭所独取，不言自明了。①

孙叔敖祠至今犹存。据夏尚忠《芍陂纪事》记载，祠内原有 51 个有关创、修芍陂的历史人物塑像和木主，其中没有“子思”。同时，该书所载的碑记、文牍也无一语涉及“子思”。② 这也是“子思”不可能是芍陂创建者的一个有力旁证。关于这个问题，以及开发江淮水利的历史条件，程涛平著有《楚芍陂溯源》一文 ③ 考证详备，可以参考，这里就不赘述了。

孙叔敖是春秋史上的一个传奇人物，《左传》《荀子》《韩非子》《吕氏春秋》《韩氏外传》《新序》《说苑》等书均有记载，并且一致认为他是楚国的一位正直、廉洁、爱国的“贤相”。司马迁在《史记》中把他归入循吏，列为首传。在民间，他更享有为社会造福的盛誉。祠仍存，碑犹在，孙叔敖对江淮水利开发之倡导、规划的业绩，将永远受到后人的景仰。

第二节　蔡国和蔡器

蔡为周的同姓封国，始封者为周武王弟叔度，处于江淮之间汝水中游，其都在今河南上蔡。据《史记·管蔡世家》记载，周武王死后，成王年少，周公旦辅政，见疑于兄弟，姬度、姬鲜、姬处勾结武庚联合东夷作乱，企图夺取政权。周公旦奉成王命平“三监之乱”后 ④，“蔡叔度既迁而死，其子曰胡”，周公旦言于成王，“复封胡于蔡”。

楚国崛起后，北向汝颍，争霸中原，蔡地处冲要，系必争之地。楚

① 清赵一清《水经注释》和近人杨守敬《水经注疏》另有所见，认为“子思似是孙叔敖之字”，但无论证，疑为折中之言。记以备考。

② 见《芍陂纪事·祠祀·碑记·文牍》。该书系唯一的一本芍陂史专集，也无一语提及子思。

③ 程涛平．楚芍陂溯源［C］// 芍陂水利史论文集．安徽省水利史志研究会，1988.

④ 周灭商后，以商旧都封纣子武庚，并以其周围地封管、蔡、霍三叔，以监之，称“三监”。

文王六年（前684），伐蔡，败蔡师于莘，虏蔡哀侯献舞；十年（前680），楚入蔡。从此，蔡沦为楚的附庸。

蔡居于次等诸侯的地位，常被役使，难免产生怨望。蔡文侯时（前611—前592）曾企图疏楚亲晋，摆脱楚的控制，但其时楚国势正盛，终于畏楚而不果行。蔡文侯之后的蔡景侯，一反其父遗念，对楚顺从不二。楚共王二年（前589），蔡、许从楚伐鲁，蔡景侯乘楚王戎车与许灵侯为车左右，居然降身于楚臣仆行列。因此，楚、秦、齐、鲁、宋等会盟于蜀，蔡、许未能列名于诸侯。蔡景侯又杀主张亲晋的公子燮，并与楚联姻，为太子般娶妇于楚。景侯在位49年，这几十年是楚、蔡关系最为融洽的时期。

公元前543年，蔡景侯因和儿媳楚女有染，为太子般所弑。太子般即位，是为灵侯。灵侯不像蔡景侯对楚那样恭顺，时有不满。适遇楚灵王暴虐，公元前531年，诱蔡灵侯于申杀之，并执太子友当作人牺祭山，灭蔡。楚蔡关系至此完全破裂。

灭蔡三年，楚公子弃疾夺得王位，是为楚平王。楚平王为缓和内外矛盾，复陈、蔡，立蔡太子友之子庐，是为平侯。① 但是，楚仍占据蔡都（上蔡），蔡平侯被迫南迁于新蔡。三传至昭侯，终因积怨而叛楚。昭侯二十六年（前493），在楚国大军的威胁下，只得避而图存，再迁于州来（今安徽寿县、凤台的淮南和淮北之地），史称下蔡。传四世，前447年，仍被楚所灭。②

蔡为诸夏之一，原来文化高于楚人，两国在长期的接触中，楚人得益殊多。但随着楚文化的发展，蔡人也慢慢地习染楚风楚俗，特别在艺术风格上，亦步亦趋，而与中原文化面貌出现了差异。下面我们所要谈的，就是蔡器的楚风。

① 据《左传·昭公十三年》。

② 据何浩考证，楚惠王灭蔡后，又复其祀，迁蔡于楚之西境，一直延续到楚宣王二十七年（前343）。（何浩. 楚灭国研究［M］. 武汉：武汉出版社，1989：286–287.）

一、蔡器的楚风

1955年安徽省寿县的蔡昭侯墓发掘的青铜器群，是一个重要的考古发现。

该墓位于寿县城西门内。墓为土坑竖穴，南北长8.45米、东西宽7.1米、深3.35米。墓壁略呈斜面，无墓道。出土遗物共584件，而青铜器就有486件，主要为礼乐器，其中有铭文的达69件。其次是玉器和骨器。[①]根据铜器铭文，该墓墓主即上面提到的蔡昭侯姬绅。[②]

由于这一青铜器群时限明确，器类丰富，考古学界因而目为春秋晚期的标准器。郭宝钧先生把它定为中国青铜器发展的第五个界标。[③]

这批青铜器的风格，给人以新颖之感，与北方中原的青铜器风格迥异。可是，当时尚难于认清它的文化由来，直到20世纪80年代，由于楚器的大量出土，它的文化面貌方才逐渐明朗起来。

现在已不难看出，这一铜器群具有浓厚的楚风楚味。下面，我们略加分析。

先谈器物的形制。

升鼎，即礼制中的牢鼎，出土7件，称“大牢”，与墓主的身份相符。这种侈耳、束腰、浅腹、平底、蹄足、腹周有6只兽形附饰的鼎器，在蔡侯墓被发掘之前，仅见于1933年出土的战国末期寿县朱家集李三古堆楚墓。因此有的学者认为，战国晚期的楚器可能“远溯于蔡器”[④]。然而，到1988年，据刘彬徽统计，已发现出土铜升鼎的墓葬有10处，出土陶升鼎的墓葬有7处，其中除蔡侯墓、随县两曾侯墓外，均

---

① 安徽省博物馆．寿县蔡侯墓出土遗物［M］．北京：科学出版社，1956.

② 蔡墓出土后，学术界对器铭中蔡侯之名这个字认识不一，有多种解释。经过讨论，逐渐趋同，该字系“绅”的古文变体。参看刘和惠．蔡器铭与楚蔡关系新探［J］．东南文化，1989（3）.

③ 郭宝钧．商周铜器群综合研究［M］．北京：文物出版社，1981.（按：后来又有相类铜器群出土，时间早于蔡侯墓，此说仍可商榷，很难成立。）

④ 陈梦家．编辑后记［M］// 安徽省博物馆．寿县蔡侯墓出土遗物．北京：科学出版社，1956：19–21.

为楚墓。时间最早的为河南淅川下寺1、2号墓，年代为前550年左右，当春秋晚期前段。[①] 上面已经提到，这种鼎是楚人改创的新体制，为楚文化具有代表性的器物。

乔鼎，一称高足鼎，深腹，有盖。此鼎的特点是瘦高，与中原地区的矮足鼎有着明显的视感差别。它既有南方的越文化因素，也有北方的中原文化因素。这种南北风格相结合的产物，显然是楚人通南北文化之作。河南淅川下寺春秋楚墓出有此鼎；湖北荆门包山2号墓出土的随葬品“遣册”名为“乔鼎”[②]；安徽寿县朱家集李三古堆楚墓出土的亦自铭“乔鼎”[③]。《说文解字》云：“乔，高而曲也”，又“鐈，似鼎而长足”。以“乔”（鐈）名鼎，可能也是楚人的创造。

敦，楚言称“盏”[④]，蔡侯墓出土2件。此器外形似一圆球，中分为二，上半为器盖，下半为器身，四环耳，盖上附3个鸟形环钮，盖口有4个兽面卡，器身下有3只兽形足，微向外撇。稍大的一件，通体镶嵌红铜夔龙花纹，器、盖间沿各有一道S形纹饰，十分精丽（见图3–1）。敦是楚墓常见的器类，河南淅川下寺10号楚墓出土的一件青铜敦，器形与蔡侯墓出土的略同，但年代要早一些。[⑤] 中原、齐鲁地区也偶有出土，显然是受楚文化的影响。

汤鼎，俗称小口罐形鼎。小口、鼓腹、立耳、圜底、蹄足，环腹有8个圆圈饰，肩腹之间有两道弦纹，失盖，底有烟迹，有学者称其为“炊器”。[⑥] 此器虽具鼎形，但不是烹饪器，而是煮水器。河南淅川下寺春秋楚墓出土两件，皆有铭文，一件曰“鐌（汤）鼎”，一件

① 刘彬徽．楚升鼎略考［C］// 楚文化研究论集：第二集．武汉：湖北人民出版社，1991.

② 胡雅丽．包山2号楚墓用鼎制度的推定［C］// 楚文化研究论集：第二集．武汉：湖北人民出版社，1991.

③ 安徽省博物馆藏品。

④ 刘彬徽．东周时期青铜敦研究［M］// 湖南博物馆文集．长沙：岳麓书社，1991.

⑤ 张剑．从河南淅川春秋楚墓的发掘谈对楚文化的认识［J］．文物，1980（10）.

⑥ 安徽省博物馆．寿县蔡侯墓出土遗物［M］．北京：科学出版社，1956.

曰“浴兴”；湖北荆门包山2号墓出土的一件，随葬“遣册”记曰“汤鼎”[①]，大概是煮水沐浴之用。此鼎北方未见，大多出于大、中型楚墓，是南方文化系统很有特色的器物。

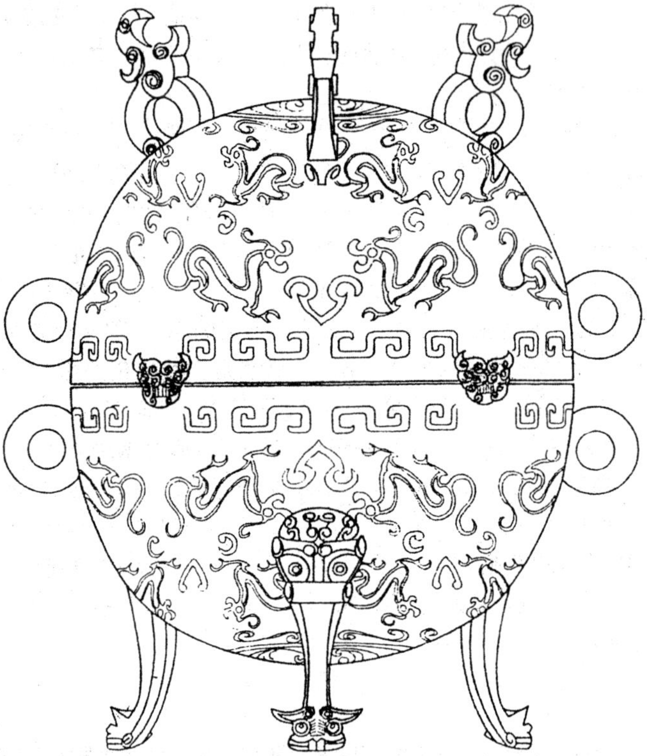

图 3-1　嵌红铜夔龙纹敦摹绘图

盥缶和尊缶。蔡侯墓出土两种缶，一种自铭“尊缶”，一种自铭“盥缶”。尊缶系酒器，盥缶乃水器。盥缶比尊缶偏矮，小口、圆肩、假圈足、四环耳、有盖，盖口包器沿至肩，盖上凸出六柱圈环，应为揭盖把手，器耳连双链，可能为提运而设，盖沿、器肩各有6个和8个圆饼

① 胡雅丽．包山2号楚墓用鼎制度的推定［C］// 楚文化研究论集：第二集．武汉：湖北人民出版社，1991．

饰，器身镶嵌红铜花纹，颇为精致（见图 3-2）。已见盥缶、尊缶大多出于楚墓，中原墓葬很少见。

图 3-2 嵌红铜夔龙纹盥缶摹绘图

镒，扁方形，鼓腹，两环耳，自铭为“镒”。此乃酒器，《方言》云：“周魏之间谓之瓬”，河汾之间“谓之甀”，“江湘之间谓之㼽”。可见，此器名镒，系从楚言。

余如深腹有盖豆，合之如球形，盖上四环钮，器壁四环耳，节柄圈足，花纹皆用红铜嵌镶，形制为前所未见。于鼎、莲瓣壶、龙嘴盉、莲瓣方座簋等，均与传统形制有异，颇具新意，亦是当时的时尚之作。[1]

其次，从艺术风格看，楚风亦相当浓厚。蔡器的纹饰主要是蟠屈细密的“蟠虺纹”，而河南淅川下寺春秋楚墓的青铜器纹饰亦复如是，二者如出一辙。密集的蟠虺纹是楚青铜器装饰艺术一个突出的特点。再如

① 安徽省博物馆．寿县蔡侯墓出土遗物［M］．北京：科学出版社，1956.

莲瓣方壶，顶作透雕莲瓣，圆雕两兽耳，回首欲跃，壶底以四兽作足，负重昂首，似在张望大孟姬盘器壁附四只爬兽，头部伸于口沿，似欲爬入盘内，这些装饰均是楚式青铜器表现动态美感的常见艺术手法。

蔡侯墓出土的铜器在铸造技术上广泛地采用块范合铸法和分铸焊接法。在装饰工艺方面除了使用模印和范铸花纹外，还大量地应用镶嵌工艺。尤以红铜镶嵌的器物较多，有敦 2 件，豆 2 件，尊 2 件，尊缶 4 件，盥缶 2 件，方鉴 2 件，盘 2 件，计 16 件，还有一些未经修复的残器。① 这些镶嵌红铜纹饰的器物，改变了青铜的单一色感，使得花纹更加突出，大大增强了器物的艺术效果，如上面提到的敦和盥缶，还有蔡侯方鉴也十分精美。该器高 28.3 厘米、口径 38.5 厘米、腹深 25 厘米、腹径 37 厘米、足径 28 厘米，有铭文一行 6 字："蔡侯绅之尊□"，通体镶嵌红铜纹饰，器颈以变形凤鸟为主纹，器身以夔龙为主纹，制作精良，堪称红铜镶嵌工艺的代表作品（见图 3–3）。另外，镶嵌绿松石的则见于车马饰件的铜泡，以及剑柄的装饰。

图 3–3　嵌红铜夔龙纹方鉴摹绘图

① 台湾陈芳妹在《家国重器——商周贵族的青铜艺术》（载《美感与造形》，三联书店，1992 年）一文中说"寿县蔡侯墓出土的共有一百零七件镶嵌纯铜（器）"，有误。

青铜器铸造技术和装饰工艺的革新，对于突破青铜器的传统工艺和青铜器造型艺术的发展，无疑是一种推动的力量。如焊接技术的出现，就使动态造型更趋灵活。莲瓣方壶上的莲瓣、兽耳和兽足，升鼎的耳、足和器壁的附饰，大盂姬盘的四只爬兽，龙嘴盉的流口、鋬、足等，均是用焊接法与器身相连的。新的艺术风格与新工艺是密切联系的。

还有一个现象值得提出，该墓原有漆器随葬，并且数量相当大，遗憾的是，由于木质朽烂而无一器存在。考古发掘报告记载："墓坑底部几乎到处都有残漆皮存在，其薄如纸，层层叠压，厚达 2 厘米。铜器上也有粘附着漆皮的。漆皮黑底，绘有红色花纹。"[①] 当时临摹的一块绘有云纹的漆皮残片（见图 3–4），观其纹饰风格，与楚墓出土的漆器是完全一致的。另有一种贴金漆器，考古发掘报告称："在墓坑西部出土的金叶，有圆形、云形、兽面形、燕尾形等多种，多粘在漆皮上，残碎无法计数。"[②] 湖北襄阳山湾 27 号楚墓也有这种现象。[③] 先秦时期漆器，出土最多的是楚墓，而且差不多都是战国时期的。蔡侯墓的漆器虽然无存，但它给我们提供了一个信息：漆器在春秋晚期楚文化流行的区域已经相当盛行了。

再次，从随葬品的礼器组合和器种来看，蔡侯墓也鲜明地体现了楚风。该墓礼器基本的组合是鼎、鬲、簋、簠、敦、缶、盘、匜，与大型楚墓的礼器组合是完全一致的。蔡侯墓出土的青铜礼器共二十余种，大多见于河南淅川下寺春秋楚墓，只有两三种不同。此外，二者还有许多相同之处，如皆有海贝随葬，皆有髹漆的铜器和贴金叶的漆器，皆有绿松石镶嵌的车马器，等等。[④]

---

①② 安徽省博物馆．寿县蔡侯墓出土遗物［M］．北京：科学出版社，1956：16.
③ 湖北省博物馆．襄阳山湾东周墓葬发掘报告［J］．江汉考古，1983（2）.
④ 安徽省博物馆．寿县蔡侯墓出土遗物［M］．北京：科学出版社，1956；张剑，赵世刚．河南省淅川县下寺春秋楚墓［J］．文物，1980（10）.

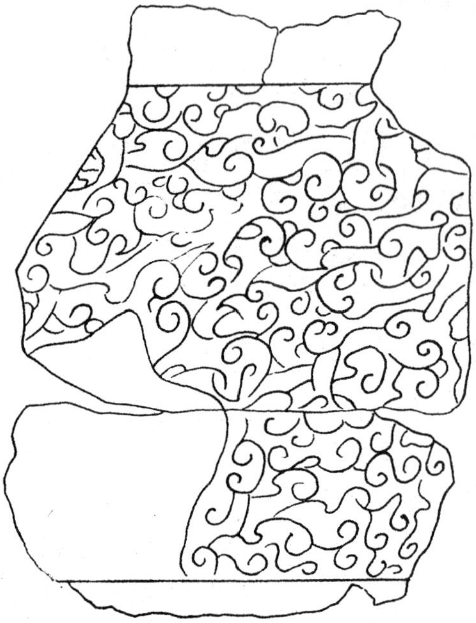

（周群据《寿县蔡侯墓出土遗物》插图摹绘）

图 3–4　云纹漆皮摹绘图

不过，蔡人究竟不是楚人，蔡侯墓也出现了一些不同于楚文化的东西，如乐器中的錞于、钲，就不见于楚器；蔡昭侯的葬式头向从北，也未从楚俗。① 但是，旧习所余已经无几了。

《国语·郑语》载，西周末年，周太史史伯在和郑桓公的对话中说：“是非王之支子母弟甥舅也，则皆蛮、荆、戎、狄之人也；非亲则顽。”从西周至春秋中期，夷夏界限分明。可是，到春秋晚期发生了很大的变化，随着楚人东进及楚文化的东渐，从汉淮到江淮，从长江中游到长江下游，夷夏之间的界限逐渐地模糊了。如果说楚“亦夷亦夏”，那么，蔡就是亦夏亦夷了。

① 安徽省博物馆．寿县蔡侯墓出土遗物［M］．北京：科学出版社，1956；张剑，赵世刚．河南省淅川县下寺春秋楚墓［J］．文物，1980（10）．

二、《蔡侯钟》铭

蔡昭侯墓所出近70件有铭铜器中，有4篇长铭。文字比较清晰的有3篇，即《蔡侯钟》《大孟姬盘》《吴王光鉴》（一称“叔姬寺吁鉴”）。前两篇有关蔡楚史事，后一篇有关蔡吴史事，均有很重要的史料价值。另一篇因器物锈蚀严重，有待进一步用科学方法显现字迹。

《蔡侯钟》铭文共82字（见图3-5），在各家研究的基础上，释文写定如下：

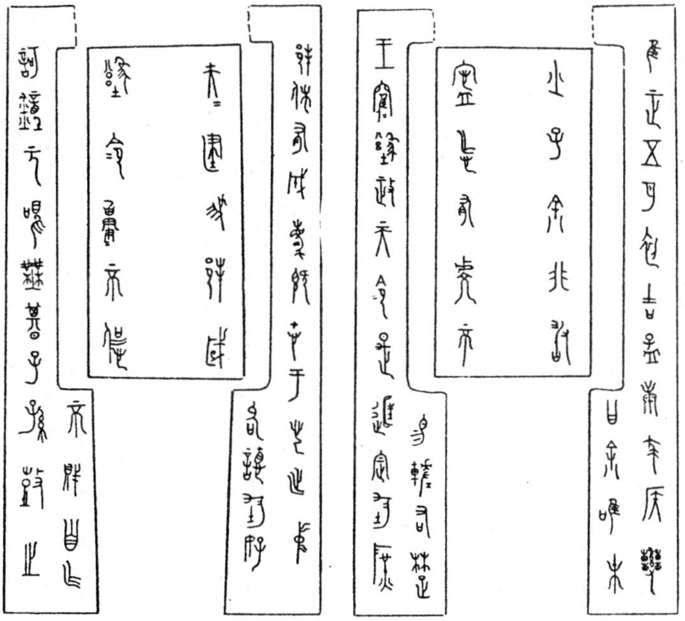

图3-5 《蔡侯钟》铭文摹本（周群摹写）

佳（惟）正五月，初吉孟庚，蔡侯绅曰：余唯末小子，余非敢宁忘（荒），有虔不易，㩁（左）右楚王。寍＝坠政[①]，天命是逗，

① “寍”，从容庚《金文编》释；“坠”，从游寿、徐家婷释。游寿，徐家婷．寿县蔡器铭文与蔡楚吴史事［J］．南京大学学报．1980（1）．

定均庶邦，休有成庆，既恴于心，延（诞）中厝（厥）德。均好夫=（大夫），建我邦国。坠命祗=（祗祗），不愆不忒，自作歌钟，元鸣无期，子孙鼓之。

开端一句系以月日，未记年。东周时期，诸侯多在即位初年铸造礼乐用器。研究者大多认为此钟为蔡昭侯初年所作，是有道理的。假定为昭侯元年（前 518），蔡用周正，该年五月朔（初一）为乙未，那么，这个月第一个庚日是初六，即五月六日。“末小子”是自称的谦词，一般是上古诸侯对祖先或神的自谓用语。“忘”是荒的借字，意为怠荒；“虔”，恭敬；“不易”，不慢[①]。“左右楚王”，辅翼楚王，《史记・管蔡世家》云：“唯发、旦贤，左右辅文王。”

“窎窎”，应读娆娆，柔弱貌。“坠政”，意指危亡或不幸的邦国及其命运，为金文中常见词汇。“成庆”，大福，《左传・昭公十三年》云：“大福不再”，系指王侯之位。“恴”，明也。“诞”，发语词，无义。“祗祗”，敬慎。“愆”，过失。“忒”，变更。

下面，我们试用现代口语译述这篇铭文的大意：

周历五月初六，蔡侯绅发表谈话说：我是一个后生小子；我不敢贪图享乐，兢兢业业，辅翼楚王。弱小而又动荡的蔡国，赖天恩浩荡，邦国得以安定，君位得以继承，内心十分感动，一定要以德报德，和大夫们同心协力，治理好我的国家。多难的小国更要恭敬慎重处事，不背盟，不变更国策。制作一套歌钟，铭刻我的话，像悦耳的钟声一样，世世代代传下去。

这是一篇特殊的器铭，中心内容是对楚王的颂扬、恭维，表示忠顺

① 陈秉新. 寿县蔡侯墓出土铜器铭文通释［C］// 楚文化研究论集：第二集. 武汉：湖北人民出版社，1991.

不二，用今天的话说，就是政治声明。其目的是使楚王对这个新即位的蔡君放心。这种形式的器铭，在金文中尚属罕见。

蔡复国后，平侯在位 9 年卒，他的儿子朱嗣位。朱缺乏政治头脑，即位几个月就为楚人所废。1958 年，湖北宜城（楚鄢、鄀故地）出土一件盥缶，上有“蔡侯朱之缶”数字铭文，说明蔡侯朱被废后，一直被软禁于楚，直到老死。①

蔡侯朱之后，楚人更立东国，即蔡悼侯。东国为太子友的次子，朱的叔父，在位仅一年半左右的时间，死于楚。时东国正值盛年，朝楚猝然而亡，事有可疑，可能亦非善终。

蔡侯绅为东国之弟，亦是太子友的儿子。他眼见祖、父、兄悲惨的下场，废立如儿戏，蔡君的命运完全为楚人操控，自然心存戒惧。这篇器铭就是在这样的历史背景和蔡昭侯复杂的心理状况下出现的产物。

三、《大孟姬盘》铭

蔡器三篇长铭中，以《大孟姬盘》铭文最长，连重文共 95 字（见图 3–6）。同出一尊，除器名一字外，文字全同。

器铭全文，各家考释，基本一致，只有少数字尚有分歧。释文如下：

> 元年正月，初吉辛亥，蔡侯绅虔共（恭）大命，上下陟祏。孜敬不惕（易），肇辖（佐）天子。用诈（作）大孟姬嫖②彝盘，禋享是台（以）。肃（祇）盟尝商（章），祐受毋已。脐（斋）護（护）整谏（肃），籍③文王母。穆＝亹＝④，悤窨（音）圻瘍（扬）。戣（威）义游＝，灵颂韶商（章）。康谐和好，敬配吴王。不讳考寿，

① 陈梦家．蔡器三记［J］．考古，1963（7）．
② 有释“嫃”，有释“嬇”；“嫖”从郭沫若释。
③ 有释“节”，有释“类”，有释“籀”，有释“菽”，有释“礼”。
④ 有释“沫”。

子孙蕃昌。永保用之，冬岁无疆。

这篇铭文大都是祝颂吉祥之辞，最重要的是开始的一段。这一段指出了作器的年代。

“元年正月，初吉辛亥”，这个“元年”是哪一个元年呢？幸好它用周人一月四分之术系期、甲子记日，这就给我们提供了推算的可能和依据。周人把每月分为四期：初吉、既生霸、既望、既死霸，大抵以七八日为一期。[①]“初吉”即一月之初一至初八时限。准此，我们先要找出正月初吉期内有辛亥日的年份。扩大范围推算，在蔡昭侯前后数十年内有三个年份正月初吉期内有辛亥日：

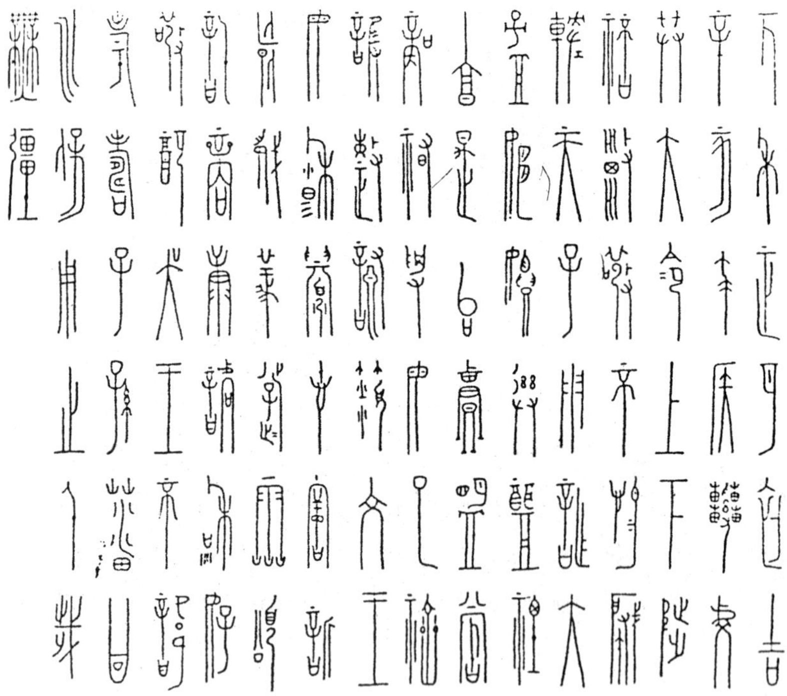

图 3-6 《大孟姬盘》铭文摹本（参考尊铭校补）（周群摹写）

① 王国维．生霸死霸考［M］// 观堂集林．北京：中华书局，2004．

1. 周景王十五年（楚灵王十一年，前530）正月丙午朔，初六辛亥；

2. 蔡平侯六年（周景王二十年、楚平王四年、吴王僚二年，前525）正月戊申朔，初四辛亥；

3. 蔡昭侯五年（周敬王六年、楚昭王二年、吴王光元年，前514）正月甲辰朔，初八辛亥。

周景王十五年，蔡被灭尚未复国，显然不合。蔡平侯六年，周、楚、吴都不是元年，而这时楚平王夫人蔡女及其所生太子建尚未失宠，蔡在此时背楚与吴联系可能性也极小。不言而喻，这两个年份非盘铭所载之年。

蔡昭侯五年，为吴王光元年，正是这个时候楚、蔡、吴形势发生了很大的变化。一方面，楚平王遗弃了蔡女，太子建出亡，楚蔡关系又罩上了一层阴影。平王遽死后，昭王继位，年仅七八岁，令尹子常昏庸无能，政令不一，内外矛盾激化，楚国面临严重的政治危机。另一方面，吴在江淮间的势力进一步扩张，接连攻占州来、巢、钟离，兵锋接近蔡地，并拉拢江淮间诸小国，唆其叛楚。蔡、吴接触的时机已经成熟。这个“元年”，应是吴王光元年。

“蔡侯绅虔恭大命”，虔恭，敬恭；大命，天命。这句话非蔡侯绅自谓，而是祝贺吴王光即位之辞。蔡侯绅自铸器不记年，钟铭有自谓的用词，我们把两器铭文一对照，就更清楚了。“肇佐天子”，不难理解，这句话的真正含意是蔡昭侯示好于吴，而不是勉励吴王光去尊崇周室。这里，已经露出了蔡昭侯叛楚的端倪。

大孟姬其人，据笔者考证，就是《左传》《史记》等几种文献记载的楚平王夫人、太子建之母的“蔡女”。[①]

大孟姬是一位很有个性的女性，据文献记载，她是蔡郹阳（今河南新蔡境内）封人的女儿。楚平王弃疾为公子时使蔡，大孟姬爱上并嫁与

① 刘和惠．蔡器铭与楚蔡关系新探［J］．东南文化，1989（3）．

他，生一子（即太子建）。后来弃疾夺得王位，她成了楚平王的夫人。不几年，平王为太子建娶妇于秦，见秦女貌美，遂占为已有，并十分爱幸。大孟姬因而失宠，一气之下，回到母家郹阳。楚平王派司马薳越名为保护，实为监视。出于报复心理，大孟姬在郹通吴图谋再嫁。蔡悼侯三年（前519），吴公子光以突袭行动，深入蔡境，用武力把大孟姬迎到吴国。楚司马薳越因失职而自杀。但记载未言蔡女嫁与何人，《大孟姬盘》铭文，揭开了这个谜底。

蔡一向从楚与吴为敌。大孟姬改嫁吴公子光，对楚、蔡、吴三角关系的变化，可能起了相当重要的作用。蔡昭侯四年（前515），吴国发生政变，公子光登上吴王的宝座，蔡昭侯乘机借赠大孟姬铜器的名义，向新君祝贺，这是两国国君第一次接触。蔡当时的处境，不允许与吴正常联姻，只有这种特殊方式的特殊婚姻，才有可能成为事实。终于导致蔡迁州来，公然与楚决裂。

大孟姬是一个颇不平凡的女性。她在少女时自作主张嫁与楚公子弃疾，后来成了楚平王的夫人。失宠后，又果敢地改嫁吴公子光。这种追求自由和反抗的精神，在当时是十分罕见的，也是极为难得的。

春秋战国时期，各国之间的通婚频繁，这类婚姻大多在政治上有某些微妙的影响，同时，对文化交流亦起着一定的作用。

四、淮南蔡墓出土的兵器

继蔡昭侯墓被挖掘后，1958年、1959年在安徽淮南八公山区蔡家岗又发现两座蔡墓。这里西距寿县城7.5千米，春秋时原为州来淮南地，蔡迁州来后，为蔡都的郊区。

墓为土坑竖穴，但与蔡昭侯墓的形制已有所不同：有封土堆，有墓道和二层台。两墓均早已被盗，1号墓仅余殳、镦、削等21件器物；2号墓出土青铜兵器和车马器铜饰等91件器物，礼乐器一件未见，全部盗失。发掘者根据出土的三把铜剑有“蔡侯产”铭文，认为2号墓是蔡声侯墓。1号墓在2号墓之南，相距约200米，墓主为谁，尚无法推断。[①]

两墓出土物比较有价值的是兵器，有剑、戈、矛、殳、匕首等数种，共36件。2号墓出土的13把铜剑中，有4件有铭文，戈4件，均有铭文。

蔡剑三，其铭文分别是：

剑一，"蔡侯产之用佥（剑）"；

剑二、三，"蔡侯产乍（作）魁（畏）戏（教）"。"畏教"可读为"威教"[②]，应为剑名。

吴剑一，铭文35字：

工𫩥（吴）大子姑发胥反，自乍（作）元用，才（在）□之□，云用云隻（护），莫敢敔余，余处江之阳，□（至于）南行西行。

郭沫若、商承祚均认为"姑发胥反"即吴王诸樊[③]；陈梦家释作"姑发闾反"，认为"此人可能是夫差太子友"[④]。"云"，郭说"或作员"，通爰。"敔"，郭云"即御之古文"；陈说为"䛩，……义为逆"。"阳"下一字，郭云乃"至于"二字合书。

越戈二，铭文相同：

正面，"□□郐□□旱（？）"；

反面，"□（越）王者□（旨）淤赐"。

"者旨淤赐"即越王句践之子鹿郢，《史记·越世家》作"鼫与"，各家所见皆同。唯正面只有两字清楚，后一字从"日"从"干"，陈梦家释为"王"；殷涤非释为"子"[⑤]。

① 安徽省文化局文物工作队. 安徽淮南市蔡家岗赵家孤堆战国墓［J］. 考古，1963（4）.（按：此墓系清理，非科学发掘。《报告》记2号墓墓底"长3.25米、宽2.15米"，1号墓墓底"长3.4米、宽2.17米"。）

② 黄德宽. 蔡侯产剑铭文补释［J］. 文物研究，1986（2）.

③ 郭沫若. 跋江陵与寿县出土的铜器群［J］. 考古，1963（4）；商承祚. "姑发胥反"即诸樊别议［J］. 中山大学学报，1963（3）.

④ 陈梦家. 蔡器三记［J］. 考古，1963（7）.

⑤ 殷涤非. "者旨淤赐"考略［M］// 古文字研究：第10辑. 北京：中华书局，1983.（按：殷释为"戈辛（愆）郐（俱）丸（桓）之子"，"戈、辛、丸、之"四字于器铭无依据。）

吴戈二，一件已残，背面有两行铭文，只有“王”“其”二字清晰；另一件有 60 余字铭文，惜锈重不清，难以认识。观两戈字体类吴器铭文，应为吴戈。

《蔡侯产剑》铭文字体已不同于昭侯墓器铭的字体，虽然仍有工整之余风，但装饰意味更浓，接近于越式鸟篆。声侯是蔡迁州来后的第三代，在他继位前两年（前 473）越灭吴。蔡别无选择，投入了越的怀抱。江淮一带成了越的势力范围，蔡仍维持着次等诸侯的地位。剑铭字体的改变就是受这种政治形势变化影响的一个表现。

《史记·越王句践世家》记载：“句践已平吴，乃以兵北渡淮，与齐、晋诸侯会于徐州，致贡于周，周元王使人赐句践胙，命为伯。句践已去，渡淮南，以淮上地与楚……”后来有关史书多据此记载认为越灭吴后淮南一带复归楚有。其实，这段记载，时限、地域均不明确，清人梁玉绳对此已有所疑，认为越灭吴后，“盖尽吴之境，与北方诸侯争衡，岂有反弃江淮之地以资劲敌之楚耶”[①]。《蔡侯产剑》铭文字体为梁玉绳的见解提供了物证。

该墓青铜器纹饰与昭侯墓遗物风格完全一致，主要是细密的蟠虺纹，相同程度如出一模。[②] 又有蔡剑、越戈铭文反映的时限，无疑为战国初期的蔡墓。但是，该墓规模很小，墓室仅 7 平方米左右（长 3.25 米，宽 2.15 米），而昭侯墓室为 60 平方米，相差很大；墓道全长亦仅 8.9 米，没有台阶。[③] 这种规格只相当于那个时代的中小贵族墓葬，而不像一个诸侯墓葬。蔡迁州来后，虽已衰微，但声侯尚非亡国之君，他死后 10 年，蔡才为楚灭，尚不至于不以礼葬。再说兵器的器主固然可以作为墓主的依据，但不是绝对的。出土有国君铭文的兵器以吴、越为最多，见于著录的近 50 件，可是没有一件确证出于国君铭文本人的墓葬，可以说差不多全部都出于他人之墓。有“蔡侯”铭文的兵器，亦可能出

---

① 梁玉绳．史记志疑［M］．北京：中华书局，1981．

②③ 马道阔．安徽淮南市蔡家岗赵家孤堆战国墓［J］．考古，1963（4）．

于他人之墓葬。所以，该墓是不是蔡声侯之墓，尚不能定论。

安徽还有一些零星出土的蔡器，如1980年出土于霍山县的蔡侯戈[①]；1980年出土于舒城九里墩墓的蔡侯戟（下面将介绍）；1987年寿县北关集出土的铜盥缶（《报告》称为“罍”，失盖），形制、纹饰与蔡昭侯墓遗物风格相同，可能亦为蔡器[②]；1991年底长丰杜集乡出土一套9件铜编钮钟，通体饰蟠虺纹，形制与蔡昭侯墓出土的钮钟基本相同，只是钟体略小，最大的一件通高22.2厘米，重1.95千克，最小的一件通高14.5厘米，重0.95千克[③]。亦有可能为蔡器。

第三节　群舒文化面貌的演变

群舒史事，文献缺载，《左传》只是在叙述楚人东进，以及后来吴、楚在江淮间争夺而提及，言而不详。其实，群舒的历史很久，在楚人、吴人到来之前，是江淮间最大的一个族群。

《春秋》僖公三年（楚成王十五年，前657）载：“徐人取舒。”这是《春秋经》首次提到群舒，此时楚人的势力尚未达到江淮。这条记载说明，徐、舒虽然同源，但互不相属。春秋时徐国在今苏北泗洪县一带，与群舒相距数百里，中间隔着数小国，为何突然“取舒”呢？原来此举与楚人的东进有关。

是时，楚成王与齐桓公争霸中原。齐联徐，徐利用与舒同源的关系，捷足先登，轻易地把群舒拿到手。所谓“取”，就是没有大动干戈。上面已经提到，春秋时群舒尚处于氏族社会发展阶段，各部散处，一无统属，所以徐人一到就不加抵抗地归附了。可是，徐人这一招对于遏制

① 王步毅．安徽霍山县出土吴蔡兵器和车马器［J］．文物，1986（3）．

② 许建强，李宏．寿县出土一件春秋铜罍［M］// 文物研究：第6辑．合肥：黄山书社，1990．

③ 合肥市文物管理处提供。蔡昭侯墓出土的钮钟亦为9件，最大的一件通高28厘米，最小的一件通高16.5厘米。

楚人的东进并没有起多大作用。

此时楚之国势正处于上升时期，楚成王熊恽又是一个雄心勃勃的君主。就在“徐人取舒”后两年，楚成王十七年（前 655）灭弦，二十四年（前 648）灭黄，二十六年（前 646）灭英。楚人的兵锋进入今安徽西境，接近徐人控制下的群舒了。据《左传》记载，鲁僖公十五年（楚成王二十七年，前 645）春，楚人伐徐；三月，齐合宋、陈、卫、郑、许、曹诸侯之师救徐；秋七月，齐师、曹师伐厉[①]以救许；冬，楚败徐于娄林[②]。鲁僖公十六年（前 664）“夏，齐伐厉，不克，救徐而还”。鲁僖公十七年（前 643），“齐人为徐伐英氏，以报娄林之役”。英于三年前已为楚灭，伐英实即伐楚。该年齐桓公卒。此后再也不见徐与舒有什么联系。齐与东夷集团联合遏制楚人东进的谋划，以彻底失败而告终。

徐取群舒十余年后经娄林一役，退出了淮南，群舒如何，不见记载；二十余年后，方有所见。《左传・文公十二年》（楚穆王十一年，前 615）：“群舒叛楚，夏，子孔执舒子平及宗子，遂围巢。”既言叛，先必有服，那么，群舒服楚在什么时间呢？根据史实推测，大约在徐人退出淮南以后，至楚穆王四年（前 622）灭六、蓼之间，具体时间已难确指。大概没有动用武力，所以“经”和“传”就略而不书了。

楚人对群舒政策，与其他所灭诸国不同。先是服而不灭，既叛而灭之，也未迁其人民或者县其疆土，仍然保留原来的氏族组织形式，部族的首领也不变动，采用间接统治的办法。虽然舒人多次叛服，楚国的政策始终未变。

群舒社会组织比较落后，文化上仍保留着土著的特色。楚文化东渐后，才逐渐发生变化。下面，我们就来介绍一下群舒文化的特色及其演

① 厉之地望有两说：一说在今湖北省随州市之厉山店；一说在今河南省鹿邑县东。参阅杨伯峻．春秋左传注［M］．北京：中华书局，1981：349-350．

② 《杜注》：“徐地，下邳僮县东南有娄亭”，今江苏泗洪县境内。徐旭生不同意此说，认为按“当日实在情势，……娄林的地望像是在今淠（渒）河的左右岸。”（徐旭生．中国古史的传说时代［M］．北京：文物出版社，1985：184．）揆之史迹，徐说比较符合实际情况，但其地望尚待进一步考证。

变的进程。

一、舒器的风格

据李国梁统计，从20世纪50年代末到80年代末，在群舒故地舒城、庐江、肥西，以及六安、寿县、怀宁等地共发现10个春秋时期的中小型墓葬，均为土坑竖穴。其中比较大的墓葬如舒城县河口墓，墓室约28平方米（长5.72米，宽4.85米）；而小的像肥西县金牛墓，墓室仅为1.5平方米（长2米，宽0.75米）。10座墓葬共出土73件青铜器。①

这批青铜器出于群舒故地，年代虽有早晚之分，但风格基本一致，具有浓厚的土著文化特色，学术界称之为“舒器”。

舒器的特色主要表现在造型上，与其他地区出土的青铜器形制显然不同。虽然在铸造、纹饰、礼制等方面有着中原文化的影响，但那些动物形象和稚气可掬的奇特造型，仍然保持着氏族社会拙朴之美的余风，弥漫着浓郁的原始气息。

具有代表性的舒器有以下几种：

兽首鼎。一称牺鼎，或牺首鼎，附耳、有盖、折沿、三蹄足、垂腹，两足之间的鼎体上端伸出一兽首，两眼圆睁，顶有双角，腹部后面有扉棱作尾，有的器身左右各有一卷形盘绕的纹饰，象征兽毛，似羊，又似牛（见图3–7）。

但也有兽首明确作羊形的，如寿县魏岗出土的一件。兽首嘴部均没有流口，完全是鼎的造型，不作他用。鼎是礼器中供盛牛、羊、豕、鱼等肉食的，器作兽形，象征着整牛、整羊的祭品，仍是原始祭祀的流风。它与饕餮纹含义完全不同，没有丝毫狰狞恐怖之态，应是氏族社会氛围的反映。兽首鼎是群舒青铜文化最突出的代表性器物。

① 李国梁．群舒故地出土的青铜器［M］// 文物研究：第6辑．合肥：黄山书社，1990.

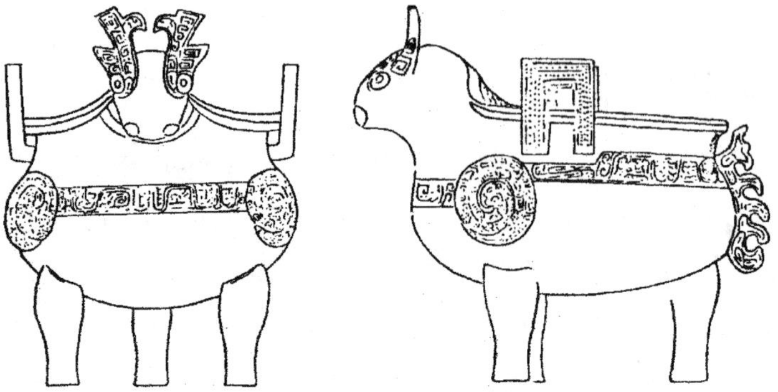

图 3–7　舒城县凤凰嘴春秋墓出土兽首鼎摹绘图（周群绘）

对鼎。一称双鼎，系指同一墓葬出土的形制、纹饰、大小基本上一模一样并相配成对的一组鼎。有 6 座墓出有此类鼎，可分三种形制：（1）肥西县小八里墓出土的对鼎，圆口、方唇、浅腹、圜底、立耳、有盖、三蹄足，腹周饰兽首纹[①]，膝上饰兽面纹，盖上有扁鼻纽。舒城五里墓出土的对鼎近似；（2）怀宁县杨家牌墓出土的对鼎，不同的是立耳外侈、腹部横宽、腹周饰细云纹、蝉纹和扉棱。六安思古潭墓出土的对鼎类似；（3）舒城凤凰嘴墓出土的对鼎，特点是子母圆口、垂腹、附耳，盖面上有一个穿过鼻纽直达两耳之间的铜棍。舒城河口墓出土的对鼎近似。这种对鼎制可能和东夷文化以及齐鲁文化有所联系。

簋。敛口、环耳、深圆腹、低圈足、有盖，盖沿凸起，中心下陷，下腹外鼓，盖、腹各有凸弦纹两道。另有形如方盒的小方簋，盖四角翘起，子母圆口，鼓腹，方圈足，有的四侧环耳。此簋形制少见，亦为舒器中别致之物。

盉。有 7 座墓出有此器。盉的下部均为鬲形，腹置短流，流侧置鋬；盉的上部有三式，一为敛口钵式，一为侈口盘式，一为碗形盖。盉鋬有两种样式：一种如圆筒状，鋬端上卷作兽首反顾状；一种圆筒分两

① 暂从李国梁说，也有可能为变形鸟纹。

段，下段连盉腹，上段如角状，系活錾，可连可分。此盉形制奇特，有新石器时代晚期陶盉的遗风，考古学界称之为“异形盉”。这种盉应属炊器，而非酒器，其功能大约是蒸、热祭祀的食品。李国梁推测“此类盉口内原应有箅”，是可信的。河南光山出土的黄子盉，盉口内有圆形木箅[①]，得到了物证。黄与群舒均为淮夷，相距不远，二者自有许多共同之处。

罐。器体呈圆形，浅圆口、折沿、低肩、有盖，上部有对称半圆形环耳，平底。盖呈浅圆盘状，顶置半圆形环纽。全器朴素无纹饰，与陶罐相类，在青铜器中十分少见。

有的墓同出的还有尊、盘、匜等，但不普遍。由此可见，群舒故地墓葬青铜礼器组合是以兽首鼎、对鼎、簋、盉、罐为主的，亦可加上盘、匜，与中原地区春秋时期中小型墓葬青铜礼器组合不完全相同。

舒器的纹饰，主要有兽首纹、环带纹、重环纹、弦纹、卷云纹等，既有中原文化的影响，亦有自身的特点。寿县魏岗墓出土的簋，盖口外有徽记。1987 年桐城出土一鼎，内底亦有一鸟形图徽，可能亦是氏族社会的遗风。

这 10 座墓葬均属春秋时期。肥西县小八里墓的直耳有盖对鼎，是鼎上加盖的最初形式，在这批墓葬中年代最早，大约为春秋前期。舒城县五里墓对鼎虽近似小八里对鼎，但已有所变化，立耳外侈、鼎腹较浅，年代应比小八里墓晚，可能到春秋中期，或者更晚一些。寿县魏岗、六安毛坦厂、庐江岳庙三组铜器年代相仿，大约为春秋中晚期的墓葬。六安思古潭、肥西金牛、怀宁杨家牌、舒城凤凰嘴、河口 5 墓，均属春秋晚期。李国梁《群舒故地出土的青铜器》一文对 10 处墓葬先后关系有比较详细的分析和说明，可以参考。

在这批青铜器中，我们基本上还看不到楚文化的影响。楚人到达群舒地域为春秋中期，在春秋晚期的墓葬中，只有舒城河口墓出土一件汤

① 欧潭生．春秋早期黄君孟夫妇墓发掘报告［J］．考古，1984（4）．

鼎和两只漆盒，以及原始青瓷钵、印纹陶罐[①]，说明和楚文化有所联系，并且受到吴文化的影响[②]，但变化还不显著。

总之，春秋时期，群舒社会还相当封闭，文化也相对落后。楚文化的东渐，成了群舒文化演变的契机。不过，开始时，由于舒人和楚人的隔阂，传播并不快。直到春秋末、战国初，土著文化的特色才逐渐在历史上消失。下面，我们介绍的舒城九里墩墓出土的资料就是很好的说明。

二、舒城九里墩墓的新风

安徽舒城九里墩墓，发现于 1980 年。

九里墩位于舒城县东 4 千米，杭埠河以北。这里正是群舒故地的中心地区。墓葬地面原有高约 10 米的封土堆，清理时已基本夷平了。墓为长方形土坑竖穴，东西长 8.60 米、南北宽 4.44 米。无墓道，无墓椁，仅墓底有垫板一层。垫板已腐朽无存，仅见遗迹。

此墓早年曾两次被盗。从清理出土的残存器物看，原来随葬品是相当丰富的。盗后剩下的随葬品多残缺不全，位置也多被移动。清理出土的器物共 183 件，其中青铜器 170 余件，有礼器、乐器、兵器、车马器、生产工具等。[③]

礼器 8 件，多残缺，但可以反映这批青铜器的风格，如：簠，器身与器盖相同，矩形，口沿有 6 个兽面卡，通体饰蟠虺纹；敦（已残），球状深腹，半球体盖上有环纽，底有 3 个短小蹄足，盖面有蟠虺纹饰；鼎足残件，蹄形，兽面膝，一粗短，一瘦长，前者为升鼎足，后者系乔鼎足，另一件似于鼎足。这几件青铜器形制，类于蔡器，表现出浓厚的楚风。

① 杨鸠霞．安徽舒城县河口春秋墓［J］．文物，1990（6）．

② 其余几座春秋晚期墓葬均非科学发掘，有的墓葬遗物没有全部取出，有的墓葬出土物有散失、损毁，所以也不能说这些墓葬就没有一点楚文化的影响。

③ 安徽省文物工作队．安徽舒城九里墩春秋墓［J］．考古学报，1982（2）．

兵器22件，有矛、戈、戟、殳、镞等，形制与蔡墓所出兵器相类。其中一戟上有铭文6字："蔡□（侯）逆（朔）之用戟。"[①]另有一矛，也有铭文6字，惜已锈蚀，难以辨认。

乐器，甬钟4件，有两件较完整，饰蟠虺纹，与蔡昭侯墓出土的甬钟形制几乎完全相同，另外尚有石磬5件。最值得注意的是一件青铜鼓座，圆形，直径80厘米、残高29厘米，重47千克。鼓座上部由四条相互缠绕的龙组成，龙首对称地置于四壁，下部有四个铺首衔环，通体满饰细密的蟠虺纹，造型生动。与曾侯乙墓出土的建鼓座略似而有所不同。鼓座外圈上下均有铭文，上圈98字，下圈52字，可惜锈蚀严重，残泐太甚，大多字迹模糊不清，难以通读，仅有少数文字尚可辨识。

生产工具有锛、斧、铲、镰等。车马器多为零件和饰件。此外，还有一个现象值得一提，考古发掘报告称，"在墓的西边和南边有大量的漆器残迹，黑色漆皮和朱绘纹饰的漆皮叠压十多层"。表明该墓随葬品中原有不少漆器。

鼓座铭文残存文字，据陈秉新考释，比较重要的有以下数事：

（1）器铭自名为"隽鼓"，古音隽、晋二字可以通假。"隽鼓"即《周礼·地官·鼓人》"以晋鼓鼓金奏"的晋鼓。因此，可名为"晋鼓鼓座"。

（2）铭文中有一"郐"字，应是器主的国属。郐、徐、舒古音相通，金文中徐、舒多作"郐"。

（3）铭文中有"以□楚币（师）"四字，第二字疑为"斿"字，古音斿、诱同在幽部，应读"诱"。"以诱楚师"，当即《左传》所载鲁定公二年（前508）吴使舒鸠诱楚人一事。陈秉新认为，"铭文所记载的这次军事行动，也只能和舒鸠助吴诱楚一事相联系，此鼓当为记此事功而作，后来作了随葬品"[②]。

陈秉新的考证值得参考。证之史事，吴、楚在江淮间长期争夺，群

①② 陈秉新．舒城鼓座铭文初探［J］．江汉考古，1984（2）．

舒深受其害，左右为难。其附楚时固多，而叛楚时亦不少。据《左传》记载：

成公七年（前584），“吴始伐楚、伐巢、伐徐”。

成公十七年（前574），“舒庸人以楚师之败也（鄢陵之败），道吴人围巢，伐驾，围厘、虺，[①]遂恃吴而不设备。楚公子橐师袭舒庸，灭之”。

襄公二十四年（前549），“吴人为楚舟师之役故（指该年夏楚以水军伐吴），召舒鸠人；舒鸠人叛楚。楚子师于荒浦，使沈尹寿与师祁犁让之。舒鸠子敬逆二子，而告无之，且请受盟”。

襄公二十五年（前548），“舒鸠人卒叛楚，令尹子木伐之，及离城[②]。吴人救之……吴师大败。遂围舒鸠，舒鸠溃。八月，楚灭舒鸠”。

昭公二十四年（前518），“吴人踵楚，而边人不备，遂灭巢及钟离[③]而还”。

昭公三十年（前512），吴灭徐，徐子章禹奔楚。楚“城夷[④]，使徐子处之”。

定公二年（前508），“桐[⑤]叛楚，吴子使舒鸠氏诱楚人，曰：‘以师临我，我伐桐，为我使之无忌。’秋，楚囊瓦伐吴，师于豫章。吴人见舟于豫章，而潜师于巢。冬十月，吴军楚师于豫章，败之。遂围巢，克之，获楚公子繁”。

定公四年（前506），“吴入郢”。

上面有关群舒近80年的史事，虽言而不详，但线索清楚，对我们认识该墓是很有用处的。

① 据顾栋高《春秋大事表》，驾、厘在今安徽无为县境，虺在今安徽庐江县境。均属群舒范围。

② 杜注：“离城，舒鸠城”，不确，待考。

③ 钟离城址已发现，在凤阳县临淮镇东2.8千米，东西长360米，南北长380米，近正方形。

④ 杜注：“夷，城父也”，今安徽省亳州市东南城父集附近。

⑤ 今安徽省桐城县境内。

吴兴起后即与楚、徐为敌，因而吴灭徐后，徐君章羽奔楚。舒与徐早已没有从属的关系，在吴楚战争中，群舒常通吴叛楚。舒鸠助吴败楚后，群舒之地成了吴的势力范围。由此观之，徐失国后，其君臣不可能投奔群舒。鼓座铭文中“郐”或“余”，虽可通徐[①]，但并非此徐，而是此舒。陈秉新的考释是可信的。

吴人入郢后，楚暂时退出了江淮地区。此后数十年，群舒之地不见再起战争。从历史迹象分析，群舒在桐叛楚、舒鸠助吴败楚以后，很可能俱已复国，在吴国的保护下，仍然维持着氏族组织的方国地位。九里墩墓遗物的出土，为群舒这一段历史提供了极为宝贵的物证。

该墓的时代是明确的。随葬的《蔡侯朔戟》说明，其上限不会早于蔡成侯之世。蔡成侯在位 19 年，跨春秋、战国之交，结合器物形制、纹饰分析，其下限不会晚于战国初期。具体年代以春秋末年或战国初年可能性最大。青铜鼓座铸造的时间，应早于墓葬的年代。

越灭吴后，从蔡国的情况看，江淮间没有太大的变化，只是换了一个宗主国。诸小国、部族在越的卵翼下，又生存了若干年的时间。群舒的消亡，我们认为，大约在战国楚惠王的晚年，也就是楚人势力重返江淮之后，不会早于前 447 年楚灭蔡的时间。不过，其氏族组织可能延续很久。《后汉书 · 东夷列传》说，“秦并六国，其淮泗夷皆散为民户”，群舒也是淮夷之属。楚人重返江淮后，很有可能仍然没有过多地触动诸方国原来的社会组织形式。

九里墩墓随葬品的文化面貌，与舒墓已大不相同，土著文化的特色基本消失了，被浓厚的楚风所代替。从出土的舒器看，春秋晚期，群舒文化已经受到楚风的影响，但变化还不太大。蔡迁州来后，与江淮间诸方国有着融洽关系，可能蔡人起了传播的作用，楚文化因而扩大了影响。春秋末期，群舒文化面貌出现了很大的变化。到了战国时期，群舒

① 殷涤非认为铭文中的“余”字“应为徐”，“鼓座为徐国之器”。见殷涤非. 舒城九里墩墓的青铜鼓座［M］// 古文字研究：第 14 辑. 北京：中华书局，1986.

故地出土的墓葬，在文化面貌上与楚墓就难以区分了。

三、六安城西墓的文化因素

按照徐旭生的说法，“今霍邱、寿县、六安、霍山、合肥、舒城、庐江、桐城、怀宁等县，西不过霍山山脉，东不过巢湖，这一带平坦的地带，除了六、蓼、钟离各国以外，全属群舒散处的地域”①。这一段话不完全准确，因为寿县先有州来，后有蔡国，不属于群舒散处之地，而钟离在今凤阳县境内，也不在上述地域范围以内。不过，这几县地相邻近，春秋战国间文化演变的进程，大体一致，故把它们放在同一节中介绍。

六安城西墓发现于1991年，共两座，在历史上均被盗扰破坏，由六安县文物管理所进行了清理。

两墓均为土坑竖穴。1号墓破坏尤甚，仅存几件铜器残件，能看出器形的有鼎2件，敦2件，壶2件。

2号墓墓坑近方形，长7.7米、宽7.2米。深度约6米。墓坑东壁中部有台阶墓道，坑外台阶已被取土破坏，坑内有六级台阶，每级台阶高30厘米、宽25厘米，长约4米，呈递减状，最后一级台阶长约2米。葬具为重椁重棺。外椁长5.2米、宽4.6米、高1.9米，均用方木垒成。椁底纵列14根方木，底板下横置两根垫木。椁外四周均填以青膏泥。内椁长2.8米、宽1.8米、高1.14米，内置主棺，有内棺和外棺，头箱和脚箱。墓室外有两侧厢，各置一棺。共清理出三具人体残骨，除墓主外，其余两具为殉葬者，皆出于侧厢陪棺。②

清理出的随葬遗物有铜器和陶器，共200余件。

铜器多残破，具器形者有：附耳有盖鼎2件，形制相同，通高25.5厘米、口径23厘米、腹径24厘米（见图3–8）；敦2件；盘、匜各1件，以及剑、戈、匕首、矛、镞等兵器和车马器杂件。

① 徐旭生．中国古史的传说时代［M］．北京：文物出版社，1985：181．

② 资料由六安文物管理所许玲提供。

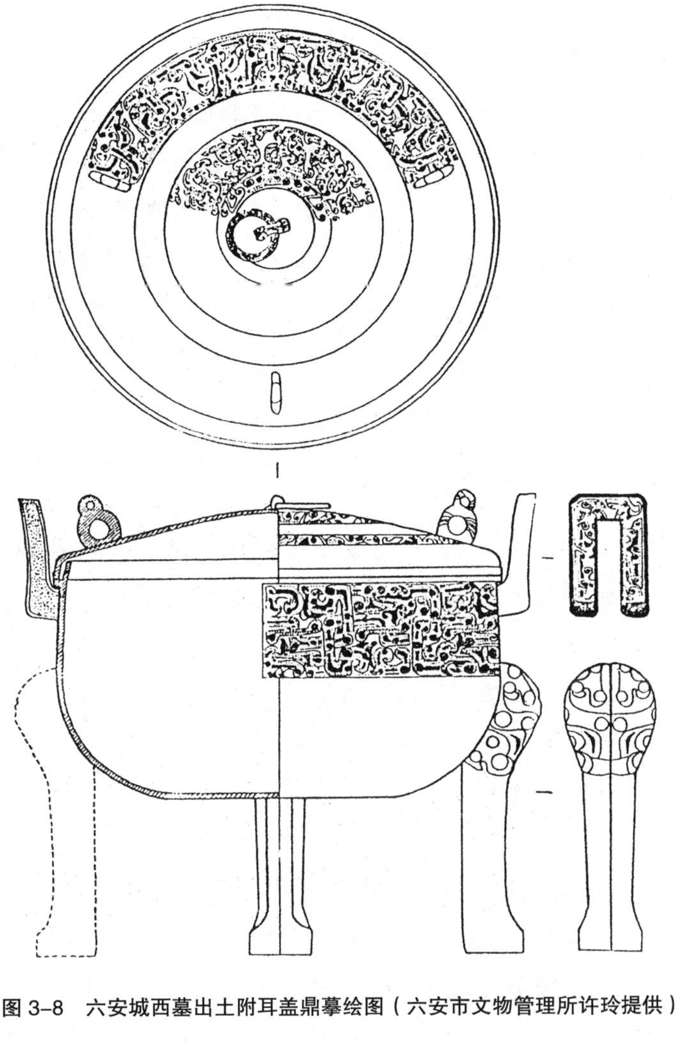

图 3–8　六安城西墓出土附耳盖鼎摹绘图（六安市文物管理所许玲提供）

陶器有：编钟 12 件，为泥质灰陶；编镈 5 件，为泥质夹砂灰陶；磬 12 件，为泥质灰陶。还有汤鼎 2 件，尊缶 4 件，豆 2 件，簋 1 件，盥缶 1 件，均为泥质灰陶。纹饰有弦纹、绳纹、戳印纹和朱绘等。

另有玉璧 2 件，鹿角 1 对。疑原有“镇墓兽”随葬，惜木质部分已朽坏，兽体已辨别不清了。

墓葬的时代大约为战国前期，墓主可能为当地的氏族首领。这里春秋时原为六国，后为楚灭，虽仍保留着氏族组织形式，但文化面貌已发生很大的变化。该墓与春秋时期的墓葬不同，土著风习基本上已荡然无存，而代之以新风。如木椁四周填以青膏泥，青铜礼器鼎、敦、盘、匜的形制和组合，陶礼器中的汤鼎、尊缶、盥缶等，显然均受楚文化的影响。同时，也有越文化的影响，如带台阶的墓道，以及成组的陶制乐器，均见于越墓（见本章第六节），这可能和战国早期越人势力达于江淮有关。

江淮地区战国前期的墓葬大、中型发现极少，六安城西墓的发掘，为春秋战国间江淮地域葬俗的变革补充了一个有力的例证。

第四节　徐器的风貌

进入春秋时期，徐已趋于衰微，逐渐降为二三流的小国。齐、楚、吴都曾讨伐过徐国。夹在几个大国之中，徐有时从齐伐楚，有时从楚伐吴，敌、友无常，陷于一种为大国政治形势变化所左右的被动处境。

徐国势虽衰，但青铜文化却相当发达，历史上曾多次发现徐器，大都制作精工。见于著录的有徐王欂鼎、义楚觯、邟又觯、宜桐盂、沇儿镈等[①]，均为春秋中晚期之物。近几十年来，又先后发现数批徐国青铜器。

1961 年山西侯马上马村 13 号墓出土緐鼎两件，器主为春秋晚期的徐王庚。两鼎形制大致相同，深腹，圜底，附耳，兽面蹄足，原来可能有盖，颈、腹、耳皆饰蟠虺纹。两鼎皆有铭文，内容相同，“隹（唯）正月初吉丁亥郐（徐）王之子庚儿，自作饤緐，用征用行用龢（和）用鬻，眉寿无疆”。[②] 鼎名“緐”，见于淅川下寺楚墓。[③] 据此可知，此鼎形制、纹饰、名称，皆受楚风的影响。

1979 年，江西靖安水口出土盘、炉、枓三件青铜器，器主亦为生活

① 郭沫若. 两周金文辞大系图录考释［M］. 北京：科学出版社，1957.
② 王克林. 山西侯马上马村东周墓葬［J］. 考古，1963（5）.
③ 河南省文物研究所，河南省丹江库区考古发掘队，等. 淅川下寺春秋楚墓［M］. 北京：文物出版社，1991.

于春秋晚期的又一徐王义楚。盘，大口，广腹，平底，兽首附耳，颈部饰细密的蟠虺纹，颈腹间有一道绹索和云雷纹带，腹以下饰瓦纹。盘内底部有两行铭文："郐（徐）王义楚择其吉金，自作盥盘。"炉，圆形，形体较大，重达16千克，分为炉体和底座两部分。炉盘口径55厘米、深8.5厘米，平底，有两个对称的连环附耳，器表满饰工整的蟠虺纹。底座为环形，上置10根兽首衔环状支柱，兽体尾部上翘以承炉盘。炉盘内底部有铭文18字："痽（应①）君之孙徐令尹者旨荆择其吉金，自作卢（炉）盘。"科与炉配套同出，为加炭之具。② 令尹为楚国的相名，说明不仅是青铜器的风格，徐国的官制也受到楚国的很大影响。

1982年，浙江绍兴306号战国墓出土汤鼎一件，直颈，小口，圆肩，有盖，扁圆腹，圜底，兽面蹄足，两耳立于肩部，通体以蟠虺纹饰为主，有铭文44字，自云"徐敽尹譬（？）自作汤鼎"③。同出一小炉，纹饰与汤鼎略同，有铭文10字，亦为徐器。汤鼎属典型楚器，亦是南北文化糅合之品。

1984年，江苏丹徒北山顶墓出土徐器14件，器主为徐王义楚子"甚六"④。鼎1件，有盖，附耳，深腹，圜底，三兽面蹄足，子母口，盖内有铭文47字，通体以夔纹为主饰，形体较小，自名"饫鼎"。镈钟5件，钮钟7件，通体饰蟠虺纹，每件皆有铭文，全文72字，自名"和钟"。大小相次，钟最大一件通高25厘米，最小一件通高14.5厘米；镈最大一件通高31.8厘米，最小一件通高23.3厘米。其形制纹饰与蔡侯绅墓出土的钟、镈基本相同，唯形体较小。缶盖一件，盖中饰涡纹，周有铭文三圈，共31字，器主名"次又"，即宋又解器铭中徐王"宋又"⑤。

---

① 从李学勤释，见李学勤. 从新出青铜器看长江下游文化的发展［J］. 文物，1980（8）；另有释"雁"，读为"偃"。

② 傅烨，白坚. 江西靖安出土春秋徐国铜器［J］. 文物，1980（8）.

③ 牟永抗. 绍兴306号战国墓发掘简报［J］. 文物，1984（1）.

④ 江苏省丹徒考古队. 江苏丹徒北山顶春秋墓发掘报告［J］. 东南文化，1988（21）.

⑤ 商志䭨. 次□缶铭文考释及相关问题［J］. 文物，1989（12）.

徐、楚俱属南方文化体系，风格较近，在文化交流中，融合亦易。因此二者文化面貌区别不大。

徐国本土（在今鲁东，后迁泗县、泗洪一带）尚未有徐器出土，所见徐器皆在徐境以外发现。这种现象不外有三种情况：一是徐人馈赠大国之赂器；二是徐战败后重器被掳掠而流入他国；三是徐失国后，部分重器随着流亡的徐君及其子弟辗转迁徙，因徐君老死而遗留于他地。从上述几批出土的徐器看来，这三种情况可能都存在。

第五节　吴楚文化的交流

一、吴墓出土的新器类

吴楚两国断断续续进行了近百年的战争，但是双方的文化交流并未受阻止。

上面提到，西周时期中原文化在江南地区曾有相当大的影响。中原青铜器及仿铸品与土著型青铜器在吴墓中共存现象屡见不鲜，这一传统一直延续到春秋中期。直到春秋晚期方起变化，可以想见，这是和楚文化的兴起与东渐有关。

已发现的吴地春秋晚期的墓葬主要有江苏丹徒北山顶墓，粮山 1、2 号墓，王家山墓，六合程桥 1、2、3 号墓，以及和仁墓，苏州何山墓，苏州虎丘墓等。[①] 这些墓葬与前此吴墓比较，面貌显然不同，除仍保留

① 江苏省丹徒考古队. 江苏丹徒北山顶春秋墓发掘报告［J］. 东南文化，1988（21）；刘兴. 江苏丹徒出土东周铜器［J］. 考古，1981（5）；刘建国，谈三平. 江苏镇江谏壁王家山东周墓［J］. 文物，1987（12）；汪遵国，郁厚本，尤振尧. 江苏六合程桥东周墓［J］. 考古，1965（3）；江苏六合程桥二号东周墓［J］. 考古，1974（2）；江苏六合程桥东周 3 号墓［J］. 东南文化，1991（1）；吴山菁. 江苏六合县和仁东周墓［J］. 考古，1977（5）；张志新. 江苏吴县何山东周墓［J］. 文物，1984（5）；廖志豪. 苏州虎丘东周墓［J］. 文物，1981（11）.（下面提到这些墓葬及随葬品不再加注）

有土著文化特色外，已具有楚文化的因素，而中原文化系统的器类、器型大大减少。新的面貌主要表现在葬俗和随葬的青铜器形制及艺术风格两个方面。

关于葬俗。上面已经谈到，江南地区盛行土墩墓，一般不挖墓坑，平地封土成冢，墓底多垫有石块、烧土或草木灰，不见葬具。西周时期的大型墓，如丹徒烟墩山宜侯夨墓只有 0.44 米的浅坑[①]，大港母子墩墓则用石块堆砌一个长方形的边框[②]，不言而喻，这都是作为墓葬周界而设置的。上述春秋晚期的墓葬则均挖墓坑深埋，如丹徒北山顶墓坑深 1.45 米[③]，苏州虎丘墓坑深 2.8 米，丹徒粮山 2 号墓葬亦有石穴深达 9 米[④]。同时，各墓的遗迹表明，亦均有葬具。到战国时期，江南地区平地起冢的葬俗基本消失。这是一个很大的变化。

江南葬俗的变革，过去考古学界大都认为是中原文化的影响。当然，这也可以说得通。但是，应该指出，葬俗的变革也不是孤立的。中原文化对江南地区的影响很早，这种变革为什么至春秋晚期才出现？全面地、历史地来看，楚文化东渐的影响，可能是一个方面。

江南葬俗的变革有赖楚文化的传播，而江南的葬俗也对楚人产生影响。在春秋以前，楚墓地面上均无封土，而到战国时期，墓坑上面普遍出现了封土堆，墓主身份愈高，封土堆也愈大。这表明，文化影响有时是双向的。在相互的影响下，两地的葬俗逐渐趋于一致了。

吴墓随葬品的青铜器类及其组合的变化也是非常明显的。和过去一些大墓中土著与中原两个系统器物并存的情况不同，出现了许多前所未见的新器类。如：

盥缶。这种贮水器大概是在中原罍的基础上经楚人改造而成的。淅川下寺楚墓出土的自铭为“浴缶”，寿县蔡侯绅墓出土的自铭为“盥

---

①③ 张敏．吴王余眜墓的发现及其意义［J］．东南文化，1988（3）、（4）．

② 肖梦龙．江苏丹徒大港母子墩西周铜器墓发掘简报［J］．文物，1984（5）．

④ 刘兴．从江苏东周时期遗存看楚文化的东渐［C］// 楚文化研究论集：第一集．武汉：荆楚书社，1987．

缶”，系典型的楚式器。吴县何山墓出土的一件，折沿，短颈，广肩，鼓腹，肩两侧各有一环形兽面耳，腹部有八个圆饼形饰，弧突形盖上有六柱平环握手，柱作蛇头状衔着圈环，盖面有六个圆饼形饰（见图3–9），通高39.5厘米、口径22厘米、底径18厘米。此缶形制和淅川下寺10号墓所出的一件基本相同，大小也几乎一样，只是纹饰有异。[①]

图3–9　江苏苏州何山东周墓出土盥缶摹绘图（周群绘）

尊缶。淅川下寺楚墓、寿县蔡侯绅墓所出均自铭为“尊缶”，也是典型的楚式器。丹徒北山顶墓出土2件，六合程桥1号墓出土一件，苏

① 河南省文物研究所，河南省丹江库区考古发掘队，等．淅川下寺春秋楚墓［M］．北京：文物出版社，1991．

州虎丘墓出土一件（失盖）。[1] 其形制以北山顶墓出土的一件为例：方唇，平沿，直颈，弧肩，鼓腹，平底内凹，微突的盖顶中立一环纽，周立三环纽，盖边有三个兽面形卡，腹部有四个对称的环耳。缶身中部有一圈蟠虺纹带，上下有两道凸起的绹索纹饰，环耳饰三角形云雷纹（见图 3-10）。北山顶墓另一件尊缶盖系后配，为徐器，已见上述。

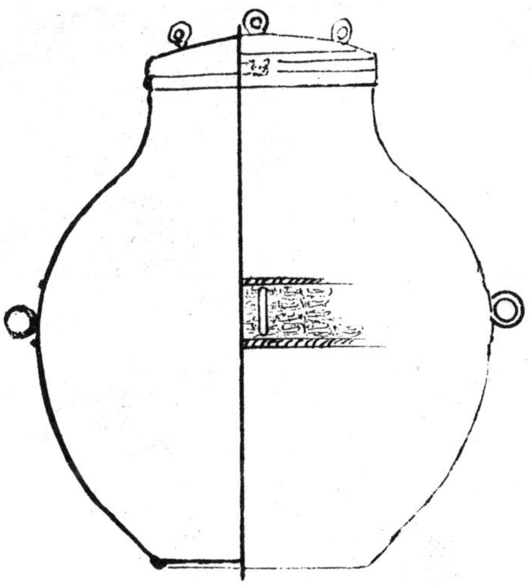

图 3-10　丹徒北山顶墓出土尊缶摹绘图（刘兴绘）

提梁盉。一称镳壶。此器是由盉演变来的，但变化较大，为楚人糅合南北风格的典型器物，颇具特色。苏州虎丘墓与何山墓各出一件。二器形制略同：小口，直沿，圜底，扁圆腹，兽面蹄足，盖上环纽有链与夔龙形提梁相连，前有兽首管状流，后有蟠螭纹曲环鋬，腹部一饰蟠虺纹，一饰三角云纹。何山墓出土的一件肩部有铭文一行 8 字“楚叔之孙途为之盉”。张志新认为，该器可能是吴楚战争中“吴人掠回的战利品”，可备一说。

簠。簠是楚礼器组合的常见器物。吴中何山墓出土 2 件，六合程桥

① 《江苏丹徒北山顶春秋墓发掘报告》定为“壶”。

3 号墓出土一件，长方体，直口斜腹，平底，矩形足，腹侧两对对称兽形附耳，器体满饰蟠虺纹，盖、身形式相同，盖沿有 6 只（一为 4 只）兽面边卡（见图 3–11）。程桥 3 号墓出土的一件有铭文 15 字“曾子义行自作饮簠，子孙其永保用之”。

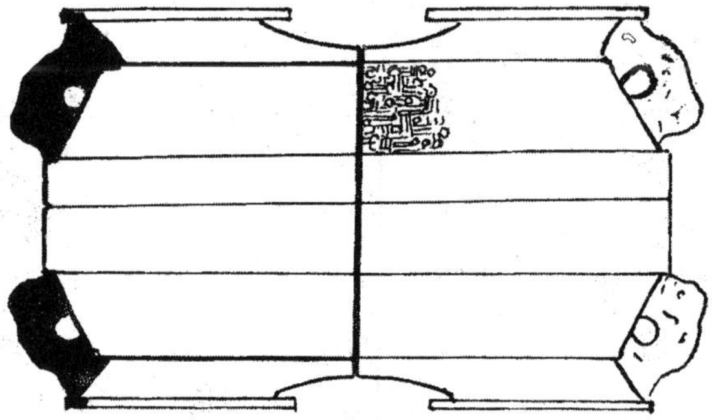

图 3–11　吴中何山墓出土簠摹绘图（刘兴绘）

匜。苏州虎丘墓和何山墓、六合程桥 3 号墓、镇江王家山墓出土的匜，均为平底无足，前流后鋬。平底匜是春秋中期以后出现的，多见于楚墓。

盘。六合程桥 3 号墓出土的一件，方唇平沿，浅腹，四兽面环耳，其中两个对称环耳为套铸的连环，器底附三只兽首环形足，腹饰两道卷云纹带和一道绹索纹（见图 3–12）。盘内有一行 10 字铭文“工虞大叔□□自作行盘”。此器形制与淅川下寺 2、3 号墓所出的“盥盘”相近，尤其兽首环形足富有鲜明特征的装饰，应是吴人的仿铸品。

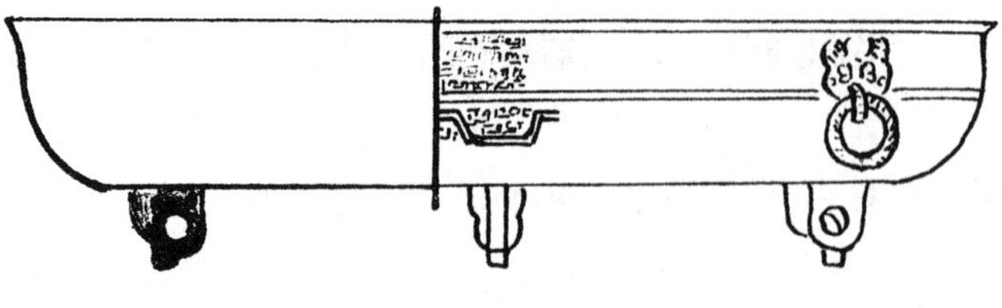

图 3–12　六合程桥 3 号墓出土盘摹绘图（刘兴绘）

新制鼎。这种有盖、附耳、深腹、圜底、兽面蹄足的鼎器，是春秋时期出现的。丹徒北山顶墓出土三件、粮山 1 号墓出土一件，六合程桥 2 号墓出土两件、3 号墓出土两件，苏州何山墓出土两件，苏州虎丘墓出土两件（见图 3–13）。另外，陕西凤翔高王寺出土的“吴王孙无土”鼎，也属新制。①

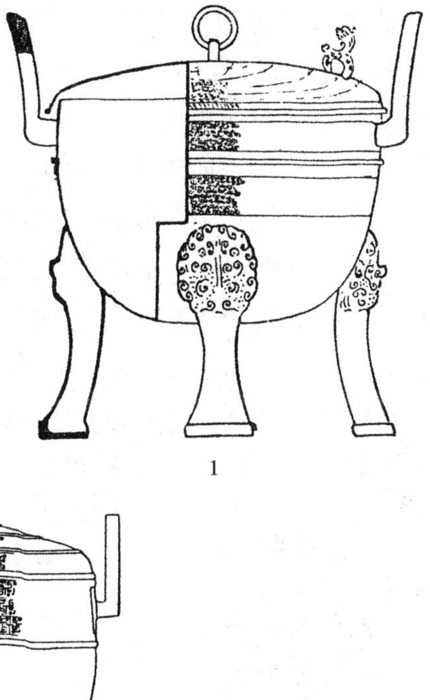

1

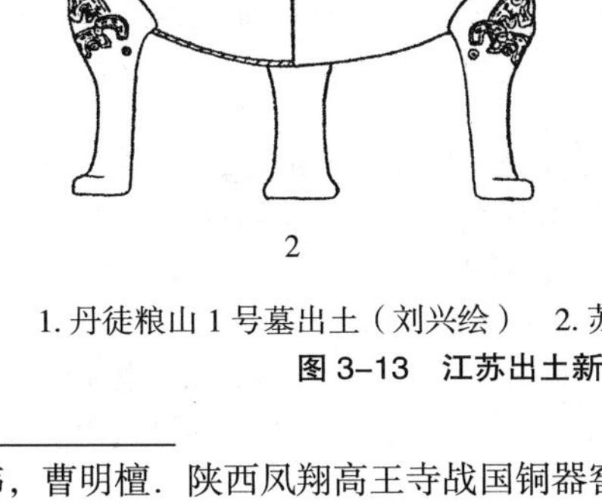

2

1. 丹徒粮山 1 号墓出土（刘兴绘）　2. 苏州何山东周墓出土（周群绘）

图 3–13　江苏出土新制鼎摹绘图

① 韩伟，曹明檀. 陕西凤翔高王寺战国铜器窖藏［J］. 文物，1981（1）.

所谓新制，是对比旧制而言。它是在传统的鼎器形制的基础上融合南北风格改进的一种新型鼎。升鼎、汤鼎也属新制。从大量的出土资料分析，这种新制鼎很可能滥觞于楚地。淅川下寺春秋楚墓群出土鼎器 51 件，其中 50 件为新制，仅 1 件为旧制（立耳无盖）。已见的最早的新制鼎也是出于楚地。①中原春秋的墓葬也出有新制鼎，那是受楚风的影响。这个问题需专文讨论，此不多赘。

根据淅川下寺墓群出土资料，此型鼎的铭文有自名为“于鼎”“緐鼎”和“飤鼎”之分。飤，是供食之意，不是鼎名。②这样的区分，大概是由于在礼器中的用途不同。不过，在器型上也微有区别：于鼎颈微束，圜底略平，盖沿有兽面边卡，形体较大；緐鼎一般有方箍一周承盖的子母口，早期的为平盖；而飤鼎则形体较小。③吴地出土的此型鼎为緐鼎和飤鼎，尚未发现于鼎。把此型鼎皆称为于鼎是不妥的。

由于诸墓大多在历史上被盗过，这些墓葬随葬器物的组合，为群众发现取出，后来征回，非科学发掘，随葬品不全，因之难窥全貌。但从残存遗物中还是可以看出，春秋晚期吴墓随葬器物的组合与前此相比是有所变化的。如鼎、簠的组合就有别于过去的鼎、簋组合；鼎、缶的组合就有别于中原的鼎、罍组合。楚器特有的组合为鼎、簠、缶。鼎是各地区随葬器物组合共有的，区别在于簠和缶。诸墓中随葬品比较齐全的如苏州何山墓，随葬品有鼎、簠、缶、盘、匜，这是春秋中晚期到战国初期典型的楚式墓葬组合。其余墓葬残存器或有簠，或有缶，显然，其组合形式亦受楚风的影响。

应该说明，这些墓葬一般均有吴地土著型器物并存。如丹徒北山顶

---

① 已见最早的新制鼎为出土于淅川和尚岭 1 号墓的克黄升鼎，铸造年代约为公元前 605 年。同出的也有附耳有盖鼎，但该墓非克黄之墓，年代尚有待考定。（曹桂岑．河南淅川春秋楚墓简考［N］．中国文物报，1992-10-18．）

② 礼器中的食器均可加一“飤”字，如“飤簠”“飤簋”等。

③ 参看河南省文物研究所，河南省丹江库区考古发掘队，等．淅川下寺春秋楚墓［M］．北京：文物出版社，1991；安徽省博物馆．寿县蔡侯墓出土遗物［M］．北京：科学出版社，1956．

墓出土的鸠杖、錞于、丁宁、悬鼓环以及戈、矛，苏州何山墓、丹徒粮山1号墓、六合和仁墓出土的撇足越式鼎，丹徒王家山墓出土的錞于、铎、炉，粮山1号墓和六合程桥3号墓出土的甗，等等，都具有鲜明的土著文化特色。同时，各墓几乎均出有几何印纹陶器。上述楚式铜器虽然有的是传入的，如何山墓的有铭提梁盉，北山顶墓的甚六鼎和次又缶盖等，但是大多均为仿铸器，其纹饰仍多保留土著文化的特色。如比较多见的双线S纹[①]，可能就是脱胎于几何印纹陶的纹饰，但细密交联的组合，又似是仿自盘曲纠结的蟠虺纹；云雷纹可能亦是印纹陶纹样的移植。再如刻纹铜器的画面多反映吴地风俗，据刘建国研究，吴国可能是"春秋刻纹铜器的原产地"[②]。

由上所述，我们不难发现，春秋晚期，江南地区墓葬中中原和当地两个文化系统器物并存的特点基本上已不复存在，为楚文化因素所取代。但土著文化因素仍占较大比重，还不能与曾、蔡以及江淮地区相提并论。其原因可能是楚和吴以及后来的越长期处于敌对状态所致。政治的隔阂，虽然阻止了文化交流，但难免产生不同程度的影响。到战国中晚期，随着东方政治形势的改观，江南地区才完全融入楚文化的大圈。

二、吴大城

吴大城，即姑苏城，今天的苏州。

吴大城建于吴王阖闾初年，这项浩大的工程和伍子胥有着密切的关系。《吴越春秋·阖闾内传》载，阖闾刺杀王僚继位为王后，问伍子胥何以"安君治民"，子胥答曰："凡欲安君治民，兴霸成王，以近制远者，必先立城廓，设守备，实仓廪，治兵库。"阖闾接受了这个建议，并命伍子胥负责建筑大城的工程。伍子胥是楚人，熟悉楚国都城建筑的模式。因此，吴大城的规模、布局、设置都和纪南城十分接近。

---

① 见丹徒北山顶墓云纹鼎、粮山1号墓的Ⅰ式鼎、六合程桥3号墓Ⅰ式鼎、苏州虎丘墓的鼎盖和盉盖等。

② 刘建国．春秋刻纹铜器初论［J］．东南文化，1988（5）．

大城的规模，据《吴越春秋·阖闾内传》记载，“周回四十七里”。《越绝书·记吴地传》言，“吴大城周回四十七里二百一十步二尺”，并详细记载了四围长度，“南面十里四十二步五尺，西面七里百一十二步三尺，北面八里二百二十六步三尺，东面十一里七十九步一尺”。据此四面长度相加，大城的周长应为三十七里一百六十一步，所记“四十七里”当为三十七里之误。这一点已为研究者所指出。① 其周长合今天长度约为 15 202 米②，据《楚都纪南城的勘查与发掘》报告，纪南城垣的周长约为 15 506 米，二城的面积相当。③ 应该说，吴大城和纪南城是具有同等规模的都城。

大城外有郭，即所谓“外城”。《越绝书》言：“吴郭周六十八里六十步”，大于城将近一倍，其比例约为 1∶1.85。《孟子·公孙丑》言“三里之城，七里之郭”，《战国策·齐策》言“三里之城，五里之郭”，说明郭大于城一倍左右为春秋战国时期的通例。郭，是依据地势在城外堆土筑成的土围子，完全是军事设施，为当时城池普遍的附属工程，后世亦多有所见。纪南城的发掘没有涉及这个问题，但不排除亦有外郭的可能。

吴大城的布局以宫城为中心。宫城又称“子城”“小城”，居大城的中部略偏东南，据考证，在今苏州市区宫巷、玄妙观一带。宫城的规模，据《越绝书·记吴地传》载：“周十二里……，门三，皆有楼”，约占大城的三分之一面积。宫城背北面南，市肆设在城北。这与《考工记》“面朝后市”的规定若合符契。纪南城的宫殿区也在城中偏东南部位。这种布局大概是春秋战国间都城建筑普遍采用的图式。

据《吴越春秋》记载，吴大城有陆门八、水门八。陆门八为：东

---

① 姬郁逸．春秋时期姑苏城营建制度初探［C］// 吴文化研究论文集．广州：中山大学出版社，1988．

② 中国古制六尺为一步，三百步为一里；先秦尺度一尺合今 22.5 厘米。37 里 161 步合今 15 202.35 米。

③ 谭维四，文必贵，等．楚都纪南城的勘查与发掘（上）［J］．考古学报，1982（3）．

“娄门”“匠门”，西“阊门”“胥门”，南“盘门”“蛇门”，北“齐门”“平门”。水门亦有名，据考，即所谓“八极之门”：东北曰“苍门”，东曰“开明门”，东南曰“阳门”，南曰“暑门”，西南曰“白门”，西曰“阊阖门”，西北曰“幽都门”，北曰“寒门”。①

设水门不仅有利于城内外水道交通，同时也有利于蓄水和泄水。纪南城也有水门，已发现三座（不是全数），是迄今所知最早的城池水门设施，有可能为楚人所创造。吴大城的水门设置，无疑是效法纪南城的总体设计。

苏州以“水城”闻名于世，市区内遍布河道，有“小桥流水人家”之诗情画意。这固然是江南水乡的特色，但和大城初建时有意引流入城亦应有一定的联系。从设置八座水门推测，当时城内的水道大概也是纵横交错，到处可见的。而引流入城亦见之于纪南城，这一特点，二者也是共具的。

吴大城未经发掘，我们还不能进一步了解更多的情况，不过，从上面所述一些记载和调查研究所得，不难发现，吴大城和楚都纪南城在建筑设计上确有许多共同之处。

第六节 越人葬俗的变化

越国的兴起比吴国晚。春秋时期的大中型越墓至今尚未有发现，但战国早期的越墓已经发现了数座。这几座墓葬的出土，带来了越地葬俗变化的信息。

一、绍兴 306 号墓和淮阴高庄墓

绍兴 306 号墓发现于 1982 年，淮阴高庄墓发现于 1978 年。两墓在

① 姬郁逸．春秋时期姑苏城营建制度初探［C］// 吴文化研究论文集．广州：中山大学出版社，1988．

历史上虽都曾被盗掘扰动，但仍显示了葬俗变化的迹象，以及复杂的文化面貌。[①]

二墓均为土坑竖穴。绍兴306号墓墓口已被破坏，墓底长8.14米、南端残宽5.4米、北端残宽2.5米、深2.8米。墓道东西向，位于墓室东端南侧，宽3.4米、长1.5米，有四级台阶。墓室南壁中部有一壁龛，壁龛下为土台。考古发掘简报推测墓内原有棺椁，那么，葬具皆朽烂无存了。淮阴高庄墓墓口长10.5米、宽9米，墓口至墓底深3.9米，口大底小，东西向。墓坑西北部有一“方形生土台坡”，台坡边长2.7米、高2—2.9米，西北高东南低，呈斜坡状（有可能是墓道）。木椁周围及椁顶填以白膏泥，厚约20厘米。墓底中部有一腰坑，内有狗骨架一具。椁室居墓坑东北部，呈长方形，长5.7米、宽3.7米、高2.1米，分三个棺室和一个足箱。主棺室和南侧室各有一棺，主棺有头箱和足箱。椁内发现11具人骨架，大多身首分离，散乱无序，椁外发现3具人骨架。共14具人骨架，其中大多当是殉人。[②]

越人葬俗，原来和吴人相同，盛行土墩墓。由土墩墓改为土坑木椁墓，无疑是葬俗一大变化。这显然受中原文化和楚文化的影响，也可能吴地墓葬先行一步。但在仿效中也出现一些差异，呈现复杂的现象，两座墓虽同为越墓，也不完全相同。这种情况在演变过程中是难免的。

两墓虽曾被盗，但出土遗物仍相当可观。绍兴306号墓出土青铜器、玉器、金器等220余件[③]；淮阴高庄墓出土原始青瓷器、青铜器、玉石器等280余件。两墓遗物均散发着浓厚的土著文化气息，如306号墓的铜质房屋模型，及室内未着衣冠的乐人、阳燧、三足罍，高庄墓的铜盖原始瓷熏炉、铜坠，以及刻纹铜器的纹饰，皆为典型的“越式”器

① 牟永抗．绍兴306号战国墓发掘简报［J］．文物，1984（1）；王立仕．淮阴高庄战国墓［J］．考古学报，1988（2）．

② 从身首分离现象看，当然可以解释为杀殉；不过，椁内骨架杂乱，身首多不相联属，而两棺内又不见人骨，但椁外3具人骨均身首相属，也有可能椁内现象是埋葬后为复仇盗墓者所造成的。

③ 报道为1 200余件；根据《简报》实际数字统计，包括小件在内为228件。

物。但是，遗物也显示了楚文化的影响，从器物形制到纹饰都有表现，如：

新制鼎。306 号墓出土 2 件，圜底，长方形附耳微外侈，口沿下有凸棱一周子口承盖（佚盖），腹较浅，兽面蹄足，形制，大小均与淅川下寺 3 号墓出土的“飤鼎”相近。该墓还出土一件汤鼎，系徐器，已在本章第四节中介绍。高庄墓出土鼎器 11 件，分三式。其中Ⅲ式鼎属于新制，但鼎腹甚浅，底较平，鼎盖呈弧形，高仅 12 厘米，这是仿造过程中的变异。令人感兴趣的是Ⅰ式鼎和Ⅱ式鼎，这种鼎也是长方形附耳，子口承盖，但鼎腹较浅（Ⅱ式鼎为垂腹），三足仍为外撇式（见图 3–14），尚保留一部分越式风格。这种新旧合璧，显然是越地旧制鼎演变中的过渡形态。

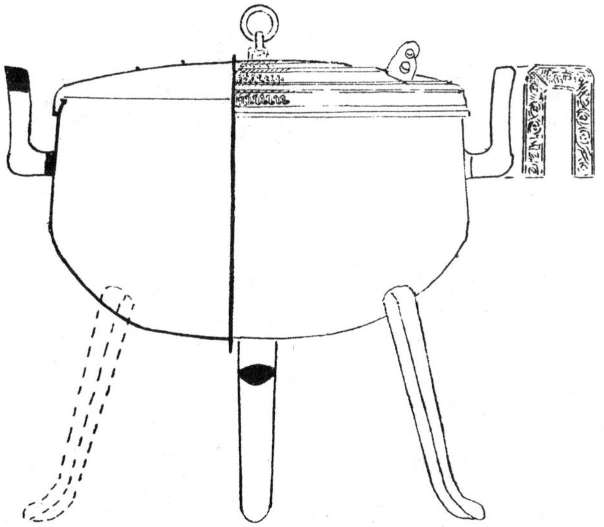

图 3–14　淮阴高庄墓Ⅰ式鼎摹绘图（刘兴绘）

提梁盉。两墓各出一件，形制与淅川下寺楚墓群出土的同类器略同。306 号墓出土的一件更精致，盉盖上“堆塑十一螭，十六兽”“全盉除塑立兽十九头外，各种蟠螭多达五十六条”。立兽有熊、虎、犀、象、鹿等，形象生动。这件器物的工艺，可能和楚文化有着更密切的联系。

三足盘。高庄墓出土铜盘18件，其中Ⅰ式盘10件，直口，方沿平折，圜底，浅腹，两对称兽面环耳，三兽面短蹄足，腹饰两圈绹索纹和双线S纹，近底处为锯齿纹（见图3–15），形制与淅川下寺1号墓出土的“环耳蹄足盘”略同。这种三足盥盘属于新制，旧制多为圈足。Ⅱ式盘一件，与Ⅰ式盘相似，但为直壁平底，四环耳。Ⅲ式盘7件，平底无足。一墓随葬这么多的铜盘，颇为罕见。

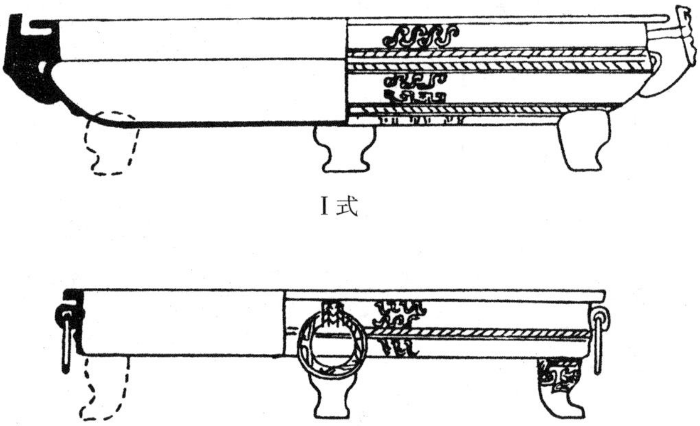
Ⅰ式

Ⅱ式

图3–15　淮阴高庄战国墓Ⅰ、Ⅱ式盘摹绘图（周群绘）

两墓铜器有的饰蟠虺纹[①]，这也是楚式铜器常见的纹饰。

金饼。306号墓出土两件，还出土小金片一件。一件金饼和金片周边有剪凿痕迹，牟永抗认为是金质“计重货币”[②]。计重金币以楚地出土最多，但未见有出于墓葬者，该墓随葬金币尚属首见。战国初期楚国使用的也是金饼。当时越国是否已经使用金币，尚不敢下妄言。因此，随葬的金饼是越人自己铸造的，还是他国流入的，尚有待论证。

① 绍兴306号墓《简报》写为“蟠螭”。
② 牟永抗．绍兴306号越墓刍议［J］．文物，1984（1）．

玉器。306 号墓出土的“圭形玉佩”“方形玉饰”，与淅川下寺 3 号墓的“扁条状玉饰”、1 号墓的 I 式“玉牌”造型接近。高庄墓出土的玉环纹饰，与淅川下寺 11 号墓的玉环花纹相同。①

此外，两墓均有大量漆器遗迹，特别是绍兴 306 号墓，“漆器形状尚隐约可辨，以方形和长方形盒为多，间有圆形的盘和奁，以及耳缘宽厚上翘的耳杯”，可惜均已不存了。楚地盛产漆器。以漆器随葬是楚墓的特色，看来越墓也是如此，可能是受楚风的影响。

二、越地的小型墓葬

浙江绍兴漓渚墓群、海盐黄家山墓、余杭崇贤墓以及上海青浦庄泾港墓均系小型越墓。这些墓葬大致相同，例如在葬制上，除海盐黄家山墓遗物系被群众取出葬制不明外，均为土坑竖穴墓，随葬品都是原始瓷器和印纹陶器，而不出铜器。墓葬时代约为战国前期。

绍兴漓渚战国墓群共 23 座，皆为长方形土坑竖穴，墓坑长 1.7—5.4 米、宽 0.72—2.4 米。出土原始瓷器 130 件，印纹硬陶器 141 件，有鼎、提梁盉、盘、匜、甑、盂、杯、碗、罐、瓮，等等。② 其中原始瓷仿铜附耳盖鼎、提梁盉均是新制式样。

海盐黄家山墓出土原始瓷器、陶器共 77 件。仿铜乐器 45 件，礼器有原始瓷鼎 5 件。③ 其中束腰蹄足鼎可能仿自升鼎，尽管形制上仍存在着差异。

余杭崇贤墓共 3 座，出土仿铜原始瓷器 58 件，印纹陶器 8 件。其中鼎 16 件，有蹄足附耳盖鼎、撇足束腰鼎、兽首鼎等式样，还出土有甬钟、鐎盉、鉴、匜、洗、瓿、杯、碗等。④

① 参看文物出版社 1991 年出版《淅川下寺楚墓》图版八八，2；图八二，2；图版一一三，3。

② 朱伯谦．绍兴漓渚的汉墓［J］．考古学报，1957（1）．

③ 浙江海盐出土的原始青瓷乐器［J］．文物，1985（8）．

④ 沈德祥．浙江省余杭崇贤战国墓［J］．东南文化，1989（6）．

上海青浦庄泾港两座墓葬，亦为长方形土坑竖穴，一墓已被破坏，出土原始瓷器和印纹陶器近 10 件。[①]

从上面简单的介绍中可以看出，越地的小型墓葬至战国前期亦普遍由土墩墓改为土坑墓。随葬器物虽仍体现浓厚的土著文化特色，接受外来文化影响比起大中型墓葬要微弱一些，但也明确显示，它已开始了演变的进程。

三、绍兴凤凰山木椁墓

凤凰山位于绍兴县城东约 10 千米，1975 年考古工作者在这里清理了两座木椁墓。时代亦为战国前期，但比上述越墓要晚一些，可能接近于战国中期。

二墓皆为土坑竖穴，一棺一椁，木椁四周填以白膏泥。1 号墓仅出土几件青铜兵器：剑 1、戈 1、镦 1，以及玛瑙杯 1 只。主要是 2 号墓，出土一组仿铜黑陶器，以及漆木器。[②]

黑陶器 23 件，计有：

鼎 4 件。其中附耳有盖鼎 2 件，饰以 S 纹；兽首鼎 1 件，附耳，圜底，矮蹄足，一兽首立于口沿上，另一端有对称一錾，通身饰 S 纹，造型奇特；无耳撇足小鼎 1 件。

提梁盉 1 件。有盖，小口，扁圆腹，圜底，腹上有提梁，盉前有兽首流，后有对称一錾，三蹄足，盖上有一环纽，用以系绳与提梁相连。腹部饰 S 纹，盖上饰连珠纹。其形制与淅川下寺 1 号墓和苏州虎丘墓所出的铜提梁盉近似，只是纹饰不尽相同。

尊缶 2 件（原报道称“壶”）。有盖，子母口，盖上有环纽，腹上部两旁有一对铺首衔环，盖沿、口沿、腹部均饰 S 纹一圈，高 22.2 厘米。

附耳蹄足盘 2 件。大口，浅腹，圜底，口沿外折，附耳似兽面形，

① 郑金星. 上海青浦县重固战国墓［J］. 考古，1988（8）.

② 绍兴凤凰山木椁墓［J］. 考古，1976（6）.

兽首矮蹄足。口沿下至腹部饰连珠纹，近底处为 S 纹，并有三道弦纹分界，高 9 厘米、口径 24 厘米。其形制与淅川下寺 7 号墓出土的铜盘略同。

匜 2 件。前有流，后有一环纽，平底，素面，长 22.4 厘米、高 8.2 厘米。还有敦 2 件、豆 2 件、盆 2 件、甑 1 件、甗 1 件、罐 4 件。

漆木器有豆 4 件，形制相同，浅盘，喇叭形实足，木胎，盘面髹朱漆，其余平面以黑漆为底，绘朱漆卷云纹，线条流畅，布局得体，高 22.4 厘米（见图 3–16）；木案 1 件，长方形，四角有榫孔，足已残缺。

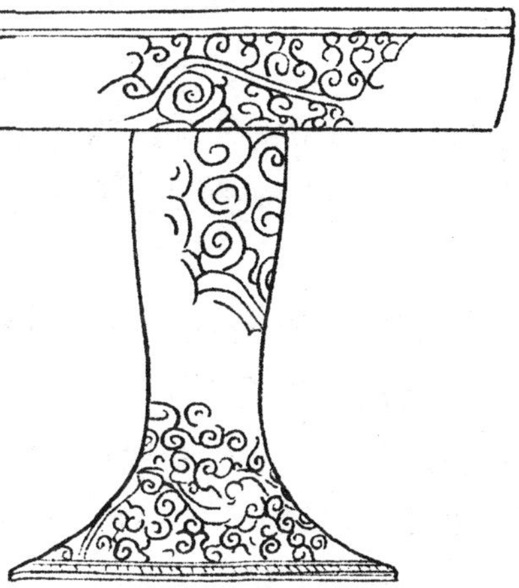

图 3–16　云纹漆豆摹绘图（周群绘）

礼器的基本组合是鼎、敦、缶、盘、匜。

此墓虽为越墓，但受到楚风的强烈影响，从墓葬形制到随葬品的组合，都与楚墓十分接近。土著文化的特点虽仍存在，如撇足小鼎、兽首鼎等，但全面看来，已经不占主要地位了。可以说，这是一座具有浓厚楚风的越墓。

第七节　皖南地区的古铜矿

皖南指今安徽长江以南的广大地区，先秦时期曾先后属于吴、越、楚。秦统一六国，皖南大部分地区隶属鄣郡。

1984 年至 1992 年，安徽省文物考古研究所与沿江有关市县文物部门，经过考古调查和发掘，在皖南沿江地区共计发现西周至唐宋时期的古代铜矿遗址百余处，主要分布在安庆至马鞍山一带的长江两岸地区。地理坐标：东经 117°17′—118°22′，北纬 30°30′—32°2′。其中以皖南沿江地区规模最大，有西周至唐宋等各个历史时期的遗址 90 余处，集中分布在铜陵、南陵、繁昌、泾县、青阳、贵池等市县，散布范围达 2 000 平方千米，是古代铜矿的中心区域。[①] 历史上著名的“吴越之金锡”“章山之铜”“陵阳之金”和“丹阳铜”等曾称誉天下，从地望上看均与这一地区有关。皖南沿江地区古铜矿遗址是我国目前规模最大、时代最早的铜矿遗址群。

遗址属于先秦时期的有 20 余处，主要分布在今铜陵、南陵、繁昌、贵池、枞阳等市县境内（见图 3-17），多在海拔 200 米以下的沿江山地和丘陵地区。从生产的布局看，一般从采矿到铜锭的产出大都是在同一矿区内完成的，因此采矿场和冶炼场大多相距不远，山上采矿，山下冶炼是比较普遍的生产格局。铜矿遗址中，采矿场因年代久远，地貌变化，井场淤塞，难以发现。做过调查的古矿井大都是当地群众在开采铜矿或铁帽层中的铁矿等过程中发现的，群众俗称“老窿”“老洞”或“古人洞”。采矿场的范围，一般小的数千平方米，大的数万平方米。古采矿场内废石和含铜绿的贫矿石遍地皆是，并有一些支护坑木和裸露的井巷残迹。冶炼遗址一般都有成堆的废渣而易于发现。遗物一般有炼铜废渣、红烧土炼铜炉壁残块、石块以及生活器皿残片等，堆积厚数米。冶炼遗址以南陵江木冲、铜陵木鱼山、凤凰山和铜官山等处最集中，规

① 杨立新．皖南古代铜矿初步考察与研究［M］// 文物研究：第 3 期．合肥：黄山书社，1988；杨立新．皖南古代铜矿的发现及其历史价值［J］．东南文化，1991（2）．

模最大，面积超过 1 平方千米，是先秦大型冶铜的场所。

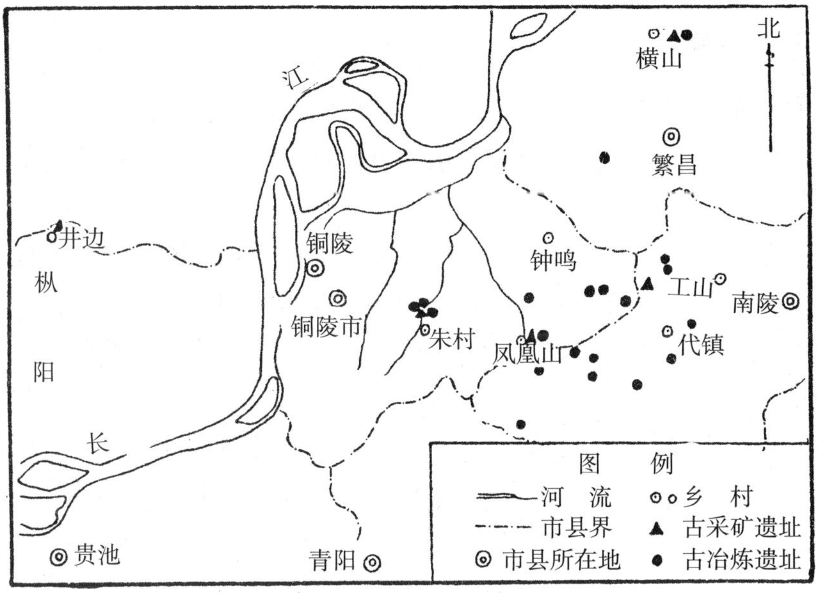

图 3–17　皖南沿江地区先秦古铜矿遗址分布示意图

关于皖南沿江古铜矿的最早年代，可以南陵江木冲、铜陵木鱼山两遗址为代表。这两处遗址均经过考古发掘，有两个木炭标本由中国社会科学院考古研究所碳十四年代测定实验室测定了年代。[①] 其中，南陵江木冲出土的木炭标本，经碳十四测定年代距今 2725 ± 115 年，树轮校正年代为 2815 ± 115 年，属于西周晚期。铜陵木鱼山出土的木炭标本，经碳十四测定的年代距今 2885 ± 55 年，树轮校正年代为 3015 年，属于西周早期。从这一地区发现的其他考古材料看，古铜矿采冶活动的兴起时间还应提前。如在南陵、繁昌、枞阳等地的商周遗址中常发现有铸造青铜器残留的铜液渣，在铜陵还发现过两件商代中期的铜斝和铜爵，综合有关考古材料分析，皖南沿江古铜矿的年代至少可以上溯到商代。作为

① 张雪莲，仇士华，等．放射性碳素测定年代报告（一七）[J]．考古，1990（7）．

先秦铜矿遗址的下限，一般可到战国。其中以东周时期的遗址最多，这一时期应是皖南沿江铜矿的重要发展阶段。

一、采矿

皖南沿江古铜矿在地质上属于下扬子断陷构造，位于长江中下游铜铁成矿带的中部，铜矿资源储量十分丰富，仅铜陵一地就占总储量的60%。[①]

先秦采矿遗址主要有铜陵万迎山、木鱼山，南陵粪箕佬，枞阳井边4处。古矿井一般位于花岗闪长岩与大理岩交织的破碎带上，这里铜矿富集，易于开采。古人找矿最初是追踪露头矿苗向下挖掘的，但这毕竟有限，经过长期的生产实践和摸索，古人在探矿和找矿方面积累了丰富的经验。中国古代传统的找矿方法，除追踪找矿外，大体有两种。一种是根据诸矿共生规律找矿。如《管子·地数》曾记载："上有磁石者，其下有铜金，此山见荣也。""磁石"为磁铁矿石，即所谓铁帽层。"见荣也"，即有铜矿。以铁帽找铜，就是一种根据铜铁矿共生规律找矿的方法。《管子》一书为战国或秦汉时的著作，上述这段话就是找矿生产实践的经验总结。皖南铜矿床不少矿体已经露出或接近地表，由于空气氧化作用形成氧化带，内含丰富的磁铁矿、赤铁矿、黄铁矿、自然铜和孔雀石等，亦称"铁帽"。从皖南铜矿的地质条件分析，大约在东周时期已采用了这种找矿方法。

另一种方法是根据植物指示规律找矿。如唐代《酉阳杂俎》卷十六载："山上有姜，下有铜锡。"这段话说的是根据植物指示规律找矿的方法。目前皖南沿江地区尚未发现野生姜类植物，但普遍生长着一种铜草。此草秋天开紫色花，花朵呈牙刷形，当地俗称"铜锈草""牙刷草"，又名"九月蒿"。这种草后来由孙雄才取学名"海州香薷"（Elsholtzia

① 王道华，傅德鑫，等. 长江中下游区域铜、金、铁硫矿床基本特征及成矿规律［M］. 北京：地质出版社，1987.

splendens）[①]。中医学上也称此草为“香薷”，又名“江香薷”，属于唇形科多年草本，广泛分布于长江中下游盛产铜矿的地区，是一种喜铜植物。在 20 世纪 50 年代，地质部门曾把这种草作为铜矿指示植物来找矿。以铜草这种植物作为铜矿的指示标志，古代矿工也可能在长期的生产实践中发现，并加以总结利用。

皖南铜矿的采矿方法基本是井采，即发现矿脉后，向下追踪开采。采矿井巷的开拓和支护主要视周围岩石的坚固程度而定，一般在岩石比较破碎处使用木支护框架。

铜陵万迎山西侧，南陵粪箕佬等处古矿井，采用的是浅地层群井采矿法。这里井巷比较密集，尚未发现木支护，井巷四壁围岩裸露。竖井井口为长方形，深 10 余米，下接巷道，巷道呈鼠穴形，弯弯曲曲，随矿脉走向延伸，高低不平，一般长度在 2—10 米不等。巷道横截面很小，直径在 0.8 米左右，仅能容身，可以想象当时采矿的艰辛程度。这类矿井实际上属于探采结合型，井巷开拓的过程也就是采矿的过程，有矿则开，无矿则停。在这类矿井中一般有大量的废弃矿石和淤积物，这与充填巷道，减轻顶板压力，防止塌方有关。

枞阳井边铜矿遗址是一处规模较大的古矿区，在方圆 5 千米范围内均有古代掘迹。在井边村附近小山上，有一座春秋至战国时期的古矿井。古矿井选择在一块坡地上，先凿平井址，向下挖一圆坑，直径约 3 米，然后再向下挖掘竖井。古矿井内曾发现有几层木支护框架巷道，有的巷道里填满了废石和淤积物，推测这种矿井大约采用了向上式水平分层采矿法和支柱充填法。据当地矿工介绍，在距现代矿井地面深 52 米处仍发现有古代巷道。从地表露头矿脉看，宽度 0.5—0.6 米，古矿井的井口正好位于矿带上。这座古矿井大概是围绕这条矿带分层采掘矿石的。在古矿井的井口处还发现有大量的夹砂红陶绳纹罐残片，应该是当时矿工们丢弃的生活器皿。

① 吴昭谦．报矿草——铜草［J］．志苑，1991（3）．

20 世纪 80 年代初，在铜陵万迎山曾发现一处东周时期的采矿平巷，平巷用木头支护成框式棚架，人可在巷道内站立行走。1987 年，在万迎山以南的金牛洞，发现一处西汉早期的采矿场，有竖井、斜井、平巷等遗迹，并出土了一批生产工具。该处井巷均采用了木支护框架方法，竖井采用“企口接方框密集支架结构（也称垛盘）”，井筒宽 1.6 米以上。井底接马头门，高 1.6 米、宽 2.2 米。马头门连接斜井和平巷，斜井有斜坡式和阶梯式两种，木头支撑为半框架式或方框架棚式结构。在棚架的两边及顶部有木棍或背板作帮，防止碎石掉落。棚架木支撑结构为梯形框架式，上窄下宽，由一根地梁，二根立柱，一根横梁构成。地梁两端砍成台阶状平口，呈平口接，立柱上端砍成丫口状托槽，上托一根圆木横梁，呈碗口接。平巷木支撑结构同斜井。采矿方法采用了水平分层采矿法和方框支柱充填法。① 金牛洞古矿井木支护结构与湖北大冶铜绿山战国时期矿井基本相同。② 可见，大约在战国时期这里也采用了与铜绿山相同的技术。

采矿工具主要有铜锛、铜凿、石球、凹腰形平衡石、木钩、木铲、竹筐、木桶等（见图 3–18），这些工具间接地反映了当时的采矿技术水平。

铜凿和石球是剥离铜矿石的主要工具。在坚硬的岩石中，破岩凿井取矿是一件不易之事。一些井巷的底部和围岩的裂隙中残留有炭屑和烟炱，据此推测在先秦较晚阶段大约已使用了“烧爆法”剥离矿石，即先用火将矿石部分烧热，再浇冷水，利用热胀冷缩的剧变，使矿石爆裂酥脆，然后用凿类工具剥离砂石。当时可能还使用大块砾石砸岩石，使之破裂，再用工具剥离。

井下运输工具主要有凹腰平衡石、木钩、木铲、竹筐等。凹腰平衡石是作为辘轳类提升工具使用的，从井下向上提升矿石、废石和积水。

① 杨立新，叶波，卢本珊．安徽铜陵金牛洞铜矿古采场遗址清理简报［J］．考古，1989（10）．

② 湖北铜绿山春秋战国古矿井遗址发掘简报［J］．文物，1975（2）．

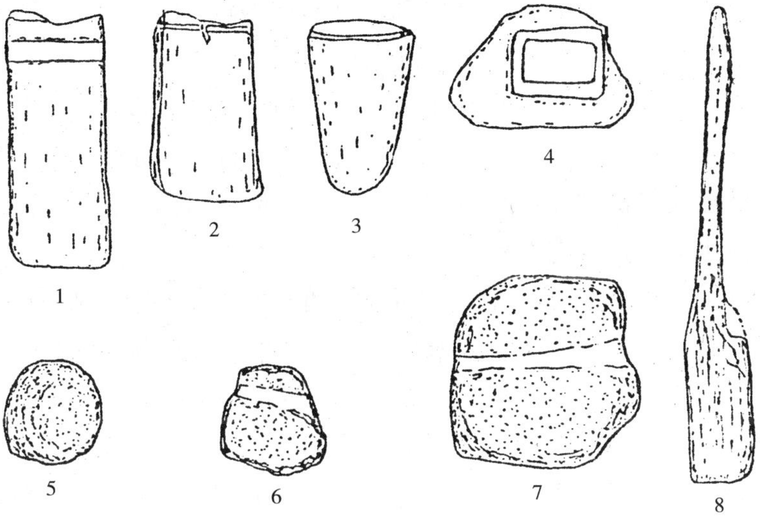

1、2. 铜锛　3. 铜凿　4. 铁锄　5. 石球　6、7. 平衡石　8. 木铲

图 3–18　采矿工具遗物摹绘图

井下通风，主要是利用多井口之间的高低、深浅落差，以及巷道的宽窄不同，而产生的压力差，通过自然风流来调节井下通风的。至于井下排水，是利用废弃低凹的巷道为蓄水池，再用木桶逐级提升到地面排走。

二、冶炼和铸造

先秦冶铜遗址发现较多，有南陵江木冲、乔冲、刘家井、西边冲、荷花荡、涧滩、铁山桥、冷水冲、夏家柏、崔家涝，繁昌犁山、铜山，铜陵岗巴垅、金山盛、金山北、银塘冲、铁石宕、木鱼山、大冲、小冲等 20 处。其中经过考古发掘的有木鱼山、江木冲、刘家井和西边冲等 4 处遗址。

发掘的遗址中共发现先秦炼铜炉 10 余座，但大都残存炉缸以下的炉基部位，这与古人毁炉取铜有关。炼铜炉结构均为竖炉，风沟以上高出地面，由炉基、炉缸、炉身三部分构成。炉体的横截面形状有圆形和椭圆形两种，其筑炉材料基本相同，没有明显的时代区别。

炼铜炉一般选择在斜坡通风处，有两种构筑方法。一种方法是先在地上挖一条浅沟，形成风沟，然后两边夯实，上面用土或石块、渣块封顶，一端留有一进风孔，再夯实，使之略高出地面构成炉基。风沟均用火烧烤去潮，有的呈砖红色，质地坚硬。另一种方法是先在地下挖一浅圆坑，然后用炼渣块或石块筑成一字形沟，形成风沟，再用渣块或石块封顶，留出一孔，形成炉基。

炉缸直接筑在炉基之上，截面为椭圆或圆形，长轴一般与炉基的风沟走向一致，缸内径长轴 0.8 米，短轴约 0.3 米。筑炉材料多选用红土或黄土，内含少量的石英砂。所以炉缸部位附着的一层厚 0.5—2 厘米的黑色烧结物，表面呈瘤形，凸凹不平，内含直径 1—5 毫米大小的石英颗粒。炉缸以上为炉身，内壁表面挂有一层厚 1—3 毫米的黄色或淡绿色釉。从江木冲倒塌的残炉身看，原高度在 1 米以上，若加上炉基、炉缸部分，当时炼铜炉复原高度在 1.5 米以上。炉壁的厚度 20—30 厘米，外壁面比较粗糙（见图 3–19）。江木冲遗址内有的炉身内壁做成沟槽形，类似今天的蜂窝煤炉炉胆的内壁，这种结构有利于通风，提高炉内温度。

放渣坑一般位于炉体长轴一端的下方，坑为圆形，大小不一。渣坑底部及边壁均有受高温浸烤的痕迹，表面呈黄白色，或青灰色。渣坑内堆积有粒度一致的细砂粒，以及碎渣块。由此推测当时炼铜炉金门的位置应该在长轴的一端，或略偏。风孔的位置估计是在短轴的两端。在倒塌的残炉壁块上曾发现有风口遗迹，圆形，孔径约 5 厘米。通风管未发现。从皖南出产毛竹分析，有可能是用毛竹作为风管的代用品来使用。在炼铜炉附近还发现有经过修整的月牙形麻石块，凹面挂有黑色烧结物，大约是镶嵌在金门口之处用作加固金门之用。

炼铜的工作平台一般是利用地表略加平整而成。在南陵江木冲遗址内，炼铜炉周围往往有一层厚 5—20 厘米的碎渣胶结物，沿地势散布，起伏不平。胶结层碎渣呈颗粒状，直径 1—5 毫米不等，表面平坦，胶结紧密坚硬，犹如现代混凝土，看来具有工作平台面的可能。

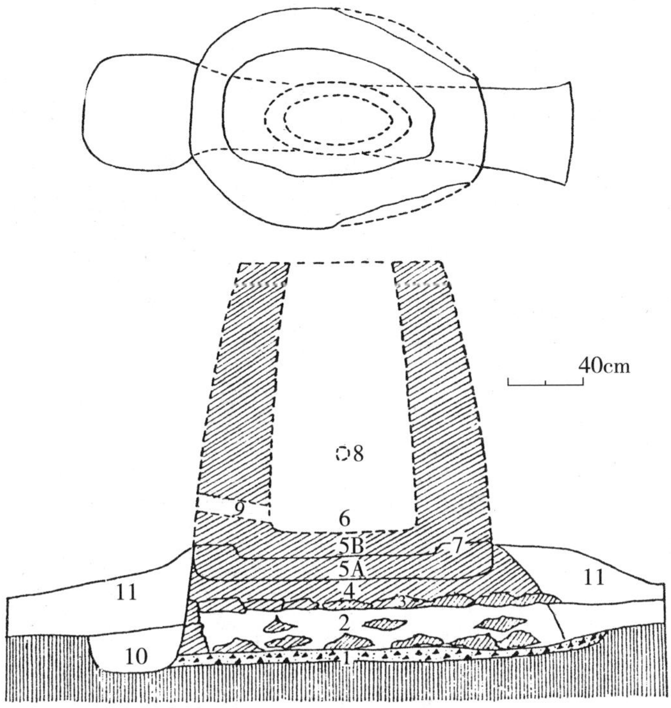

1. 炉基　2. 风沟　3. 炼渣块　4. 垫土　5A. 炉缸残存部分　5B. 炉缸底
6. 炉缸　7. 炉壁　8. 风眼　9. 金门　10. 放渣坑　11. 工作面

图 3–19　南陵江木冲春秋炼铜竖炉（7 号）结构复原图

在炼铜炉的周围还有一些遗迹，如搭盖棚架的柱穴和石块垒砌的墙基。遗物主要有碎矿用的石砧、石球、铜矿石、铁矿石、铜块，以及大量的炼渣和生活器皿残片。

当时炼铜的燃料是木炭。皖南沿江地区属于亚热带气候，阔叶林的麻栎、苦栎等硬质木材分布广泛，用来烧炭，是理想的燃料。

皖南先秦铜矿遗址内的炼渣堆积很多，大体有三种。一种是倒菌形，铁褐色，底部扁圆，上部细尖。渣体表面呈“挤膏状”，剖面多有气孔，这说明炼渣较稠，流动性差，推测是用铁矿石作为熔剂造渣的结果。菌形渣一般直径在 20—40 厘米，重 10—20 千克，最重的达 41 千克，这大约是一次排渣的容积。若按 1∶10 的铜渣比例计算，当时的炼铜炉一次可出铜1—2千克。第二种是扁平片状渣，质较轻，颜色发黑，流动性好，应该是还原炉的炼渣。大约在战国晚期又出现一种块状渣，灰绿色，背面弧凸，表面平整，有极细的波折纹，渣体组织结构致密，一般长30—40厘米、宽20—30厘米，重15—30千克。这种渣的冶炼水平要高于菌状渣。南陵江木冲出土的炼渣，经铜陵有色金属公司研究设计院化验室化验，含铜量在0.34%—1.30%之间，而含铁量较高，在36.31%—64.52%之间。① 铜陵万迎山、木鱼山两处出土的炼渣，经中国科技大学所做的化学成分分析看，含铜量分别为0.43%和0.32%，含铁量为34.39%和18.49%。② 上述分析表明，当时有的炼渣与近现代炼铜渣的成分相差无几。

据估计，皖南沿江地区先秦铜矿遗址内的炼铜废渣总量至少在200万吨，即使按1∶10计算，出铜量也在20万吨以上，可见，铜陵一带是先秦时期一处主要的产铜基地。

炼铜的最后产品形式是铜锭。先秦铜矿遗址出土的铜锭计有三批，均为铜板锭。20世纪70年代铜陵木鱼山遗址在兴修水利中曾出土百余千克铜板锭，与春秋铜鼎和陶器共存，时代应相当。1984年铜陵凤凰山古矿区发现一处春秋晚期铜器窖藏，内有铜板锭一块，与铜陵木鱼山的铜锭雷同。③1984—1988年，南陵江木冲遗址曾先后采集和出土一批铜锭10余块，时代为西周晚期至春秋。④ 上述铜锭均为菱形，表面呈铁褐色，有大块小块两种。小块长11—26厘米、宽7—10厘米，重1.1千克。大块长40—50厘米、宽5—12厘米、厚0.6—2厘米，重1.58—4千克。相类似的大块铜锭在贵池徽家冲战国铜器窖藏中曾发现7块，长78厘米、宽19厘米，重4.5千克。⑤ 小块铜锭在繁昌犁山附近的土墩墓

①④ 刘平生．南陵大工山古矿冶遗址群江木冲冶炼场调查［J］．文物研究，1988（3）．

② 陈荣，赵匡华，张国茂．先秦时期铜陵地区的冰铜冶炼研究［C］// 中国古铜都铜陵，1992．

③ 叶波．铜陵凤凰山发现春秋铜器［J］．文物研究，1988（3）．

⑤ 卢茂村．安徽贵池发现东周青铜器［J］．文物，1980（8）．

中也曾发现 3 块，时代为春秋时期。综观这五批铜锭，时代略有差别，小块铜锭可早到西周；大块铜锭较晚，约在春秋晚期开始出现。

关于这几批铜锭的性质，有人曾作过研究。其化学成分以铜、铁为主并夹杂有硅、硫、铝、砷、磷、钴、锰、镍、钼、铅、锡等多种微量元素。主体成分是铜，其次是铁和锡。硫的含量都超过 0.5%。研究者认为这几批铜锭是利用硫化铜矿冶炼出来的产品。① 贵池出土的铜锭中，有两件经冶金部有色金属研究院进行化学分析，含铜量分别为 60.68% 和 59.35%，其余为铁，属于铜铁合金。但也有铜锭含硫量在 2% 以上，推测极可能是使用硫化铜矿冶炼的产品。② 由此可见，早在春秋战国时期皖南铜矿就已经采冶硫化铜矿了（见表 3–1）。

表 3–1 铜锭成分分析表

出土地点	时代	化学成分 %									总计
		Cu	Pb	Sn	Fe	Co	AI	Ni	Mg	S	
铜陵凤凰山	春秋	93.23	0.00	1.84	4.17	0.03	0.001	0.00	0.01	0.64	99.92
铜陵木鱼山	春秋	95.82	0.06	1.20	1.81	0.04	0.00	0.02	0.01	0.65	99.61
铜陵木鱼山	春秋	82.76	0.00	4.85	9.48	0.07	0.006	0.05	0.01	0.73	97.96
繁昌犁山	春秋	92.98	0.00	0.81	0.56	0.00	0.02	0.02	0.01		94.40
繁昌犁山	春秋	89.62	0.00	3.84	6.51	0.01	0.005	0.00	0.01	0.65	100.65
南陵江木冲 A2	西周晚期—春秋	28	0.03	0.17	18.66						46.86
南陵江木冲 A3	西周晚期—春秋	38.58	0.015	0.02	35.77						74.39
贵池徽家冲	战国	60.68	△		多		△		△		60.68
贵池徽家冲	战国	59.35	△		多		△		△	△	59.35

注：“△”为光谱定性分析微量元素。

① 陈荣，赵匡华，张国茂．先秦时期铜陵地区的冰铜冶炼研究［C］// 中国古铜都铜陵，1992.

② 张敬国，李仲达，华觉明．贵池东周铜锭的分析研究——中国始用硫化矿炼铜的一个线索［J］．自然科学史研究，1985（2）.

从冶金史角度看，冶炼硫化铜矿是比氧化铜矿更为复杂、更为先进的工艺，这涉及矿石焙烧问题。一般硫化铜矿石不能直接入炉炼铜，需要在不超过800度的温度下长时间焙烧脱硫，使铜的硫化物转为氧化物后，再投入鼓风炉中熔炼，产出含铁量较高的冰铜，再反复精炼，才能得到纯度较高的粗铜锭。矿石焙烧有平地堆烧、坑式反应式堆烧等不同方法。目前皖南尚未发现较为明显的先秦矿石焙烧遗迹。

皖南先秦铜矿遗址中还发现一些铸造遗迹及遗物，这反映了当时古矿区内还附带着铸造青铜作业。

一是铸造青铜工具。1987年11月在铜陵铁石宕南侧的炼渣堆中，群众挖井发现一块砂质岩臿口范，为合范的半边。铸范的外侧雕琢成弧形，内壁浇铸面平整光滑，成臿形，顶端为铜液浇口。1991年11月在南陵西边冲春秋至战国的炼铜遗址内发现一块砂质岩锛范，结构及工艺与铁石宕臿范雷同。该范出土地点位于一座炼铜炉的西南侧，相距不到3米。在遗址内其他地点还发现有红铜块、铅块等遗物。[1]1987年铜陵木鱼山附近农民取土，发现一块完整的西周砂质岩斧范，并在附近发现一件鱼标形石铸范（见图3–20）。此外在南陵江木冲遗址内，也曾发现石范坯和大块铅锭，锭长7.8厘米、宽5.7厘米，高5.3厘米，重2.1千克。经铜陵有色金属公司研究设计院化验室分析，含锡0.28%、银1.62%、铅32.90%、锌0.006%。铅可以降低铜的熔点，并能增加铜的硬度。用砂岩石作铸范，铜液注入范内空气容易排出，范不易破裂，并可以多次使用。但石范可塑性差，只有铸造诸如斧、锛、臿、镞等简单器型，像鼎、鬲、盆、壶等比较复杂的铜器，仍需要用泥范铸造。石范、铅锭和铜块遗物，说明铜矿附有铸造青铜器的作坊。《周礼·考工记》曰："粤之无镈也，非无镈也，夫人而能为镈也。"郑玄注："粤地，山出金锡，铸冶之业，田器尤多。"这句话对于理解皖南铜矿区内为何有较多的铸造遗物是很有启发的。以古代的经济生产观念分析，利用产铜

① 安徽省文物考古研究所考古发掘材料。

的有利条件，就地设置铸造作坊，就近利用炼炉的铜料，当然更方便。铸造一些实用的生产工具，可能是用来满足矿山生产的需要。

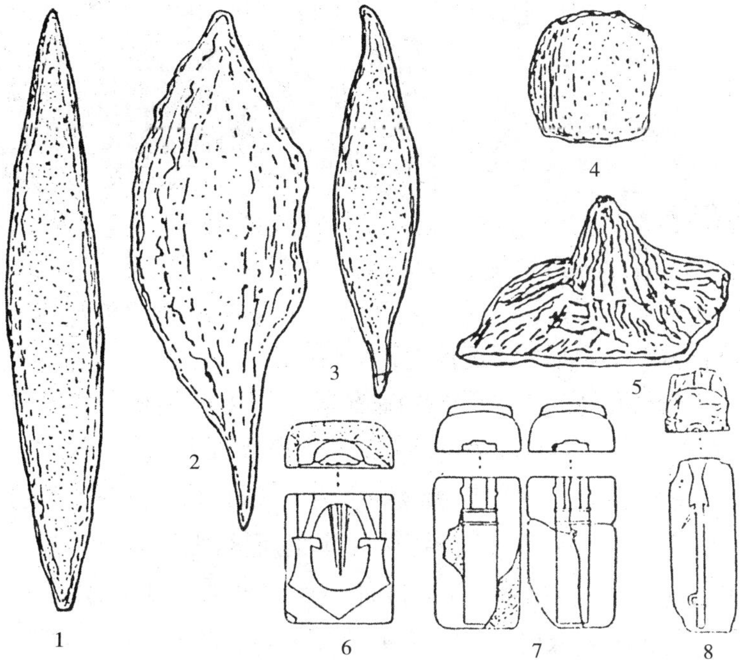

1、2、3. 铜锭　4. 铅锭　5. 炼铜渣　6. 石臿范　7. 石斧范　8. 石鱼标范

图 3–20　出土铜锭、铅锭、炼铜渣、石范摹绘图

二是铸钱。1982 年繁昌县文管所在横山乡征集到两件楚国铜贝范，经检测该范为铜锡合金，几乎不含铅，推测是用当地铜料铸造货币的。[①] 上海博物馆也曾在上海冶炼厂废铜中拣选出两件铜贝范，与繁昌的两件相同，据说也是出土于安徽沿江地区。[②] 繁昌境内有铜山、犁山等冶炼场，铜范可能与铜矿有关。铜贝范在古矿区内发现，反映了战国时期皖

① 陈荣，赵匡华，张国茂．先秦时期铜陵地区的冰铜冶炼研究［C］// 中国古铜都铜陵，1992．

② 陆松麟．上海博物馆藏铜贝范［J］．中国钱币，1983（2）．

南归属楚国版图之后，楚国已充分利用了这里产铜的条件，在铜矿区内设立铸钱作坊，铸造货币。1974 年，贵池县徽家冲发现一处战国时期的铜器窖藏，内有鼎、盘、杯、剑、戈、矛、刀、斧、铲、镰、锯、鱼钩、铜筷等多件，并有七块铜锭。这批铜器种类庞杂，多数残破不全，并与铜料一起储存，可能是准备销熔的处理品。铜器中有一件残鼎，有铭文残存 5 字“楚弩恖之镦”，看来是楚人之器。① 贵池境内有不少古铜矿遗址，在古矿区内发现这些准备回炉的残破铜器及铜锭，当与附近有铸钱作坊有关。

三、长江中下游地区古铜矿比较

皖南古铜矿与长江中游地区的古铜矿均位于长江中下游铜铁成矿带上，地理位置比较接近。1974 年至 1990 年，在长江中游南岸地区已发现江西瑞昌铜岭②、湖北阳新港下③、湖南麻阳九曲湾④、湖北大冶铜绿山⑤等 4 处先秦古铜矿遗址。铜岭铜矿的年代最早，上限可到商代中期。长江中游地区上古时期属于《禹贡》所说的荆州之域，也是先秦南方重要的产铜之地。就目前的考古材料看，《禹贡》荆、扬两州境内的铜矿遗址，皖南和大冶铜绿山铜矿规模最大，是齐名的两大重要产铜基地。

西周晚期楚熊渠伐扬越，至于鄂。鄂在今湖北鄂州市一带，说明西周时期今大冶铜绿山铜矿已归楚所有。铜在当时仍是重要的战略物资，兵器、礼器和工具无不需要铜作为原料。楚经营铜绿山地区古铜矿的时间相当长，而完全控制皖南古铜矿，大约要到战国中期。

这里，以铜绿山铜矿为主，将它与皖南古铜矿之间的关系作一分析比较。

---

① 卢茂村．安徽贵池发现东周青铜器［J］．文物，1980（8）．

② 江西省文物考古研究所铜岭遗址发掘队．江西瑞昌铜岭商周矿冶遗址第一期发掘简报［J］．江西文物，1990（3）．

③ 李天元．湖北阳新港下古矿井遗址发掘简报［J］．考古，1988（1）．

④ 湖南省博物馆．湖南麻阳战国时期古铜矿清理简报［J］．考古，1985（2）．

⑤ 铜绿山考古发掘队．湖北铜绿山春秋战国古矿井遗址发掘简报［J］．文物，1975（2）．

在自然条件方面，大冶铜绿山铜矿古矿区包括铜绿山、大岩阴山、小岩阴山、柯锡太村、螺蛳塘、乌鸦卜林塘等若干点，面积达 2 平方千米。这里矿区地质属于矽卡岩类型矿床，次生硫化带不发育，氧化带一般深 50—60 米，最深处超过 100 米，铜矿富集。主要有孔雀石、自然铜、赤铜矿等。皖南地区由于地质条件略异，除采冶氧化物铜矿外，还采冶硫化物铜矿，具有一定的地方特点。

在井巷支护和采矿方面。铜绿山铜矿古矿井内，因岩石破碎，基本上都使用木支撑框架，井巷支护结构比较规整。春秋以前的竖井为方框架榫卯结构，间以枝棍竹索捆绑，犹如现代矿井的吊框结构。竖井底部与横梁相通地方有马头门，马头门与横巷支护为方框支架结构，顶及四壁一般铺设木板或木棍、竹篾。从铜陵万迎山、枞阳井边等古矿井推测皖南也曾用了同样的方法。战国时期，铜绿山铜矿竖井中出现“企口接方框密集支架”结构，立柱为丫形。皖南古铜矿在战国时期也已采用了此法，有可能是从铜绿山传来的。

铜绿山铜矿出土的生产工具，有采铜用的斧、锛；运输矿石用的木铲、木钩、藤条、筐；排水用的圆木桶，碎矿用的石球，运输用的凹腰形平衡石、辘轳，以及选矿用的船形木斗。至战国时期开始出现铁锤、铁锄等新的生产工具。这些生产工具在皖南均有发现。两地大体相同。

在冶炼方面。铜绿山发现的炼铜炉均为竖炉，由炉基、炉缸、炉身三部分组成，风沟有“T”字形和“一”字形两种。炼铜炉的截面为椭圆形。皖南先秦炼铜炉结构与铜绿山类似，但不见“T”字形风沟。此外，皖南的圆截面炉体，炼铜炉内壁带有沟槽，以及碎渣铺设的工作台面等现象，在铜绿山也不见。这可能是由于遗物局限，尚不能视为差异。

铜绿山铜矿因为主要采冶氧化铜矿石，炼渣多呈块状，含铜量平均为 0.7%，而含铁量在 50% 左右，这与用铁矿石作溶剂有关。铜矿的冶炼产品是圆形红铜饼锭，含铜量为 94% 左右。皖南铜矿采冶氧化和硫化铜矿石，因此渣的形状有菌形、片状和块状等，冶炼水平与铜绿山大体相近。由于矿石性质不同，皖南铜产品不仅有红铜，还有冶炼硫化铜矿石的初级产品形式——菱形冰铜锭。

关于在铜矿附近设置作坊，就地取铜铸造青铜器具，在长江中游古矿区尚未发现。

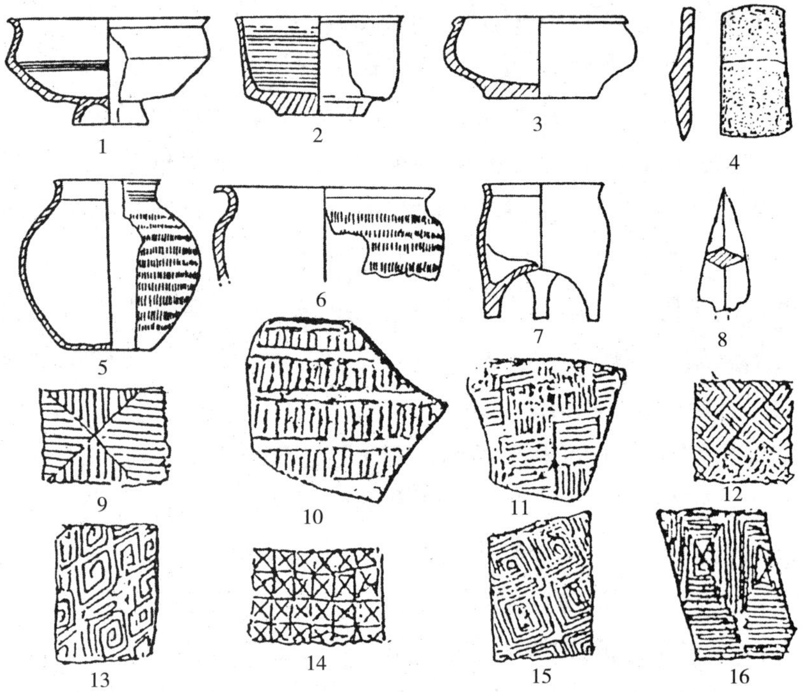

1. 瓷豆 2. 瓷盅 3. 陶瓿 4. 石锛 5. 陶罐 6. 陶盆 7. 陶鬲 8. 石镞
9. 叶脉纹 10. 间断绳纹 11、12. 席纹 13. 云雷纹 14. 网络纹 15、16. 回纹

图 3-21 皖南古铜矿出土瓷器、陶器及印纹陶纹饰摹绘图

长江中下游地区在古代实际上存在着两个产铜区域，根据这两个地区内铜矿遗址所生产的炼铜废渣量分析，两者亦相当。在中游地区，铜绿山遗址废渣量估计在 30 万—40 万吨，如加上瑞昌铜岭、阳新港下、湖南麻阳等处增加一倍的渣量，即有 60 万—80 万吨，数字亦是可观的。

在生活用品遗物方面，皖南先秦铜矿遗址中主要为陶器，有红、灰陶，印纹陶和原始青瓷三大类。

红、灰陶器以夹砂红陶为主，次为灰陶，还有少量黑衣陶，器型有鼎、鬲、罐、盆、豆、甗、钵、碗等。春秋以前鼎多见，一般为盆形，足扁尖外撇，与越式鼎相近。罐多为宽沿平口，器身饰间断绳纹，平底。鬲到春秋战国时期出现柱状平根足，与长江中游地区的楚式鬲完全相同（见图 3–21）。

印纹陶器较多，器型有瓿、罐、坛、盆、杯等，纹饰有叶脉纹、回字纹、田字纹、云雷纹、绳纹、米字纹、小方格纹、麻布纹、席纹等（见图 3–21）。印纹陶在长江中游的铜矿遗址中也有发现，纹饰风格亦大致相同。

原始青瓷一般为青釉，高岭土灰白色胎。春秋以前的器型多为小罐、豆、碗形盅、盘等，内壁有轮旋痕迹，呈瓦棱形。战国时期豆少见；小盂、杯形盅则十分流行。原始瓷器在长江中游地区则发现较少。

皖南沿江一带，在春秋晚期为吴、楚争夺之地。吴人入郢以后，为吴国所控制。越灭吴后，又为越人所有。所以这里不但有楚文化的影响，也受到吴越文化的浸染。考古的发现与这段历史是吻合的。

在冶炼技术上，楚人曾得到吴越之助。从考古发现看来，湖北大冶铜绿山古铜矿和皖南沿江地区古铜矿，在采矿、冶炼方法上有许多共同之处，基本上处于同等的技术水平。这是两地在技术上不断交流的反映。

第四章　楚文化中心的东移

第一节　楚都东迁

楚自兴起后，就有囊括各国的野心，在扩疆拓土的进程中，虽然兼并诸小国如秋风扫落叶，但是对晋、齐这样的大国，却还无能为力。所以，楚庄王称霸之时，楚人北进也走到了尽头。楚共王以后，北进策略已是名存实亡，东进与南拓逐步上升到战略地位。

然而，楚人东进也不是那么顺利，原来僻处于长江下游的江东吴国逐渐兴起，在晋国支持下与楚抗衡。两国在江淮地区你争我夺，拉锯战争历时 70 余年之久，楚人终未能得志。

前 506 年，吴联合唐、蔡伐楚，攻入郢都。虽然楚在秦的支援下旋即复国，但国力已大损，一时无力再与吴人争夺江淮之地了。东进出现了曲折，暂时搁置。江淮地区基本上成了吴国的势力范围。

前 473 年，越灭吴，《史记·越王句践世家》言："句践已平吴，乃以兵北渡淮，与齐、晋诸侯会于徐州，致贡于周。周元王使人赐句践胙，命为伯。句践已去，渡淮南，以淮上地与楚，归吴所侵宋地于宋，与鲁泗东方百里。当是时，越兵横行于江、淮东，诸侯毕贺，号称霸王。"《国语·吴语》亦云："越灭吴，上征上国，宋、郑、鲁、卫、陈、蔡执玉之君皆入朝。"原来吴国占有的江淮、江南地及势力范围，均为越所有。不久，越又北迁都于琅玡，一时成为东方的霸主。楚虽不甘，但亦未敢轻动。

不过，越国的东方霸业也只是昙花一现。句践后不久，东方诸国纷纷各行其是，越“不能正江淮北”[1]，于是，楚遂乘机重返淮域。楚惠王四十二年（前 447）灭蔡，四十四年灭杞，简王元年（前 431）灭莒。楚东北境一度达到沂水。

可是，这时北方三晋已经兴起，而楚国内部由于封君太众，积弊难返，阶级矛盾和统治阶级内部矛盾俱有所发展，因此，在相当长的一个时期内，楚在东方实际上是无所作为。这个局面，到楚威王时，方有所改观。

战国初期到中期的历史，由于史料缺佚，有些史事扑朔迷离。例如：楚人何时据有整个淮南地？[2] 何时进占江东？在史书中还找不到明确的答案。所以，现在我们要具体列出一个楚人东进时间表，尚非易事。

据司马贞《史记索引》引《竹书纪年》记载，句践后四世，越王“翳三十三年迁于吴”，该年为楚肃王二年（前 379）。越王翳由琅玡迁都于吴，可能是由于琅玡面临齐、楚两大国的威胁，但也有越国统治阶层内部争权矛盾激化的因素。[3] 对楚来说，这是一个有利时机，不过，此时楚人尚无暇东顾。直到楚威王七年（前 333），楚越之间终于爆发了一场较大规模的战争。

《史记·越王句践世家》言，越王无强时北伐齐，齐使人说服越王“释齐而伐楚。楚威王兴兵伐之，大败越，杀王无强，尽取故吴地，至浙江；北破齐于徐州，而越以此散。诸族子争立，或为王，或为君，滨于江南海上，服朝于楚”。对于这一记载，史学界是有争议的，有的据以认为楚威王七年灭越；有的认为无强以后，越事屡见，不能理解为灭越。这里提出的是又一问题：楚威王七年败越后，是否“尽取故吴地”？

《史记·六国年表》载：楚怀王十年“城广陵”。广陵，即吴国的邗

① 《史记·楚世家》。

② 宋绍熙五年以前的淮南地包括今苏北大部地区。

③ 越由琅玡迁吴后数年，即发生“越人三弑其君”事。

城，遗址犹存，在今江苏扬州西北五里的蜀岗。[1]该城南临大江，是长江下游江北的一处要塞，楚人加固此城，说明江南仍为越人，犹有备越意。又《战国策·楚策一》苏秦说楚威王谓："楚东有夏州、海阳"，此海阳即广陵东近海之地。这表明，楚威王败越后，越退出了江北地区，楚据有了整个淮南地，但江东地区今苏南境尚为越人所有。

先秦的江东，包括今安徽东南境和苏南一带，原为吴地。春秋时，楚曾多次进至江东境内，但均为军事行动，并非长期据有，吴人入郢后，楚也就退出这一地区与吴人角逐了。吴亡后，江东地区入越。战国时期，楚、越在长江以南的分界线，大约在今赣东北与皖南西境之间。唐张守节《史记正义》云："战国时，永、郴、衡、潭、岳、鄂、江、洪、饶，并是（楚）东南境，属楚也；袁、吉、虔、抚、歙、宣，并越西境，属越也。"可以参考。

楚人重返江东，可能就在楚威王败越这一年。这在考古发现中得到了说明。鄂君启金节舟节东航最远的一条水路为"内（入）泸江，适爰陵"，这个泸江即今天皖南的青弋江，爰陵地望在今宣城县附近（参看本书本章第三节）。鄂君启金节铸于楚怀王六年（前323），这时青弋江已经是楚东境的内河，说明江东西境包括今天皖南的芜湖、铜陵、繁昌、南陵、泾县、宣城、当涂以及江苏的高淳等地，早在此年之前已为楚有。这一带均为故吴地，不过，楚尚没有完全占有江东。

楚人完全据有江东地区，约在楚怀王二十三年（前306）前后。《战国策·楚策一》载范环对楚怀王曰："且王尝用（召）滑于越，而纳句章昧之难，越乱，故楚南察濑湖而郡江东。"《史记·樗里子甘茂列传》亦记此事，范蜎对楚怀王说："且王前尝用召滑于越，而内行章义之难，越国乱，故南塞厉门而郡江东。"范蜎即范环。此事又见《韩非子·内储说下》所载干象与楚怀王的一段对话："前时王使邵滑之越，五年而能亡越，所以然者，越乱而楚治也。"《史记·楚世家》昭雎说楚怀王

[1] 陈达祚，朱江．邗城遗址与邗沟流经区域文化遗存的发现［J］．文物，1973（12）．

时谈道："王虽东取地于越，不足以刷耻。"[①] 说的也是同一件事。所谓"郡江东"，即楚已据有整个江东，纳于楚的政区；所谓"亡越"，楚入吴，吴为越都，故云"亡"；"东取地于越"，指江东东境之地。其年代多认为在楚怀王二十三年左右。至此，"故吴地"方尽为楚所有。

清代学者黄以周《史记越世家补并辨》、雷学淇《竹书纪年义证》据此否定了楚威王灭越说，把灭越年代推迟了 27 年。然而，越丧失故吴地后，仍保有本土会稽一带，君统并未断绝。归服于楚，非亡于楚。秦始皇二十五年（前 222），"王翦遂定荆江南地，降越君，置会稽郡"[②]，才正式宣告越的灭亡。这个问题，蒙文通《越史丛考》[③]、李学勤《关于楚灭越的年代》[④]、何浩《楚灭国研究》[⑤] 俱有比较详细的论证，这里就不必申说了。

综观楚人的东进，从前 656 年"召陵之盟"之后，逐渐向东扩张。由于吴国的兴起，与楚争雄，东进出现了曲折。前 506 年，吴人入郢后，楚基本上退出了江淮地区，东进虽然受阻，但文化传播并未止步。前 473 年，越灭吴。前 447 年，楚人重返淮域，与越人东西对峙。前 333 年，楚威王败越，囊括了整个淮南地，楚境东达海疆，同时，在江南也推进至江东西境。前 306 年，楚又进占江东东境，故吴地方尽为楚有。

楚人东进得志，可是，西境迫于强秦，连连失利。前 280 年，秦使司马错伐楚。楚军战败，割汉北及上庸地予秦，西、北两面外围要地尽失。楚腹心地带鄢、郢直接面临秦军的威胁。次年，秦派大将白起大举攻楚。楚在鄢城（今湖北宜城境内）集结数十万大军，企图与秦军决一死战，捍卫郢都。白起采用引水灌城的战术，击败楚军，楚军民溺死战

---

① 《史记》各本多系此说词于怀王二十年，索隐本作二十六年。梁玉绳《史记志疑》云："此事在怀王二十六年，秦复取韩武遂之时，旧本作二十六年，甚是。"

② 《史记·秦始皇本纪》。

③ 蒙文通．越史丛考［M］．北京：人民出版社，1983．

④ 李学勤．关于楚灭越的年代［J］．江汉论坛，1985（7）．

⑤ 何浩．楚灭国研究［M］．武汉：武汉出版社，1989．

死者数十万人。[①]

鄢城的攻防战，是关系到楚郢都存亡命运的一次关键性战役。楚军溃败后，楚国君臣自知郢都难保，因而有东迁之举。这是一次有计划的撤退。贵族、臣仆、军队均随着顷襄王东迁，王宫的重器、大府的财物亦随之东运。从历史的迹象看，大部分楚人也追随楚王君臣东徙。另有一部分军民从水路转移到大江以南长沙等地。

楚顷襄王二十一年（前 278），白起拔郢。是役没有经过激烈战斗，可能楚人未加抵抗，就放弃了郢都。

从此，楚国的政治、经济、文化中心就移到东境。“东方”成了楚人最后的归宿地。

第二节　郢城——寿春

楚顷襄王放弃本土东迁，“保于陈城”，这是楚人在战败的情况下不得已而采取的战略退缩行动，以求得暂时的喘息机会。陈（今河南淮阳）北临韩、魏，如果秦继续追击，就有腹背受敌之虑，韩、魏不能袖手旁观。显然，这是楚利用当时列国的形势和陈的地理位置而作出的决策。

从前 278 年到前 241 年，楚在陈共 37 年。但是，一直把陈作为临时的都城，并未正式命名为郢，其原因可能有二：一是楚撤离本土东迁，一时人心未定，过早地宣布正式迁都，有失楚人恢复本土之望，不利于稳定局势；二是陈地处边境，没有拱卫余地，容易受敌牵制，不宜作为国都。在陈只是一个临时性的措施。

据《史记·六国年表》，楚考烈王十年（前 253）“徙于钜阳”，但《史记·楚世家》无此记载。据李天敏考证，钜阳即汉代的“细阳”，遗址在今皖北太和县东北 20 千米的原墙集。[②]这里未见战国时期的名城，

---

① 《水经注·沔水》。

② 李天敏．巨阳考［J］．安徽文博·建馆三十周年特刊，1986.

交通也不方便，似不可能为国都。胡三省说："此时虽徙巨阳，未离陈地也。"[①]其意正复如此。可能政治、外交重心仍在陈城，只是部分王室成员和辎重、宝货迁至钜阳。陈仍是临时的都城，钜阳不曾为楚国的都城。

楚在寿春建都仅18年。《史记·楚世家》载："（考烈王）二十二年（前241），与诸侯共伐秦，不利而去，楚东徙都寿春，命曰郢。"寿春位于东境的中心，北临淮河，肥水贯通南北，交通四达，是一个比较理想的建都之地。建都于寿春的决策可能在考烈王迁钜阳之时就已决定了。经过十多年时间的准备和建设，于二十二年正式宣布为郢。

楚定都寿春，表明楚人已从败离的情绪中恢复过来，人心逐渐稳定。同时昭示已在东方扎根，暂不复作恢复本土之想了。

一、郢城的地望和规模

根据文献记载，楚都寿春城的地望有三说：寿州县城说；县治西四十里说；县治西南四十里之丰庄铺说。

寿州县城之说见于《汉书·地理志》"九江郡·寿春邑"注文"楚考烈王自陈徙此"，又云："淮南王安亦都寿春。"这就是说西汉初年淮南王刘安所都之寿春亦即楚都之地。晋伏滔《正淮论》说："淮南者，三代扬州之分也。当春秋时，吴楚陈蔡之舆地，战国之末，楚全有之，而考烈王都焉。"[②]更明确指出地望的是北魏郦道元《水经注》。他在"淮水"下注曰："淮水又东流与颍口会，东南迳苍陵城北，又东北流迳寿春县故城西。县，即楚考烈王自陈徙此……"。又在"肥水"条下云："肥水自黎浆北迳寿春县故城东为长濑津，津侧有谢堂北亭，……肥水又西迳东台下，台即寿春外郭东北隅阿之榭也。……肥水西迳寿春县故城北，右合北溪，水导北山，泉源下注，漱石颓隍。"按郦氏所言，寿春故城的地望应在肥水下游东侧和入淮段南面，即今寿县城及其南郊一

① 《资治通鉴·秦记》昭襄王五十四年"楚迁于巨阳"胡注。
② 《晋书·伏滔传》。按，陈未有淮南地，所云"陈"，系误。

带。后来许多地理著作如唐杜佑《通典》、北宋欧阳忞《舆地广记》和清顾祖禹《读史方舆纪要》等均本此说。

县西40里之说，见北宋乐史《太平寰宇记》卷一二九“淮南道·寿州”：“废西寿春县，在县西四十里。《寿春记》云：‘秦始皇二十三年置，北临淮水，西寿春（城）中有楚王祭淮坛。’《水经》云：‘淮水北迳苍陵北，又东北流迳寿春故城西。’即是也。”按《寿春记》为东汉朱炀所作，此书已佚。所云“西寿春（城）中有楚王祭淮坛”，并不表明这里就是楚都，乐史不但误解了《寿春记》，同时也误解了郦道元《水经注》“淮水”下的注文。这条注文已见上引，淮水“东北流迳寿春县故城西。县，即楚考烈王自陈徙此”，不难理解，所言“考烈王自陈徙此”，系指“寿春县故城”，而不是“寿春县故城西”。同时，郦氏在“肥水”条下又两次提到“寿春县故城”，并详细记述了其位置，很明确，所言“寿春县故城”乃一地，而非两地。“苍陵城”遗址已发现，在寿县城西南约20千米之洪小庙[①]，两城之间不可能再立一大城。经调查，也未发现任何古城的遗迹。乐史未加考镜，遂指一城为二，乃此说之源。后来《大明一统志》又沿其误，并有所增饰：“州西四十里有寿州故城，相传楚寿春盖治此。”该书为明中叶李贤、彭时等编修，出诸众手，讹误颇多，其沿误自不足怪。而顾祖禹《读史方舆纪要》又二说并录，未加辨别，无疑又给后人带来一种错觉。

县西南40里丰庄铺说则是上说的旁出，见于清嘉庆年间李兆洛所撰《凤台县志》卷十“古迹志”：“以今地考之，废西寿春县当在今寿州境距城西南四十里之丰庄铺，值淮水东北曲处。《水经注》所谓烽水渎受淮于烽村南即此，丰或即烽之讹。今其城亦无迹矣。”《水经注》所言之“烽水渎”“烽村”乃南北朝时之地名，“丰庄铺”地名更晚。李兆洛别无所据，仅以晚出之地名妄加比附，自不足深论。

① 涂书田．楚郢都寿春考［C］// 楚文化研究论集：第一集．武汉：荆楚书社，1987.

关于寿郢的地望，从 1983 年开始，安徽省文物考古研究所经过 7 年的考古调查和遥感勘测，最终确定了寿春城址的位置和范围。

调查人员原来也倾向于第一说，在对沿淮古城遗址广泛调查的基础上，重点在寿县城周围进行考古勘探。可是，由于两千多年来淮河水患不断，屡受洪水荡涤，据不完全的统计，自三国曹魏甘露三年（258）至清光绪十五年（1889），共发生较大水灾 125 次，对古城遗址的破坏很大。所以考古调查只能观察到部分遗迹，很难从宏观上把握全貌。这次勘测主要得力于遥感技术，在高空获取的卫星照片和航空照片，运用计算机进行彩色密度分层处理，对所记录的色调和几何形状做出合理的解译，结合野外发掘进行验证，这种方法与单纯的地面调查相比，其准确性、优越性是显而易见的。

据勘测，郢城遗址应位于今寿县县城东南（城址包括今县城东南部），即北纬 32°31′05″—32°34′37″，东经 116°45′46″—116°48′35″，北有淮水和八公山为屏障，东垣、北垣外有肥水为池。遗址内地势平坦，海拔 19—22 米。外郭城南北方向与现代地理南北磁极偏离约 3°，呈北北东、南南西走向。城郭西垣从今县城南门向南经马家圩、小岗上至范河村南 250 米处，残存长度 4.85 千米；南垣从范河村南向东经葛小圩、小刘家圩至顾家寨一带，残存长度约 3 千米；北垣仅存东部一段，东垣也仅剩北部一段。其余尚不能确定具体位置。考虑到遗址东南部的兴隆集大部分包括在郭城内，推测外郭城南北长约 6.2 千米，东西宽约 4.25 千米，总面积约 25 平方千米（见图 4–1）。

光绪《寿州志》卷三《古迹》记载："寿春县故城……其外郭包括今之东陡涧，并肥水而北，至东津渡，又并肥水而西，尽于大香河入肥处……其地绵延曲折三十余里。"寿春城郭周长约 2 万米，与该记载基本相符。寿春城的形制呈长方形，长宽比约为 1.5 : 1，布局方整规矩，然注重方整而又不囿于固定形式，东侧因沿肥水设城，所以有"绵延曲折"之状。

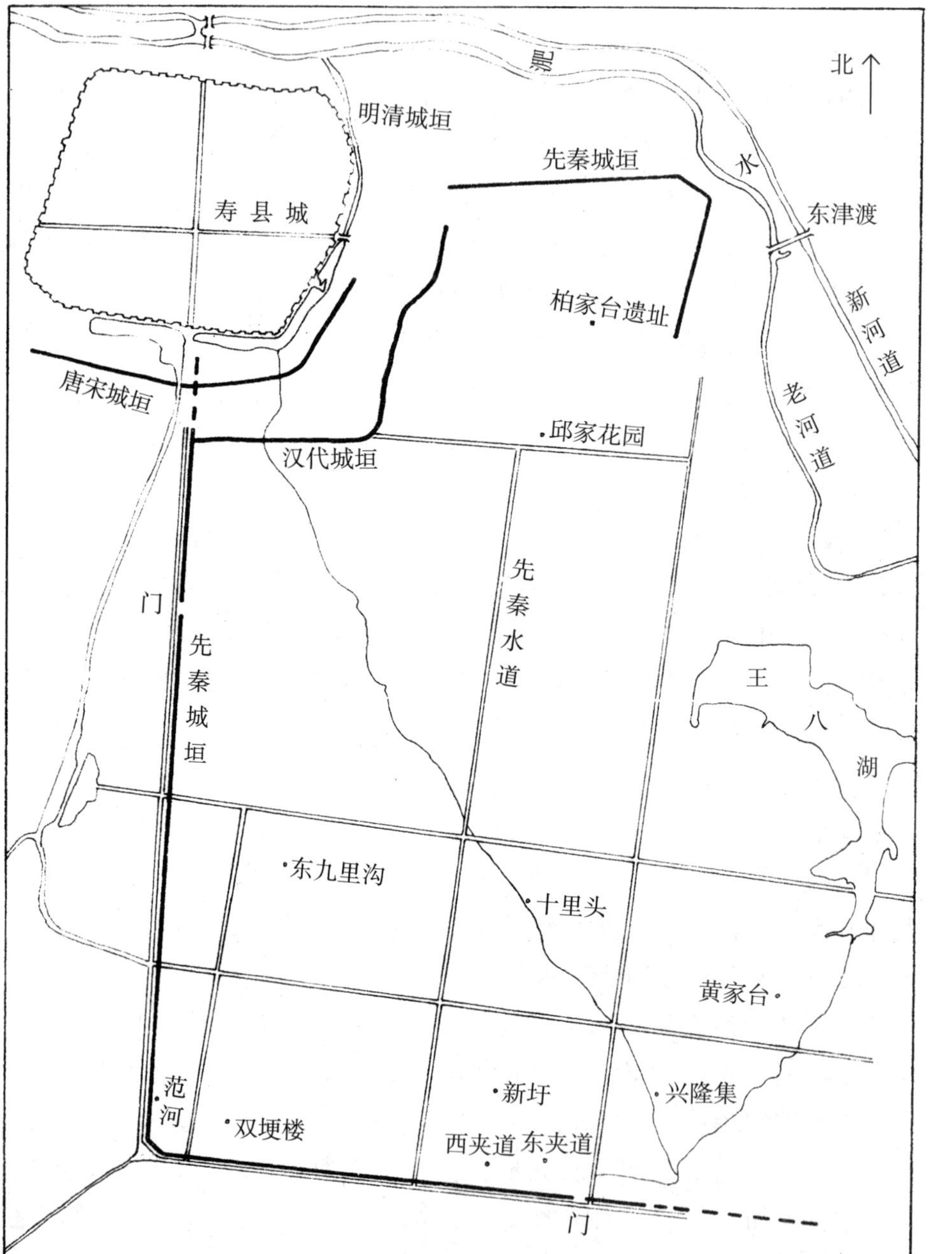

图 4–1　寿郢城垣、水道遥感实测图

东周都城规模一般都较大，纪南城城垣周长 15 506 米，面积约 16 平方千米，略逊于齐都临淄和韩都新郑，燕下都面积更大，达 30 平方千米。寿春郢城面积在列国都城中仅逊于燕下都。中国早期城的设置，存在着分级建设体制，《国语·楚语》载有楚大夫范无宇对楚灵王说过的一段话，“且夫制城邑若体性焉，有首领股肱，至于手拇毛脉，大能掉小，故变而不勤”。以人体各部位的关系，形象地说明城建体制的等级关系，这种理论被称作城市建设的“体性论”。[①] 寿春建为楚都，在旧都纪南城规模基础上又有所发展，后来居上，说明楚都东迁后仍然保有相当的国力。

寿春郢城之人口数不见于记载，《史记·货殖列传》说：“江陵故郢都，西通巫、巴，东有云梦之饶。陈都楚夏之交，通鱼盐之货，其民多贾。……郢之后徙寿春，亦一都会也。”桓谭《新论》说：“楚之郢都，车毂击，民肩摩，市路相排突，号为朝衣新而暮衣蔽。”寿春城区比纪郢大，其繁荣自应相当。曲英杰推测寿春郢城人口为 20 万左右[②]，可作参考。

二、郢城的布局

寿春城垣的地表部分仅存少量断续的土垅，发掘和钻探结果表明，建筑方法是先开挖约 1 米深、11 米宽的沟槽，然后分层覆土夯打，直至地平，形成基础，其上夯筑墙身，有外护坡和内护坡。夯土中包含有战国晚期的绳纹筒瓦、板瓦和圜底宽沿盆残片，未发现战国晚期以后的包含物。由城墙断面看，与纪郢城墙极为相似；纪郢墙身厚度 12 米左右，微向上收。外护坡底厚 4 米，坡陡以利防御；内护坡底厚 10—15 米，坡缓以利登临。内外护坡均无基槽。按《考工记》记载，墙高与基宽相等，寿郢城垣原高当在 11 米左右。夯筑城墙主要工具是筑杵，已发现方形圆角筑杵形成的夯窝，尺寸为 4×4 厘米。

---

① 马世之．楚城试探［C］// 楚文化研究论集：第一集．武汉：荆楚书社，1987.

② 曲英杰．楚都寿春郢城复原研究［J］．江汉考古，1992（3）.

经铲探，现已发现了两座城门。南垣东门位于葛小圩东侧，有 3 个门道，中间门道较两侧门道大，门道之间用夯筑的隔墙分开，路面中高边低。与中间门道相对的护城河上有土坝。门道两侧内有大型夯土台基，当时可能建有高大的军事防御设施。西垣北门位于东津乡政府北侧，形制与南门相似。寿郢的城门与纪郢的西垣北门建筑形制基本是一致的，反映了二者之间的承袭关系。从寿郢的形制和规模看，当有 8 门，即每面有两门，其余城门的发现，有待于进一步的调查发掘。

护城河伴郭城城垣延伸，最宽处达 40 米，最窄处仅 5 米，一般宽 20 米、深 3 米上下。东、北护城河还没有发现，推测利用了当时的肥水。战国晚期护城河与著名的芍陂（安丰塘）、肥水相通，即由城南 30 千米的芍陂通过引渎水道，从城郭西南角注入护城河。另有引渎自黎浆水（今东陡涧河）向西北流，从王圩子西侧入郭城，向西北流经今县城东护城河入肥水，此水为自然河流。

寿春城遗址内战国晚期物质文化遗存比较丰厚，因在历史上多次遭洪水冲刷，建筑残件和生活日用陶器残片俯拾即是，灰坑、陶管井等遗迹数不胜数，地下金币、青铜器也时有出土。特别在今县城的东南面遗存较多。

一些重要的器物，如大府铜牛，鄂君启车节、舟节，郢爰的出土，大都在寿郢城的中部和北部，即邱家花园、周家油坊一带。据“大府”二字分析，这些贵重遗物可能是中央财政机关所藏，或是为楚贵族世家所据有，决非一般平民所有之物。经考古发掘的柏家台战国大型遗址在城址的北部。推测郢城北部可能是贵族的府第区，或者是市肆，宫城应在城址的中部。

楚宫城亦有城门。《战国策·楚策四》载：“楚考烈王崩，李园果先入，置死士，止于棘门之内。春申君后入，止棘门。园死士夹刺春申君，斩其头，投之棘门外。”鲍本注：棘门为“宫门，以棘卫之”。棘门疑为宫城南门，今县城南门有“门里人”的传说，说的是春申君在南门被害的故事。今县城南门非楚宫城南门，但当时发生在宫城南门的事件却附会到后代所建南门上去了。

寿郢周围的战国墓葬区共有三处，小型、中型、大型墓分区而葬，且均不在城内。小型墓葬区距城最近，位于城北肥水北岸至八公山南麓，一般为土坑无椁单棺墓，随葬品只有少量陶器，有的有一两件兵器等青铜器。中型墓葬区位于城西至城西南，即寿西湖沿岸至双桥乡一带，一般为土坑木椁墓，随葬品较多。大型墓葬区距城较远，位于城东南 15 千米左右的杨庙、朱家集一带，著名的李三古堆大墓和杨公的九座墓葬即出土于此。现在此处地面上仍可见到许多大封土堆。《越绝书》所谓的“寿春东凫陵亢者，古诸侯王所葬也”，应指此地。

寿郢的规划还表现在外围的防卫上，苍陵城的设置就是一例。《地形志》曰：“故楚有苍陵城。”前引《水经注》云：“淮水又东流与颍口会，东南迳苍陵城北，又东北迳寿春县故城西。”经考古调查，颍口下游 7 千米丰庄乡涧洼村有洪小庙遗址，地处淮河南岸，东距寿春城 20 千米，西 40 里说误为寿春城。该城东西长约 1500 米，南北宽约 750 米。遗址西部有大量的筒瓦、板瓦和瓦当残片堆积，也有许多陶圈井分布，其时代从战国延续到南北朝。苍陵城的设置，是在颍水入淮处设立的一个军事堡垒，可以有效地控扼沿淮水和颍水而下的来敌之侵犯。像这样的军事据点，寿春城周围当不止一处。

据文献记载，寿春城有西南小城。该城位于城南乡古城村，距寿春城西南约 6 千米，东西长约 440 米，南北宽约 420 米。城垣犹存，残高 1—2.5 米。北垣有一缺口，疑为北门。南垣已成为农民住宅区。西垣压于公路下。东垣保存最好。城内及城外北部、东部分布着大量战国建筑残件。瓦当、筒瓦和板瓦、槽形砖的纹饰与寿春城遗址中出土的遗物相似（见图 4–2）。据《太平寰宇记》卷一二九“淮南道寿州”引伏滔《正淮论》曰：“（寿州）战国之末，楚全有之，而考烈王都焉，号曰郢都，城即烈王所筑，西南小城即楚相春申君黄歇所居。”小城之筑，可能略早于寿春城，“考烈王元年，以黄歇为相，封为春申君，赐淮北地十二县”[①]。春申君为相，前十五年居西南小城，应是封君之府城，后改封于吴，西南小城亦应献出。考烈王二十二年徙都寿春，春申君相府已移至寿春城内。《寿州志》曰：“今州治西曰西春申坊，东北曰东春申坊，北曰中春申坊。又东门外二里古名黄公乡、春申里，见《唐严公碑志》。土俗之传，由来远矣。”[②]

图 4–2 寿郢遗址出土的瓦当纹饰拓片

寿春既为都城，城内应有市场，商业形势当与纪郢相去不远，文献记载有“草市门”，是否可以说当时已在城内划定了相对集中的专业市场？手工业状况，应有相当规模，如造船、铸币、制玉、纺织、冶炼当十分可观，但现在还缺乏充分的考古资料说明其具体的位置。1987 年，在肥水北面发现了制陶遗址，可见当时有的手工业作坊设在城外。深入研究寿春城的布局，有待寿春城考古工作的进一步开展。

① 《史记》。

② 《寿州志》（清光绪朝修）。

三、寿郢与纪郢

纪郢与寿郢，一为楚强盛时期的都城，一为楚末期寻求复兴的首府，虽时势不同，但楚人的文化是一脉相承的。寿郢继承了纪郢许多特点，自是顺理成章之事。然随着时间的推移，建城技术亦有所提高。寿郢的建筑，除上面提到的在城墙、城门等方面和纪郢相似外，还表现在以下几个方面。

1. 依山傍水

寿郢和纪郢在选址方面共同的特点是临水居高，依山包水。纪郢北去纪山25千米，西去八岭山5千米，东北邻雨台山，海拔高度高于今荆州城约10米，居高而有鸟瞰之势，少洪泛之灾。东有湖泊，水面宽阔，为引流入城、贯通漕运、停泊舟船提供了条件。寿郢位于淮水之阴，八公山之阳，肥水流经其东，复沿城北入淮，为东、北垣之壕堑。依八公山以为固，傍肥水畅其流，所谓“襟带淮汝，控引河洛”。在自然地理条件方面，具有水陆交通之便，为南北通道之军事冲要。在经济地理方面，“受南北湖，皮革鲍木之输，亦一都会也”[①]。在战国时期，淮河河床还未抬高，故肥水亦不壅塞，水旱之害不多。考烈王迁都寿春，是势所必然的。

2. 布局不拘成法，因地制宜

纪郢城垣，遇到高地就外突包进，遇到洼地就斜切回避。宫城和贵族府第位于东南和东北而不居中，和城西南以冶炼为主的作坊区保持一定距离。寿郢东临肥水，故沿水夯筑城墙，不片面追求方整。寿郢宫城，尚未发现，推测可能在中部偏南。从整体结构来看，纪郢和寿郢在齐整中有变化，在严谨中见灵活，不拘成法，体现了楚人务实的城市设计思想。

3. 引流交络城中，多有水门

在纪郢城区内，今已发现了四条古河道，分别穿北、南、东垣而

① 《汉书·地理志》。

过。南垣水门已经发掘，这是一座木构建筑，有三个宽达3.4米的门道，可容小船并航。按古河道流贯城区情况推测，其水门至少有三座。寿郢城区范围内除有一条纵贯城区的引渎外，尚有十分规则的、由人工水道构成的水网，充分体现了寿郢为一大水都的特点。城内水道与水道相交，构成一个个矩形方块，现能明显分辨出的有东九里沟、十里头、黄家台、双更楼、新圩、兴隆集六个长方形区域，每个区域的面积均为1.5平方千米左右，据郭城的总面积推算，城内约可划分为15个矩形区域。规划整齐的水道系统，是寿郢的一个显著特色，它既保证了城市内的生产、生活用水，又充当了城内的水上交通线，作为陆路交通的补充。水网将城区划分为一定数量的相对独立的单元，也有利于防卫和管理。寿郢的水门不在少数，还有待发现，吴都吴大城（今苏州城）仿于楚城，城内水陆之道各连接城门，相互交叉呈井字形，有水门八道，可为佐证。

4. 削折城隅，扩大防卫视野

寿郢城垣的拐角设计也与纪郢相似，现存的西南角和东北角皆切直角相交为两钝角折线相交，但切角不及纪郢大，纪郢城隅切线长500—700米不等，寿郢城角切线仅长100米。城垣的拐角设计成切角，可消除视觉上的死角，增大守城士兵的视野，可多方位监视来犯之敌。这种削折城隅，消除防卫死角的做法，是楚人城市设计中从军事防御出发的巧思，亦是楚国筑城技术上的一个特点，为先秦中原城市所未见。

5. 水井密布，功能多样

纪郢的水井有土井、陶圈井、木圈井、竹圈井，从功能上分，大体上有饮水井、生产用水井和冷藏井。分布非常密集。寿郢城内陶圈井分布也相当密集，但土井很少发现。考古人员在邱家花园发掘了两座陶圈井，一号井残存陶井圈3节，二号井残存陶井圈5节。井圈为夹砂灰陶，并含有少量草木灰，个别井圈呈灰红色。井圈直径78厘米左右，高度在40—52厘米之间，大多高46厘米，壁厚2—3厘米，上下沿稍厚。有的井圈壁中部有2—4个直径3.5厘米的小圆孔。外壁饰粗绳纹或间断绳纹，内壁素面，有压印痕迹。井圈与井坑壁距离10—15厘米，填五花土，井底挖掘成锥形，由井圈与井坑壁的距离，可知采用了沉井建筑法。这两眼井与在今县城周围发掘的西汉早期陶圈井相比，井圈直径稍小，高度稍长，但建造方法一致。即先挖一稍大于井圈的土坑，安放第一节井圈，然后把井圈下的土掏空，利用井圈的自重慢慢下沉，土面再加上另一节井圈，反复操作直至需要的深度。采用这种技术，避免了深挖而塌方，又节省了劳动力。与纪郢陶圈井相比，在建造方法上，井中间不设承托支架，陶井圈一直使用到井底，可防止崩塌淤塞。

四、州来、下蔡、郢与寿春

寿春郢城的历史，可以追溯到州来和下蔡。

州来原为古国。上面提到，可能为淮夷的一支。《尔雅·释丘》云："淮南有州黎丘。"郭璞注："今在寿春县。"邵晋涵《正义》曰："州黎即州来，古来、黎音同。"其淮南当指淮水之南，郭璞注则进一步明确其在寿春县境内。《说文》："水中可居曰州"，州来四周环水，故曰州，"黎，履黏也"，指土质黏，以其地貌特征称州黎丘。州来其名最早见于《左传·成公七年》（前 584）："吴始伐楚、伐巢、伐徐，子重奔命。马陵之会，吴入州来。"杜预注："州来，楚邑，淮南下蔡县是也。"又《左传·昭公九年》载："楚公子弃疾迁许于夷，实城父。取州来淮北之田以益之。"可见州来兼淮河南北两岸地，其都当在淮南。《汉书·地理志》云："下蔡，故州来国，为楚所灭，后吴取之，至夫差迁昭侯于此。后四世侯齐竟为楚所灭。"明言州来、下蔡为一地。前为州来，后为下蔡，向无异说。

州来有城，始筑于前 538 年。《左传·昭公四年》："冬，吴伐楚，入棘、栎、麻，以报朱方之役。楚沈尹射奔命于夏汭，葴尹宜咎城钟离，薳启强城巢，然丹城州来。东国水，不可以城。"可能没有筑成。但《左传·昭公十九年》又言"楚人城州来"，终于筑成。楚人一再在州来筑城，这个战略要地当在淮南，而不在淮北。

州来因其地理位置重要，吴楚长期争夺。至蔡迁州来，改为蔡都称

“蔡”，仍属吴的势力范围。后吴为越灭，蔡又成了越的附庸国。楚惠王四十二年（前447）灭蔡，改称下蔡。楚怀王六年所作鄂君启车节铭文中有“下蔡”的地名，此外，楚国的官玺“下蔡宫大夫”和“下蔡职襄”[①]可以为证。楚顷襄王时宋玉作《登徒子好色赋》有“惑阳城，迷下蔡”之句，可知下蔡在楚都寿春之前已是一个相当繁盛的都会了。

下蔡城的位置已如上述，但文献上记载多讹在淮北。《水经注·淮水》说淮水经寿春故城西，“又北迳下蔡县故城东，本州来城也”。唐司马贞《史记索隐》曰：“州来在淮南下蔡县。”明嘉靖《寿州志》云：“下蔡城，（寿）州北三十里古州来也。《左传》：鲁昭公四年，楚然丹城州来，十九年楚人城州来即此。”不过这些记载都是以汉代的下蔡县为前提，以为汉代的下蔡即先秦之下蔡，未作必要的考证。随着考古的发现，对文献上的记载提出了反证。

1955年，在今寿县城西门内北边发现了蔡昭侯墓；1958年至1959年又在东距寿县城7.5千米的淮南市赵家孤（古）堆先后发掘了两座蔡墓，已见前述。1984年，安徽省文物考古研究所在蔡昭侯墓南1.5千米处发现了春秋时期墓地，发掘了其中三座，均为土坑竖穴。三墓都被盗，出土的残余遗物有兵器、车马器等，均系春秋晚期之物，与蔡侯墓遗物极为相似。这些墓葬均在淮河南岸，而淮河北岸从未发现蔡墓，说明下蔡城不在淮河北岸，而在淮河南岸。

据考古调查，今淮河北岸的凤台县城关镇附近既未发现春秋建筑遗迹，也未发现战国遗址，只有汉代至唐宋遗存以及附近的魏晋墓群。这也证明，秦汉在淮河北岸所建之下蔡县，非先秦之下蔡。

寿春与秦汉之下蔡相距仅一水之隔，关系密切。春申君居西南小城，在淮河南，却有淮北地12县。清在此置凤台县，治所却在寿州城北街，而南街为寿州治所。李兆洛嘉庆《凤台县志》曰：“东津渡以南皆寿州境，以北皆凤台境。”民间有“寿凤一家”之说。在淮河南岸的

① 郑超．楚国宫玺考略［J］．文物研究，1986（2）．

寿州设治所管辖淮北地自古有之，秦汉在淮河北岸设城，借用旧名“下蔡”是顺理成章的。

下蔡的前身是州来城，寿春城的前身是下蔡城，但不是因袭旧城，而是重新建筑，范围比旧蔡城扩大了许多。寿郢建成后，下蔡城已不复存在了。

考烈王选择寿春作为郢都，主要是由于地理因素所决定的。《正淮论》说：“（寿春）南引荆汝之利，东连三吴之富。北接梁宋，平涂不过七日；西援陈许，水陆不出千里。外有江湖之阻，内保淮肥之固。”由此可见，寿春从春秋晚期到南北朝，一直都是东方的经济、军事重镇。

五、柏家台建筑遗址

上面已经提到，寿春城故址范围内建筑残件的遗存分布相当广泛，可想当年建筑物是相当密集的。由于历史上洪水的洗劫，地表已不见夯土台基，地面试掘是发现不了的。航空照片的利用为解决这一难题提供了技术条件，由于夯土台基与普通的土质及其密度不同，含水量存在着一定的差异，而农作物由于肥、水条件的差别呈现出不同的颜色，这在航空照片上有一定的反映。分析照片上所呈现的色调特点，结合重点钻探，现已发现了 29 座夯土台基。这些台基的形状大多是长方形的，也有方形和曲尺形的，虽然保存不好，但一般仍有 1—2 米的厚度。

柏家台建筑遗址位于寿春城的东北部，南距著名的邱家花园约 1 千米，北边正对八公山最高的山峰四顶山，晴天远眺，气势极为宏博。这个遗址发现于 1985 年，在公路拓宽工程中，民工挖出了许多瓦当和槽形砖，考古工作者随即进行了清理，虽然仅发掘了 680 平方米，但仍获取了有关寿郢建筑的一些宝贵材料。

经钻探，柏家台夯土台基遗址呈曲尺形，东西最大长度 210 米，南北最大宽度 130 米，残高 0.8—1 米。当初其上可能建有一组建筑物，而非一座建筑物。已发现的一座建筑位于台基的西南部，地层堆积比较简单：第一层为耕土层，厚 15 厘米；第二层为扰土层，厚 10—40 厘米；

第三层为瓦砾、烧土层，内含筒瓦、板瓦、瓦当、红砖和烧土块，厚10—20厘米；第四层为铺地砖，但已被扰乱；第五层为夯土层，内含少量战国时期陶片。夯土台基的夯筑是采取“先挖后打”的方法，即先挖去松软的表土至生土，清出地基，然后覆土夯筑。夯层比较凌乱，分层不甚明显，似为随覆随夯所致。在已发掘的范围内发现了五座西汉墓，墓葬打破了建筑遗址。

这座建筑物阔约53.5米，进深约42米，总面积超过2 000平方米，方向正南偏西约5°。建筑的外围有大型石柱础；长宽各约80厘米，厚30厘米左右，未经雕琢加工。因柱础之上的土已被修路民工取走，未能发现柱础之上的柱穴，根据柱础低于铺地砖的水平位置的现象分析，石柱础之上应有柱穴，“明暗柱”应立于石柱础之上。现已发现了六个柱础，每个柱础之间相距5.55米，这个长度应是每间房屋的宽度，两端柱础之间的间距稍小，根据面积阔度推算，开间应为11间。大石柱础向内5米，有一排与之对应的小石柱础，长宽各约40厘米，厚20厘米左右，亦未经精细加工。紧挨小石柱础内侧铺放着两排相距1.1—1.3米的槽形砖（门道处未设第二排），第二排槽形砖之内铺排着整齐的长方形素面铺地砖（见图4–3）。这么大的建筑内，当时必定还有许多立柱，现在已难详其实了。目前在南面和西面中间各发现一门道，推测东、北两面当时也设有门道。下水管道在东南部大石柱础外侧发现一处，是用完整的筒瓦扣合而成的，似为支下水道，汇水于总下水道。

瓦当主要出土于槽形砖附近，大多为圆瓦当，亦有少数半瓦当。圆瓦当薄胎，灰色或灰黄色，火候不高。当面饰凤鸟纹、树云纹、四叶纹和云纹，边缘窄而平。半瓦当多为云纹。

整个房基上叠压着倒塌的筒瓦和板瓦，有灰色、红色两种，筒瓦外弧面所饰间断绳纹比汉代的细而密，头尾两端的绳纹一般不抹去。内弧面以素面居多，也有的饰小乳钉、菱形方格纹、篮纹。瓦身系用泥条盘筑而成，全长38—42厘米，宽15厘米。瓦唇经轮制加工，一般仅长1—2厘米，少数筒瓦上有一浮钉孔。板瓦一端宽，一端窄，宽约30厘米。

1

2　　3

4　　5

1. 三角纹　2. 四叶纹　3. 变形云纹　4. 勾连山字纹　5. 铺地砖

图 4-3　寿县柏家台遗址出土的槽形砖纹饰和铺地砖

槽形砖长 60—70 厘米、宽 30 厘米、高 15—20 厘米。这种砖不同于空心砖，无底，五面有纹饰，反转面犹如猪食槽，故名。槽形砖的纹饰主要有四叶纹、勾连山字纹、几何云纹等，亦是常见的楚艺术风格纹样。

铺地砖呈矩形，长 38 厘米、宽 30 厘米、厚 4 厘米，青灰色，火候较足。

楚定都寿春，众多的楚贵族伴随王室迁徙而来，大兴土木，使寿郢涌现不少新的建筑。柏家台所遗建筑材料品种多样，有板瓦、筒瓦、半瓦当、圆瓦当、槽形砖、大方砖等。圆瓦当均有纹饰，比以前的素面瓦当美观。半瓦当犹如圆瓦当一分为二。槽形砖形制较大而有纹饰。铺地砖的大量使用，使土质地面变得平整而美观。由此可见，楚人的建筑和装饰水平已达到一定的高度。这个遗址对于研究楚人的建筑无疑有着重要的价值。

这座建筑遗迹从地层堆积比较单一的现象看，与楚在寿春建都时间不长，旋即毁于战争的情况相吻合。至于这座建筑物的性质和功用，现在还很难做出判断，考虑到规模较大，出土遗物以建筑材料为主，陶器等生活用品很少这一事实，这一遗迹不是普通的居住区，而是一座较大的建筑物，理解为贵族邸宅或祭祀场所有可能更符合实际。

第三节　鄂君启金节

鄂君启金节，1957 年出土于安徽省寿县城郊邱家花园，计舟节二枚，车节三枚，共五枚。[①] 此节是楚怀王特准鄂君启之“府商”贩运货物出入关卡免税的凭证。舟节、车节计有 311 字，为楚青铜器铭文中最长的文篇，不仅对于楚国文字的研究有着重大价值，且节文内容丰富，

① 出土处系一窖藏，同出有郢爰等，系农民取土时发现。出土当年由安徽省博物馆征集四枚，1960 年又交上来一枚。（殷涤非，罗长铭. 寿县出土的鄂君启金节［J］. 文物参考资料，1958（4）；《安徽日报》1961 年 2 月 23 日关于发现一枚舟节的简讯。）

关系到战国时期的商业、交通，以及有关制度等诸多方面，所以一经公布，即得到中外学术界的重视，被视为稀世之珍。出土以后，对于节文的研究，如铭文的辨识、地名的考证，不断出现新的见解，获得了不小的进展。下面，我们在各家研究的基础上，就形制、交通路线、商业等几个方面进行一些探讨。

一、释文

舟节计 163 字：

大司马邵（昭）阳败晋帀（师）于襄陵之戢（岁），颢（夏）层之月乙亥之日，王凥（处）①于蒇（栽）②郢之游宫。大攻（工）尹脽以王命，命③集尹悫糌④、裁（箴）⑤尹逆、裁（箴）敂（令）阢，为鄂君启之府赍（商）⑥铸金节：屯三舟为一舿（舸），五十舿（舸）；岁罷（赢）⑦返。自鄂坒（市）⑧，逾沽（湖），让（上）灘（汉），帝（適）⑨肩（鄢）⑩，帝（适）芑⑪阳；逾灘（汉），帝（适）郢（汪），逾颢（夏），内（入）卲⑫逾江，帝（适）彭

---

① 此字有“居”“处”两释，隶定为“处”。

② 此字有“茂”“栽”两释，隶定为“栽”。

③ “命”，为重文，两个“命”字在语气上当间顿。

④ 此字未识。

⑤ 此字有“茂”“箴”“织”三释，隶定为“箴”。箴尹为楚官名，《左传》中数次提到。

⑥ 此字旧释“赎”；朱德熙、李家浩释“赍”，读为“商”，可从。文见《鄂君启节考释》，载《纪念陈寅恪先生诞辰百年学术论文集》，北京大学出版社，1989 年。

⑦ 此字有“能”“赢”“翼”三释，隶定为“赢”。

⑧ 此字有“徃”“市”两释，隶定为“市”。

⑨ 此字旧释“庚”；朱德熙、李家浩释“帝”，读为“適”（适）。文见上注。下面“適”均简化为适。

⑩ 此字有“鄢”“郧”两释，隶定为“鄢”。

⑪ 此字有“芑”“芸”两释，隶定为“芑”。

⑫ 此字有“邵”“邛”两释，隶定为“邵”。

弜（蠡），帝（适）松阳，内（入）濾（泸）[①]江，帝（适）爰陵；让（上）江，内（入）湘，帝（适）牒，帝（适）郷（洮）阳，内（入）灅（澪）[②]，帝（适）郘（廪）[③]，内（入）淯（资）、沅、澧、澹[④]；让（上）江，帝（适）木閘（关），帝（适）郢。见其金节则母（毋）政（征），母（毋）舍（余）[⑤]梣（李）[⑥]饮；不见其金节则政（征）。女（如）载马、牛、羊以出内（入）閘（关），则政（征）于大府，母（毋）政（征）于閘（关）。

车节计148字：

大司马邵（昭）阳败晋帀（师）于襄陵之戢（岁），夏（夏）𡱐之月乙亥之日，王凥（处）于蒇（栽）郢之游宫。大攻（工）尹脽以王命，命集尹悳牾、裁（箴）尹逆、裁（箴）敂（令）阢，为鄂君启之府赍（商）铸金节：车五十乘；戢（岁）翟（嬴）返。母（毋）载金、革、黾、箭。女（如）马，女（如）牛，女（如）德（特），屯十以堂（当）一车[⑦]；女（如）檐（担）[⑧]徒，屯二十[⑨]檐（担）以堂（当）一车，以毀于五十乘之中。自鄂垰（市），帝（适）阳垦（丘），帝（适）邡（方）城，帝（适）畐（兔）[⑩]禾，帝（适）鹵（酉）[⑪]焚，帝（适）繁阳，帝（适）高垦（丘），帝

---

① 此字有“浍”“泸”两释，隶定为“泸”。
② 此字有二解，一指今之耒水，一指今之洣水。
③ 此字有“鄙”“鄗”“廪”（读为郴）三释，隶定为“廪”。
④ 此字一释“澮”；一释“繇”，各家考释多指“油水”，可通。
⑤ 此字有“舍”“余”二释，隶定为“余”，读作予。
⑥ 此字有“梯”“桴”“杍”“棹”“李”“槫”数释，隶定为“李”。
⑦ “一车”二字系合文，下同。
⑧ 此字有“揹”“担”两释，隶定为“担”。
⑨ “二十”二字系合文。
⑩ 此字有“象”“兔”两释，隶定为“兔”。
⑪ 此字有“畐”“酉”两释，隶定为“酉”。

（适）下鄡（蔡），帝（适）居鄛（巢）；帝（适）郢。见其金节则毋（毋）政（征），毋（毋）舍（余）桴（李）饮；不见其金节则政（征）。

舟节节文每行 18 字，计 9 行，内重文 1 字。车节节文每行 16 字，也是 9 行，内重文 1 字，合文 3 字。节文排列整齐，字皆错金，笔画遒劲工整，行间用直线相隔。重文和合文皆用两短横表示，两字作一字排列，恰好满行。可见，节文的排列是经过计算而精心设计的（见图 4–4）。首句“大司马昭阳败晋师于襄陵（今河南省商丘市睢县）之岁”，见《史记·楚世家》：“楚使柱国昭阳将兵而攻魏，破之于襄陵，得八邑。”时为楚怀王六年。

二、形制

南北朝梁人刘勰曾说，符节“三代玉瑞，汉世金、竹，末代从省，代以书翰矣”[①]。其实，金、竹符节早见于先秦时期，刘勰只是略而言之。

《周礼·秋官·小行人》载：“达天下之六节，山国用虎节，土国用人节，泽国用龙节，皆以金为之；道路用旌节，门关用符节，都鄙用管节，皆以竹为之。”郑注：“有国者，君道，欲其守而不变，故用金；道路、门关、都鄙，皆臣道，欲其有自然之节，故用竹。”这个解释不一定确切，符节的载体应如刘勰所说，是由物质条件决定的。但所云先秦时期由国君所命颁发的符节用金为之，由有司颁发的符节用竹为之，是有根据的。鄂君启节所以青铜为之而又铸成竹节形式，显然是由当时符节制度所决定的：它是由楚王之命颁发的，应该是金节，但又是为鄂君启“府商”从事贸易活动，系“门关”“都鄙”之事，不能以其他形式出现，因而铸成竹节的形式。

① 《文心雕龙》卷五。

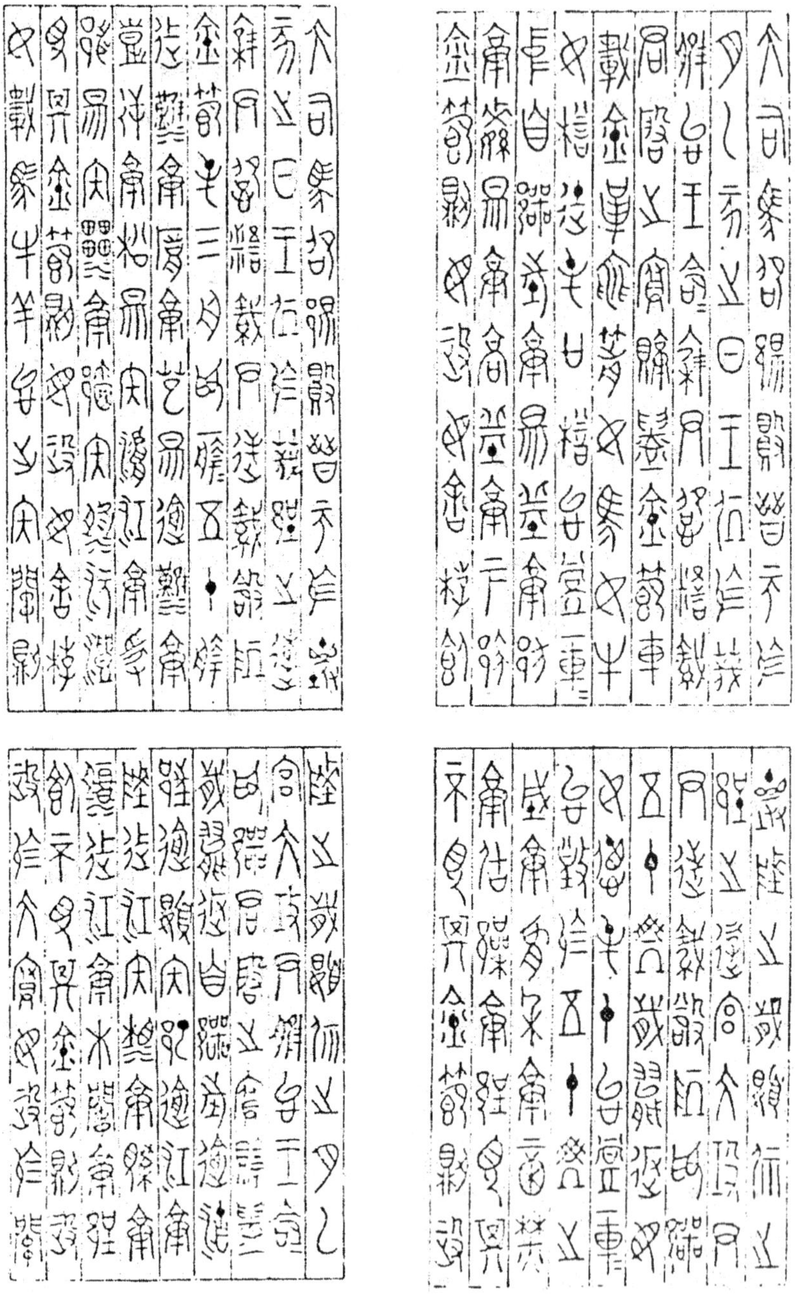

图 4-4 《鄂君启金节》摹本（葛介屏摹写）

商税大约始于春秋时期，到了战国时期，由于商品交换的扩大，各国均增加了许多关卡，不问长途、短途贩运，均要照章纳税。关市之税成了国君收入的重要来源。《周礼·地官·司货》说："凡所达货贿者，则以节、传出入之。"郑注："商或取货于民间，无玺节者，至关，关为之玺节及传出（入）之。"贩运货物，经过关卡，俱要缴验符节，检查是否完纳了商税，如果没有完纳，或者货物与符节不符，那就要补征，否则就不能通行。可见，贩运货物的符节是与商税联系在一起的。《鄂君启金节》所载许多地名，非关即市，均有检验商税之任。鄂君启身为封君，他的"府商"如果没有楚王发给的贩运货物符节，也要照章纳税——"不见其金节则征"，说明战国时期楚国的商税制度已经相当健全了。

楚王虽然特许鄂君启之"府商"贩运货物免除关税，但亦有所限制。这在节文中有明确的规定，约略说来，有以下数项：

1. 免税的限量

这是节文内容首先载明的。舟节规定"屯三舟为一舸，五十舸"。一舸的货物载运量是多少，我们先要搞清楚。

《方言》云："南楚、江、湘，凡船大者谓之舸"，又曰"小舸谓之艖，艖谓之艒艋，小艒艋谓之艇"。《方言》为西汉扬雄所著，距战国时期不远，资料来源于简籍和调查，为战国至西汉时期各地方言的汇集。据此，我们可以知道，节文上的"舿"指大船，"舟"指小船，即小舸。小舸尚不是最小的船，最小的船曰艇。汉刘熙《释名》云："船又曰舟，二百斛以下曰艇。"一艇的载运量为200斛以下，那么，小舸的载运量肯定在200斛以上。据此我们可以推定舟（小舸）的载运量不会小于300斛，"屯三舟为一舸"，那么，一舸的载运量为900斛左右。战国时期一斛大约相当于今天衡制的22.5千克[①]，按此计算，一舸的载运量

① 根据安徽省出土的五件楚铜量，一升的容量约为225毫升，五升的容量为1 125毫升。战国时，十升为一斗，十斗为一斛，按此计算，一斛的容量约为22 500毫升。参阅胡悦谦．试谈安徽出土的楚国铜量［C］// 中国考古学会第二次年会论文集．北京：文物出版社，1980．

900 斛就相当于 20 吨有余。50 舸的载运量应为 1 000 吨以上。

舟节出土两枚，节文完全相同。一枚舟节贩运货物的限量为 50 舸，根据节文“见其金节则毋征”，两枚舟节可以分路同时使用，那么，楚王允许鄂君启“府商”水路贩运货物免税限量总额就为 100 舸，按每舸 900 斛计算，大约相当于今天衡制的 2 000 吨。

有的研究者推测舟节、车节原来都是五枚一套，是缺乏依据的。这种节是不须合验的，只作免税的凭证，节的数目多少，是由限额所决定的。在没有新的有力论证以前，仍应以出土实物数目为根据。

车节规定“车五十乘”。一车的载运量多少？没有明确记载。据《墨子·鲁问篇》，墨子制造的车辖，可“任五十石之重”。战国时期，一石的重量约合今天衡制的 30 千克，那么，50 石大约相当于 1 500 千克。不过，墨子是制造机械的能手，一般车辆是不能达到这样高的载重量的。参考节文中马、牛等“屯十以当一车”，担徒“屯二十担以当一车”，我们推断，一车的载运量大约相当于 1 000 千克，大概不会有太大的差距。准此，50 乘的载运量为 50 吨上下。车节出土三枚，那么，楚王允许鄂君启之“府商”陆路贩运货物免税限量总额就为 150 乘车，其载重量相当于今天衡制的 150 吨左右。

舟节、车节的限额，说明楚王许可鄂君启之“府商”贩运货物的免税优惠是有限制的，只能在限额以内，而不能超过限量。

限额反映了鄂君启“府商”经营的大致规模，但并不等于每次贩运货物的实际数量。例如一舟节免税限额为 50 舸，它可以贩运 50 舸的货物，也可能不满此数，或 40 舸，或 30 舸。贩运货物数量多寡是由其经营情况而决定的，节文的规定只是最高的免税限额。

2. 免税的期限

节文：“为鄂君启之府商铸金节：屯三舟为一舸，五十舸（或‘车五十乘’）；岁赢返”，“赢”通盈，即满一岁而返。对于这个规定，可以有三种不同的理解：第一，一次性，即免税一次，郢是鄂君启贸易的基点，每一商队把货物贩运到郢后，就将舟节或车节返回有司，因贩运有长途、短途，故从宽规定为一年的时间；第二，免税期限为一年，在限期内，可以多次来往贩运，凭节免税，满期后，将舟节、车节全部缴还有司；第三，返节后，经检验没有违反规定，鄂君启仍继续享有此种特权，不受一年期限的限制。我们认为第二种理解最可取，即免税的有效时间为一年，期满后就要返节。第三种理解，也不是没有可能，即期满后，楚王允许鄂君启继续持有，延长一年，或者再延长一年，但这并不等于没有期限，其免税的有效期，仍是以一年为限。

有的研究者认为"岁赢返"指的是舟、车。这种理解至少是不全面的。舟节、车节系免税的凭证，而贩运货物的车、船往返为经营者之事，有长途，有短途，一年的时间可以往返多次，无须在节文上作具体的规定。同时，作为免税的凭证，也不可能是无限期的。毫无疑问，"岁赢返"指的是金节，也就是金节的持有时间。

3. 禁止贩运军用物资

车节规定，"毋载金、革、黾、箭"。金，指兵器的原材铜和铁。革，指甲胄的原料皮革。黾，通箘[①]，箘即箘竹。《玉篇》曰："箘，竹。"《广韵》曰："箘，竹名。"晋戴凯之《竹谱》谓："箘亦篃徒，概节而短。"戴氏自注："《山海经》云：其竹名箘。生非一处，江南山谷所饶也。故是箭竹类。一尺数节……亦中作矢。"箭，即箭竹，《竹谱》曰："会稽之箭，东南之美。"戴氏自注云："箭竹，高者不过一丈，节间三尺，坚劲中矢，江南诸山皆有之，会稽所生最精好。"即是说，箘竹、箭竹都是做箭杆的好材料。这些，当时均是军用物资，故在禁运之列。

舟节没有这一条规定。这一不同处说明鄂君启的陆路贸易和水路贸易是有所分工的。

车节所载地名多为边关，不难理解，鄂君启的陆路贩运，主要是进行跨国贸易。"金、革、黾、箭"均为楚国所富有，禁止贩运，重在防

① 于省吾．鄂君启节考释［J］．考古，1963（8）．

止这些军用物资贩运到敌国。水路俱是楚国的内江、内河，不出国境，所以舟节就没有这一条规定，这表明鄂君启的水路“府商”是可以贩运这些有关军用物资的。

4. 防止向地方需索

节文：“毋舍李饮”，“舍”即“余”字，于省吾谓，“古文余均如此作，余应读作给予之予”[①]；“李”与“理”“吏”通，“李饮，即吏饮[②]。鄂君启之“府商”，持着楚王颁发的金节经商，是一种特殊待遇。一般持有金节的均为政府官吏，其所经之地，地方都要接待，供给食宿，而“府商”不是政府官吏，与宫廷的官吏到地方采购不同。为了避免误会和“府商”向地方需索，所以节文规定“毋予李饮”，即所经之地不要为他们提供食宿，用今天的话说，就是食宿自理。

三、水陆交通路线

战国时期，由于农业和手工业生产的发展，商品交换范围的扩大，以及各国之间的往来频繁，交通也随着发展起来。《鄂君启金节》所载地名非关即市，皆为交通要道，大体上反映了战国时期楚国的水陆交通面貌。

楚国的交通，东、北以陆路为主，西、南则以水路为主。“鄂”是鄂君的封地，系鄂君“府商”贸易的起点。“郢”是楚之国都，系其贸易的基点，水陆贩运，均与郢有联系。

鄂位于长江中游南岸，其地望有三说：一曰在今湖北省鄂州东；一曰即鄂州西南二里的鄂王城遗址；一曰在鄂州西南今属大冶市之马迹乡鄂王城遗址。三说虽不一致，但均在今鄂州附近，相距不是太远。从考古发现来看，以第二说即鄂州市郊之鄂王城遗址可能性较大。

但是，学术界对金节的鄂邑定位尚有不同看法。20 世纪 70 年代初，日本友人船越昭生教授在《东方学报》（1972 年京都版）发表《鄂君启

① 于省吾. 鄂君启节考释［J］. 考古，1963（8）.

② 刘和惠. 鄂君启节新探［J］. 考古与文物，1982（5）.

节考》一文，认为节文中的鄂地是历史上的西鄂（今河南南阳境内），国内学者也有持此论者。鄂地是《鄂君启金节》中交通路线的起点，关系到水、陆两线路及所经关、市位置的落实。所以，这里必须多花一些笔墨，对鄂地定位进行考证。

鄂，原文为“噩”，传说为黄帝部族的后裔，姞姓，原来生息于河套与汾水之间（今山西乡宁一带），夏商时已发展为一个较大的部族，甲骨文中多次出现“噩侯”的记事。据《史记・殷本纪》记载，纣王时“以西伯昌、九侯、鄂侯为三公，九侯有好女，入之纣，九侯女不喜淫，纣怒杀之，而醢九侯。鄂侯争之强，辨（辩）之急，并脯鄂侯”。《战国策・楚策三》也有相同的记载。鄂侯遭此难，其氏族也受到连累，辗转迁徙，在商末周初时，来到随地（今湖北随州境内），遂定居下来。周初政略是大封同姓亲族诸侯，将鄂族故土封与成王弟叔虞，将随地封与亲族曾侯，而将异姓诸侯的鄂国封于南阳盆地，作为成周王畿的外围，因而招致鄂人的不满，但慑于新王朝的强大威势，鄂侯只得服从。不知是鄂族内部分裂，还是鄂侯的谋划，一部分鄂人没有随鄂侯迁到封地，仍留居于随地。周王朝对留在随地的这支鄂族感到很棘手，曾两次派大臣前来处理这支“在曾鄂师”问题。在周王朝的压力下，这支鄂人不得不迁出曾国的封土，南下渡江至“楚蛮之地”，今鄂州一带定居下来，该地亦因之被称为“鄂”。周夷王时，楚熊渠“兴兵伐庸、扬粤，至于鄂”，并为楚土，立“中子红为鄂王”。终楚之世，楚国只有这一地名鄂，没有第二个鄂地，更没有“东鄂”“西鄂”之名。“西鄂”是汉代设置的县名，与楚无关。

再说位于南阳的所谓“西鄂”，原为申国，楚文王初年兼并为楚土，置县，设县公，直到战国晚期该地被秦侵占，从未更名。楚国的封君多以封地之地名为号，鄂君的封地，不在鄂邑，却在申邑，这是不可能的。

“西鄂”说的源头可以追溯到 20 世纪 30 年代。当时在《楚辞》地名讨论中，出现一种“楚地不到江南论”。有学者提出“《楚辞》所言沅、湘、洞庭之属皆大江以北之地名”；屈原放逐之地“乃在汉北，非至湘南也”，“鄂渚者，《汉志》南阳有西鄂，其地有淯水、方林，则在方城之野……”。又言“所谓江者，即汉也”，“江湘并称，即湘水也，湘即汉”。[①]可见，“西鄂”说，不过是“楚地不到江南论”的再现。

《鄂君启金节》中的鄂地，在江南，即今鄂州一带，毋庸置疑。

节文中的地名无疑均在交通线上，但并非依次表示为同一条交通路线，而是鄂君启“府商”贸易范围的交通网。

1. 舟节的水路交通

根据节文所示，舟节的水路交通大略可分以下几条路线：

（1）西北线

这一条航线以汉水为主干，连接郢都的水路。“自鄂市，逾湖，上汉，适鄖，适芑阳。”当时鄂至今武昌之间为一片湖区，所以要越过湖水，穿过长江进入汉水。上，表示上水，“上汉”，即溯流而上。“厬”，厌声，通鄖。鄖是楚之别都，当汉水中游，为当时汉水流域最大之邑聚。其遗址已发现，在今湖北宜城市东南 7.5 千米[②]。“芑阳”地望有“襄阳”[③]“邵县”[④]“棘阳”[⑤]“芸阳”[⑥]四说。从节文所示地理位置及“芑”字字形看来，四说皆不能确指。不过，其地在汉水中、上游之间的沿岸则毋庸置疑。

“适芑阳”下紧接“逾汉，适郢，逾夏，内（入）邔”，这是由西北或北方而来沿汉水顺流而下至郢都的水道。节文的“逾”字，其义有二，一是越过，如“逾湖”“逾夏”，一是与“让”字对应，表示顺流而

① 关于鄂地的考证，详见刘和惠《鄂君启节“鄂”地辨析》，《楚文化研究论集》第九集，上海古籍出版社，2011 年；《鄂地的再探讨》，《楚学论丛》第一辑，湖北人民出版社，2011 年。

② 王仁湘，郭德维，程欣人．湖北宜城楚皇城勘察简报［J］．考古，1980（2）．

③ 郭沫若．关于鄂君启节的研究［J］．文物参考资料，1958（4）．

④ 谭其骧．鄂君启节铭文释地［J］．中华文史论丛：第 2 辑，1962．

⑤ 黄盛璋．关于鄂君启节交通路线的复原问题［J］．中华文史论丛：第 5 辑，1964．

⑥ 朱德熙．李家浩．鄂君启节考释（八篇）［C］// 纪念陈寅恪先生诞辰百年学术论文集．北京：北京大学出版社，1989．（他们认为“芸阳”可能就是郇阳。）

下，如“逾江”“逾汉”。“䢼”，读为汪，汪、黄声通韵同，借为黄。其地诸家所释不一。商承祚认为“黄，当即黄棘，怀王二十五年与秦昭王盟约于此。汉置棘阳县”[①]，比较近是。该地位于汉水以东，在今河南新野附近白河沿岸，北距方城不远。北来陆运货物可在此换为舟运。夏水古今变迁甚大，古夏水很难找出定址。汉水下游与纪郢之间地势较低，为水网地带，每至雨季水涨，可能出现水水相连，一片汪洋，由汉水顺流而下至郢须越过这片水区，所以称“逾夏”。“邔”是连接夏水入郢的一条小水，《尔雅·释水》云：“水决之泽为汧，决复入为汜。”入汜后即到达鄂君启贸易的基点郢都了。节文的地名只出现一次，重复的均省略。“入汜”，下文所说为另一条水路，说明“入邔”后“适郢”二字被省略了。

（2）东线

这一条航线以长江中下游为主干。“逾江，适彭弹，适松阳，入泸江，适爰陵”。起点仍为鄂，节文“自鄂市”三字省略。从鄂起航，循江而下，“彭弹”即彭蠡，诸家一致认为就是汉之彭泽（今江西湖口东）。该地靠近大江，战国时可能已成为赣江、鄱江一带物产的集散地和水运码头，故设有税关。“松阳”，即枞阳，其地位于长江北岸今安徽安庆附近。船队继续循江东下，“入泸江”。“泸”字节文初摹本笔画有误，有释为“浍”。泸江，各家多考定为今皖南的青弋江。此水先秦名为泸江，汉代称为淮水，黄盛璋有比较详细的考证[②]，可信。“爰陵”即宛陵，爰、宛声通韵同，其地望大约在今皖南宣城附近。这里原为吴地，吴亡属越，上面提到，楚威王时据有这一带，为楚东境的较大邑聚，故设税关。

（3）南线

这一条是以湘江为主干的航线。自鄂“上江，入湘，适𫊸，适洮

---

① 商承祚．鄂君启节考［C］// 文物精华：第二集．北京：文物出版社，1963．

② 黄盛璋．再论鄂君启节交通路线复原与地理问题［J］．安徽史学，1988（2）．

阳，入澬，适鄘，入资、沅、澧、澮”。从鄂溯江而上，由洞庭转入湘水。“䏁”，当是湘水沿岸一税关，但文献上湘水之滨不见䏁名，其地望尚难确定；有指今湘阴南之锡口戍，有指今之长沙，皆不能无疑。洮阳，位于湘水上游今湖南、广西两省（区）交界处，即汉代的洮阳县。澬，即湘江源流之一的耒水；鄘，诸家原来所释分歧甚大，近已渐趋一致，即耒水上游的郴县，《史记·项羽本纪》所记项羽“乃使使徙义帝于郴县”即此，西汉为桂阳郡治。洮阳和郴县为楚之南鄙，早有开发，系通南粤之要地，为楚国最南的两个税关。

资、沅、澧俱是今湖南省境内较大的河流，两千多年来，其名一直未改。“澮”，据罗长铭、谭其骧考证，为湘北鄂南之油水，源流较长，今已湮塞，[1]可以参考。

舟节所载之水路，唯南路航线最多最详，可见楚人对南方开发的重视。航路畅通，交通发达，南方的物产可以源源北运，不仅在经济上具有重大意义，同时也是政治上、文化上楚与南方民族密切联系的见证。

（4）西线

西线是鄂至郢的长江航道。“上江，适木关，适郢”，自鄂溯江而上，经木关至郢。木关大约是郢都南面临江的一个口岸，郭沫若认为即今之沙市，[2]可以参考。南线货运至郢，亦当由湘水转入长江经此抵郢。[3]木关为郢都进出长江之口岸，自然要在此设立税关。

2. 车节的陆路交通

车节的陆路交通亦分为四条路线：

（1）北线

“自鄂市，适阳丘，适方城……适酉焚”。和舟节一样，以鄂为

① 殷涤非，罗长铭．寿县出土的鄂君启金节［J］．文物参考资料，1958（4）；谭其骧．鄂君启节铭文释地［J］．中华文史论丛：第2辑，1962．

② 郭沫若．关于鄂君启节的研究［J］．文物参考资料，1958（4）．

③ 先秦时期洞庭湖范围甚小，大约只限于今洞庭湖东北隅，与湘江相连，故节文“上江”后即“入湘”，不言湖。当时资、沅、澧三水皆经湘入江。油水可能自入江。

起点。阳丘，见于《左传·文公十六年》："楚大饥，戎伐其西南，至于阜山，师于大林；又伐其东南，至于阳丘，以侵訾枝。"杜注："戎，山夷也"，大概是居于周楚之间山区的陆浑之戎。訾枝，顾栋高《春秋大事表》谓在今湖北钟祥境内。钟祥东北为大洪山，那么，戎必沿汉水由北南侵，阳丘的位置可能在今鄂豫交界处枣阳一带，具体地望难以确指。方城，《左传》中数次提到，为楚北方之要塞，其关城地望在今河南方城东北的保安镇附近，诸家认识比较一致。

节文"适方城"后分为数路。酉焚亦为北境一边关，酉字初释为"畐"，姚汉源改释为"酉"，[①]可从。酉，古文通柳，酉焚即柳焚，见于《左传·宣公九年》"晋郤缺救郑，郑伯败楚师于柳棼"。其地春秋时为郑南境之地，介于楚、郑之间，战国时属楚，位置大约在方城东北，为楚之北境边地。

方城、柳焚皆为北通中原之要道，自应设立税关。

（2）西北线

节文"适方城"后"适兔禾"，为去西北之线。兔禾一释"象禾"，指为"象河关"。"𠂤"字上从兔头，下从肉，非象字。郭沫若、于省吾皆释"兔"，黄盛璋亦有所考证，[②]释兔不误。兔禾即"菟和"，在今陕西商州附近，为楚西北境通秦之边关。

（3）东北线

从方城东行，"适繁阳，适高丘"。繁阳之名，《左传》数见，为春秋时楚对吴战争中屯兵之地。其地望大约在今豫皖边界、安徽临泉鲖城镇之北，为楚控扼东境之交通要地。

高丘之名先秦文献未见记载。《汉书·王子侯表》有"高丘侯破胡"，汉武帝元朔五年封。《汉书·地理志》"沛郡"有"高"，注曰：

---

① 姚汉源．鄂君启节释文［M］// 古文字研究：第 10 辑．1983．

② 郭沫若．关于鄂君启节的研究［J］．文物参考资料，1958（4）；于省吾．鄂君启节考释［J］．考古，1963（8）；黄盛璋．再论鄂君启节交通路线复原与地理问题［J］．安徽史学，1988（2）．

“侯国”，此高是否为高丘侯之封地，未敢遽定。但高丘位于楚国的东北境则是无疑的，其地望可能在今安徽亳州附近豫皖交界处，为通宋、齐、鲁之道，亦一边关。

（4）东线

繁阳后，路线一分为二，一往东北之道；一往东南之道：“适下蔡，适居巢。”两地俱在安徽境内江淮地区，为楚之东境。

下蔡，原为州来地，跨有淮河南北两岸今寿县、淮南、凤台周围地域，春秋时吴、楚争夺江淮，有时属楚，有时属吴。蔡迁州来后，称蔡，都城设在淮南，这已由蔡墓、蔡器多次发现而得到证明。楚惠王四十二年（前447）灭蔡后，其城邑称下蔡。战国时下蔡城有很大的发展，相当繁荣，是楚东境最大的邑聚。楚东迁后在下蔡邑的基础上加以扩建，考烈王二十二年（前241）迁都于此，改称郢。秦灭楚后，改郢为寿春县，又在淮北今凤台境设下蔡县，历代因之，至明方废。

两个下蔡，一在淮南，一在淮北，相距很近，仅15千米。因此先秦之下蔡常与秦汉之下蔡混淆。有关文献称下蔡邑在今凤台，乃是不清楚先秦之下蔡不同于秦汉之下蔡所致。今得考古资料以明之，不能不是一件快事。可以断言，节文之下蔡，在淮南而不在淮北。

居巢，春秋时以居巢为名之地可能不止一处。《鄂君启金节》之居巢，论者多以秦汉时居巢推之，主要有二说：一说在今六安东北，达寿县“三义集”；一说在今巢湖附近。二说皆有一定依据。要之，战国时之居巢与汉代之居巢是有区别的。战国之居巢地比汉代的居巢县大得多。范增为居巢人，项羽封为历阳侯，而荀悦《汉纪》云“范增阜陵人也”①。历阳县为秦置，其地约当今安徽之和县；阜陵县西汉置，治所在和县西。②可见，居巢地必东达大江。巢湖名晚出，显然因居巢而得名。当时巢湖之名尚未出现，而历史上通江之濡须水比后来大得多，三

① 引自《史记·项羽本纪》“居鄛人范增”下司马贞《索隐》。

② 称范增居巢人，系用旧地名；项羽封范增为历阳侯，系用秦地名；荀悦东汉人，故称范增阜陵人，用汉地名，实为一地。

国时，东吴的水军犹能通过此水进入巢湖进攻合肥。我们认为，居巢城遗址还应在巢湖附近，或在巢湖西北面今肥西境内，也有可能陷入湖中，[①] 而不可能在六安东北达寿县境内。

楚怀王初年，江东大部仍为越地，居巢地为控扼江淮交通江东之要道，楚人所以在此设有税关。

车节最后一个地名是“郢”，此郢即纪郢。郢是鄂君启贸易的基点，“适郢”系总各路而言，非专指东线。舟节“适郢”亦同此例。

节文中的地名次第，并非都按同一路线排列，而有多条路线。条条路线之间有的互通，有的分支，但并非杂乱无章。水路和陆路亦不是互不联系的，可以相互转换。如南境货物北运，一般应先由舟运后转车运；而北来车运货物至郢，亦可在汉水中游转换舟运。

了解节文交通路线，除正确释出文字和地名并在文献中得到印证外，[②] 还必须掌握两条规则：一是节文本身分线次第的规则；一是商业贩运的规则。单纯从地名或者文献上相同和相似的地名出发，往往会出现误释，如有的研究者把车节的“郢”置于后来的寿郢；有的研究者把起点之“鄂”置于今河南南阳之“西鄂”，没有明确上述规则也是原因之一。

交通亦为文化的组成部分，从一个角度反映了经济和文化进步的里程。

四、商业的规模

战国时期的商业有了很大的发展，出现了空前的繁荣景象。由于商品交换的范围扩大，各地土特产交流频繁，商品的种类也大大增加。从农产品、手工业产品到显贵达官喜爱的珠玉珍宝，无不应有尽有。随着商业的发展，先后涌现出了许多名都大邑，如齐之临淄、即墨，宋之

① 历史上有此一说，参看《太平寰宇记·淮南西道·庐州》《嘉庆一统志·安徽·庐州府》。

② 有的地名可以得到文献记载的印证，少数地名由于失载，还不能在文献中得到印证。

陶，魏之大梁，韩之宜阳、郑，周之洛阳，秦之咸阳，楚之郢、陈、下蔡，等等。同时，也出了不少有名的富商大贾，如猗顿、郭纵、乌氏倮、白圭、巴寡妇清、吕不韦，等等。他们或以冶铁致富，或以畜牧致富，或以囤积致富，或以贩运致富，涌现出了许多“千金之家”“万金之家”。

对于楚国的商业情况，由于史料缺佚，史书言而不详。鄂君启金节的发现，提供了楚国一个大商人的例证。

鄂君启身为封君，拥有一个庞大的商队，持有楚王赐予的金节，从事长途贩运，无疑是一个有身份的官商。从节文所示，鄂君启比上述富商大贾经营的规模可能更大。根据上述推算的节文允许的运载量，每年平均贩运以四次单程计，那么，鄂君启一年贩运货物的数量，用今衡折算，最高额舟运大约 8 000 吨，车运大约 600 吨。在当时来说，拥有如此财力的大贩运商，实在令人震惊。

楚国地大物博，为地区间物资交流提供了广阔的活动空间。从节文看，鄂君启“府商”水路贸易的重点在楚国南境。南方物产丰富，许多特产为北方所无，而北方的手工业产品亦为南方所需。舟节的南线水路，差不多遍及今湖南境内诸水，南粤的物产亦可通过耒水、湘水北运郢都。贵族们喜爱的高级奢侈品原料珠、玑、犀、象皆产于南方，贩运这些高级奢侈品原料获利最丰。据《战国策》载，齐孟尝君至楚，楚“献象床”。《史记·春申君列传》言，“春申君客三千余人，其上客皆蹑珠履”。贵族对高级奢侈品消费量之大于此可见一斑。舟节东线的彭泽，当是赣江一带物产的转输地。泸江属江东范围，原为吴越地，这一带出产金、锡、竹、箭，为军用所需，舟节不禁，当是鄂君启大宗贩运之物。

鄂君启金节所记载的陆运偏于北境，所经之地多为边关，并明文规定禁载军用物资，显然“府商”在进行跨国贸易，用今天的术语，就是从事进出口的业务了。战国时期，各国之间贸易频繁，明末清初学者王夫之曾有分析，他说：“七国者，各君其国，各有其土，有余、不足，各产其乡，迁其地而弗能为良。战争频，而戈甲旌旄之用繁；赂遗丰，而珠玑象贝之用亟；养游士，务声华，而游宴珍错之味侈。益之以骄奢之主，后宫之饰、狗马雁鹿袨服殊玩之日新，而非其国之所有。于是而贾人者越国度险，罗致以给其所需。”① 当时各国一般均不闭关自守，不仅经济交流，文化交流，人才也交流。这是战国时期经济、文化繁荣的重要原因之一。

车节的西北线是与秦贸易之道，北线是通三晋之道，东北线是通宋、齐、鲁之道，东线则与越人贸易之道。楚据有南北中间地带，有交流南北经济、文化之任。把南方的特产和手工业产品贩运到北方；把北方的物产和手工业产品贩运到南方，大概是鄂君启这个大贩运商跨国经营的主要手段。

鄂君启仍是承春秋传统“富者必先贵者”的官商。不过，战国时期，私商已有很大的发展，为了营利，他们“倍道兼行，夜以续日”②，还要冒“关梁之难，盗贼之危”③。私商虽然没有官商的那种特权，资力也没有官商那样雄厚，但他们人数众多，面广量大。他们是社会发展中的新兴阶层，是真正商业资本出现的代表。《史记·货殖列传》所载战国有名大商人，皆非官商。楚国的私商当亦十分活跃，只是由于史料缺佚，而无法具体说明。

第四节　出土的楚币

楚国的货币遗物，大多出土于“东方”，尤其寿县及其周围地区出土量最多，最大。

货币是交换过程的产物，它从商品交换中分化出来，并依存于商品。商品交换范围的扩大，必然促进货币的发展，而货币的进步，作为

① 王夫之. 读通鉴论［M］. 北京：中华书局，1975：55.
② 《管子·禁藏》。
③ 《墨子·贵义》。

等价物的条件逐渐完善，又为商业创造了进一步发展的技术条件。

春秋战国时期是我国货币制度进一步完善的阶段，流通领域有所扩大；特别是战国时期，从货币遗物出土情况看来，其流通量之大，足以惊人，而楚国的货币尤为突出。

楚国的货币有“郢爰”①“陈爰”等黄金货币以及铜贝、布钱金属铸币。

一、郢爰和陈爰

马克思曾说：“金银天然不是货币，但货币天然是金银。”②以金银作为商品交换的等价物是人类社会发展过程中的共同现象。黄金作为商品交换的媒介物登上历史舞台，在中国大约始于春秋时期。不过，起初流通范围不大，仅限于社会上层某些交换的活动。到了战国时期，黄金的货币职能和流通范围逐渐扩大，成为社会“物质财富的物质代表”③。据李剑农统计，《战国策》一书中涉及货财之语，如资用、赏赐、贿赂、买卖、赎偿以及计价值、计赢利、计富力约 50 条，其中以黄金为名目者有 41 条。④《孟子》《韩非子》《吕氏春秋》《管子》《史记》《韩诗外传》亦各有若干条类似的记载。这些记载说明，随着商品交换关系的扩大，以及社会储备和支付的需要，黄金已经逐渐成为货币诸种职能的载体了。

楚得地利之厚，境内有多处黄金产地。⑤楚怀王曾对张仪自负地说：“黄金、珠玑、犀、象出于楚，寡人无求于晋国。”⑥《管子》的作者亦曾假管仲的口吻说：“使夷吾得居楚之黄金，吾能令农毋耕而食，女毋

① 爰，有的释为“称”。录此以备一说。
② 马克思恩格斯全集：第 13 卷［M］. 北京：人民出版社，1957：107.
③ 马克思恩格斯全集：第 13 卷［M］. 北京：人民出版社，1957：114.
④ 李剑农. 先秦两汉经济史稿［M］. 北京：中华书局，1962.
⑤ 刘和惠. 郢爰与战国黄金通货［C］// 楚文化研究论集：第一集. 武汉：荆楚书社，1987.
⑥《战国策 · 楚策三》。

织而衣。”[1] 这些话因和说词联系在一起，史家多不敢轻信，今有大量出土实物印证，不难认识，楚境确是当时全国出产黄金最多的地区。

黄金为称量货币，是自发地进入流通领域的。开始时，其形制和成色可能很不一致，后来随着冶炼技术的提高和流通范围的扩大，其形制逐渐固定于饼形、钣形、马蹄形、麟趾形，成色也相对地提高到接近于足赤的标准。

从出土的实物看，楚国的黄金货币有饼状和钣状两种，饼状数量不多，大量为钣状。钣状应是楚国黄金货币的主要形式。其形状大多周边不规划，四角突出，中间稍凹入，略呈龟甲形（见图 4–5），也有长方形周边比较整齐的。金钣上钤有戳记，一整钣有 10 余印、20 余印、30 余印，最多的 50 余印，一般按钣面大小打满为准，因此钣面边沿印记多不完整。但也有无戳印的金钣。出土的有印楚金以“郢爰”数量最多，其次为“陈爰”。

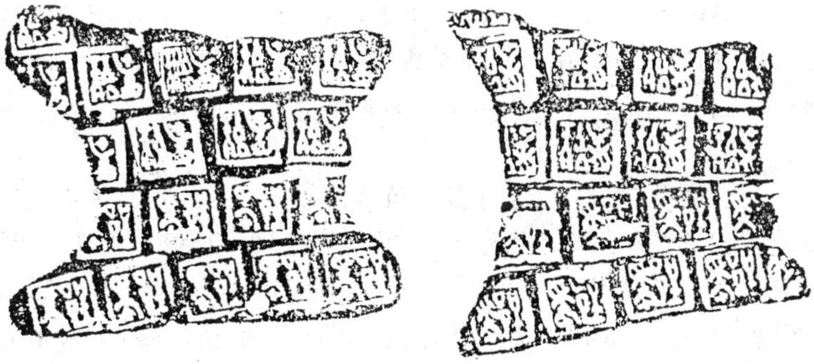

图 4–5　阜南县三塔出土整钣郢爰拓片

郢，是楚国都名，所以又是楚国号的别称。见于记载明确命名为“郢”的地点有二，一是今湖北荆州城北 5 千米之纪南城[2]。自楚文王熊

① 《管子 · 轻重甲篇》。

② 南郢城址有不同说法，参看张正明．楚文化志［M］．武汉：湖北人民出版社，1988：126．

贳元年自丹阳徙此，历20君，都于此凡411年，为楚都时间最长之地。遗址已发现，城区面积约16平方千米。二是今安徽淮河南岸之寿县，楚考烈王二十二年“东徙都寿春，命曰郢”，历3君，直至楚亡，遗址亦已发现，前已述及。郢爰应是二都所铸。陈，即春秋时期的陈都，今河南淮阳，楚惠王十一年（前478）灭陈，改为楚县，自顷襄王二十一年（前278）东迁，“保于陈城”，至考烈王二十二年（前241）为楚都所在，但属于临时性质，并未正式命名为郢，“陈爰”应是在此期间所铸。

黄金进入流通领域成为商品交换的等价物，在上面钤打戳记是一大进步。当时黄金生产为各国官方所垄断，但私采仍然不断。《韩非子·内储说上》言：“荆南之地，丽水之中生金，人多窃采金；采金之禁，得而辄辜，磔于市甚众，壅离其水也，而人窃金不止。”私采并非丽水一地，其量当亦可观。黄金钤有戳记，就把官方铸造的黄金货币和私人采炼的黄金区分开来，并表明对黄金成色有所保证。据抽样化验，郢爰的含金量最高为99%左右，相当于足赤或接近足赤的标准了。郢爰应是楚国黄金货币的代表。

郢爰戳记的印模已有发现，据朱活记载，山东“峄县偪阳城曾经出土过两件铜圆锥状而一端较细呈方形刻有反书阳文‘郢爰’二字的铜印”[①]。1984年，河南息县临河乡霸王台古城遗址附近也出土一件“郢爰”铜印模。

郢爰虽有戳记，但并非等量货币。据出土实物，一钣郢爰的重量在225克至280克之间，不过也有过重过轻的。如1982年江苏盱眙南窑庄出土的郢爰金钣最大的一块重610克，次者重466.3克，小者仅124.8克。[②]整钣郢爰重量不一，截割开来的小块更无标准，显而易见，郢爰、陈爰均为称量货币。

① 朱活．古钱新探［M］．济南：齐鲁书社，1984：221．（中国历史博物馆曾收藏两件“郢爰”印模，不知是否即此两件。又据说“传出寿县”，记以备考。）

② 姚迁．江苏盱眙南窑庄楚汉文物窖藏［J］．文物，1982（11）．

郢爰在历史上屡有出土，可惜大都未留下记载。现在所知最早见于记载的，是东晋永和元年出土于庐江郡春谷县（今安徽繁昌境内）之“如印”金。[①]北宋沈括在《梦溪笔谈》中记载的“印子金”较详，但误释印文，指为西汉之物。“郢爰”二字至清代光绪年间方由方濬益、方孝杰父子释出，[②]确认为楚金。不过对楚金比较全面的认识，乃是20世纪70年代以后楚金大量出土以后的事。

郢爰、陈爰等黄金货币出土地区包括安徽、江苏、浙江、山东、河南、湖北、陕西等数省，以原楚东境出土的数量最多，占出土总数的75%以上，为了节省篇幅，列表（表4–1）示之。

楚东境地下楚金，以安徽出土次数最多，数量也最大。出土地点有合肥、芜湖、阜南、临泉、蒙城、寿县、六安、霍邱、庐江、凤阳、嘉山、全椒、长丰、广德、黟县、石台等十几个市、县。其中又以寿县为最，而寿县出土的楚金又集中在城南东津乡这一小块地方，如1979年出土5 180余克，[③]1986年2月出土10 061克，[④]同年4月又出土3 394克，[⑤]三次重大发现均在此处。鄂君启金节和大府铜牛亦出土于东津乡附近（见图4–6）。东津乡位于寿县县城东南约3千米，郢爰等文物出土的地点恰好在勘测的寿郢城内中部偏东，所以，这里有可能是楚王宫或贵族府第的所在地，值得注意。

整钣郢爰实物最早见之于1969年安徽六安县三十里铺陈小庄出土的楚金，后又陆续有不少发现。但是，截割开来的郢爰碎块出土数量，

① 这条资料原载晋《永和起居注》，该书早佚。唐徐坚《初学记·宝器部》所引漏一“春”字，误为“谷城”。后来《太平御览》等类书，以及今人言郢爰最早出于“湖北谷城”者，均沿其误。抽著《郢爰与战国黄金通货》发现这个问题，并据《宋书·符瑞志》引载，考证为“春谷”。又：参看刘和惠．关于郢爰一则史料辨误［J］．中国钱币，2000（2）．

② 朱活．楚金杂谈［J］．江汉考古，1983（3）．

③ 涂书田．安徽省寿县出土一大批楚金币［J］．文物，1980（10）．

④ 汪顶胜．寿县出土大量楚国金币［N］．文化周报，1986–03–16；后来又报道为10 050克，见附表。

⑤ 《安徽日报》1986年5月11日第一版，李文光报道。

比整钣郢爰数量大得多。如 1967 年安徽临泉县鲖城出土郢爰 270 余克，1970 年该县艾亭又出土郢爰、陈爰等共重近 800 克，[①] 1986 年寿县东津乡出土郢爰 3 390 余克，均为截割过的碎块，同时近百次零星出土的郢爰亦差不多皆为碎块。这是郢爰、陈爰进入流通领域辗转使用留下的遗迹。

郢爰进入流通领域，充当价值尺度和流通手段，既是称量货币，必然有称量工具。这种工具在考古中亦有发现。湖南长沙、常德、衡阳等地区的楚墓出土的小型衡器——天平及砝码甚多，[②] 湖北江陵纪南城遗址和雨台山楚墓出土了砝码和天平衡杆多件 [③]。安徽境内也有出土，如寿县李三古堆大墓出土了天平秤盘四件，1974 年合肥市郊出土了铜砝码与天平秤盘五件，1983 年六安古城遗址出土了铜砝码两件，凤台发现了砝码铜范一件。[④] 上述的天平砝码最小单位为 0.6 克，说明楚国的衡器已达到相当精密的程度。这种微量衡平的技术进步，当与称量黄金货币需要有着密切的联系，同时，也是郢爰进入流通领域的有力物证。

有的研究者认为郢爰是楚国的镇库之物，或者是国君、贵族间礼聘之物，而不是价值尺度和流通手段。这就是说，郢爰不具备完全意义的货币职能。这种认识，至少是不全面的。我们知道，货币的四种职能——价值尺度、流通手段（共同货币）、贮藏手段和支付手段，是相互联系、同时存在的，而不是孤立的。黄金既然成为“物质财富的物质代表”，就免不了发挥货币诸种职能的作用。所谓“镇库”，就是王室或政府财政机构的一种贮藏手段；所谓“礼聘”就是社会上等阶层的一种支付手段。这两种职能的体现，并不排斥另外两种职能的存在。上面已经提到郢爰、陈爰进入流通领域的物证，同时先秦文献也不乏黄金充当

① 韩自强．安徽阜阳地区出土的楚国金币［J］．考古，1973（3）．

② 高至喜．湖南楚墓中出土的天平与砝码［J］．考古，1972（4）．

③ 湖北省博物馆．楚都纪南城的勘查与发掘（下）［J］．考古学报，1982（4）；湖北省荆州地区博物馆．江陵雨台山楚墓［M］．北京：文物出版社，1984：88–89．

④ 安徽省博物馆、六安县文物管理所提供。

价值尺度和流通手段的例证。[①] 从考古发现来看，楚国很可能是率先使用黄金货币的地区。郢爰、陈爰是完全意义的货币，不容置疑。

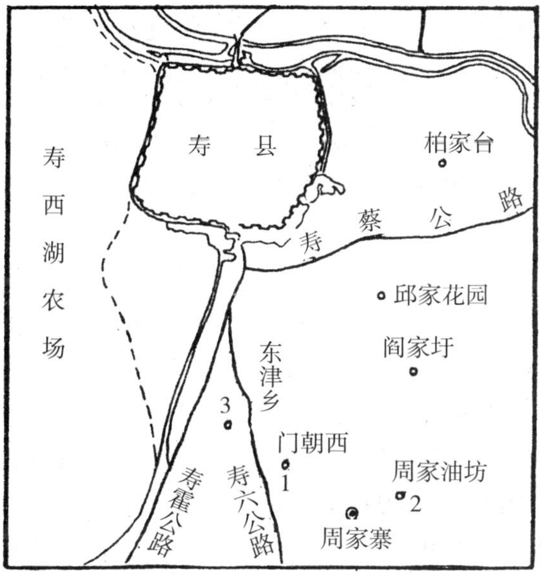

1. 1979 年出土处　2. 1986 年 2 月出土处　3. 1986 年 4 月出土处

图 4–6　寿县三次大量郢爰出土地点示意图

郢爰等楚金币有的背面或侧面有细小的刻文，已发现数十块。这些刻文都是用刃具刻画的，比较清晰，已辨认出来的有：|（或一）、||（或=）、|||（或≡）、||||或☰、×、𝍥、𝍦、𝍧、夊、十。吴兴汉认为这是一至十数目字的俗写，[②] 是可取的。其中有单位数、两位数、三位数至四位数，如“||二”“|×||||”“|||=|=”（以上临泉艾亭出土）“|𝍥|||≡”“|夊一|||”（以上寿县东津乡门西出土）等。这些数字可能是编号，也可能是称量的记数。“||=”即 22，“|×||||”即 154，“|||=|=”即 3212。

① 刘和惠．郢爰与战国黄金通货［C］// 楚文化研究论集：第一集．武汉：荆楚书社，1987．

② 吴兴汉．楚金币研究［C］// 楚文化研究论集：第一集．武汉：荆楚书社，1987．

其中可能已出现整数和小数的概念，如“$\frac{〩}{〣}$〡”，可能〡为整数，〩—〣为小数，是否如此，尚待进一步研究。

值得注意的是，这套数码符号不仅在当时流行，并且一直为我国商业旧式账簿所沿用，在历史上应用的时间超过了两千年，直到中华人民共和国成立以后，推广新式账簿才被淘汰。所见旧式账簿采用的数码为：〡、〢、〣、〤、〥、〦、〧、〨、〩、十，除四、五二字有变化外，其余完全相同。过去我们不知道这套数码符号始于何时，现在楚金币的刻文遗迹给我们提供了溯源的资料。

这套数码符号影响深远，先秦时期是不是为各国所通用，尚无资料说明。但在楚国商业中通行则是没有疑问的，这从一个方面反映了楚国商业文化的面貌。

郢爰的铸造大约不会早于战国中期。在此之前流行的是饼金。1965年，湖北江陵望山1号楚墓出土的随葬品中有铅质外包金箔的饼金模型，① 该墓年代为战国中期，说明当时通行的尚为饼金，郢爰如果已经铸造，亦是处于开始阶段。它的广泛流行当在战国后期，这在楚墓随葬金币明器形制的变化中得到了说明，如寿县李三古堆大墓出土的60块铜质郢爰模型，上海嘉定外岗楚墓出土的泥质郢爰模型，② 其时代均属战国晚期。楚人不以真金币随葬，出土的所有楚金币皆为地下窖藏或遗存之物。③ 作为明器，一般是实物在社会上已经成了人们生活的用品以后，或者是过去制度、风俗的遗存，才会出现的。所以郢爰的流行要比郢爰模型入土的时间为早。

楚国的本土江汉一带郢爰发现极少，仅见两例：一是1971年湖北江陵纪南城遗址“城外东南方”出土一块残存半印的郢爰，重17.53

① 湖北省文物局工作队．湖北江陵三座楚墓出土大批重要文物［J］．文物，1966（5）．

② 黄宣佩．上海市嘉定县外岗古墓清理［J］．考古，1959（12）．

③ 至20世纪90年代初，未见楚墓有郢爰实物随葬之实例。过去曾有郢爰出土于墓葬之说，系误传。（刘和惠．郢爰与战国黄金通货［C］// 楚文化研究论集：第一集．武汉：荆楚书社，1987．）

克）。[1]一是同年湖北宜昌前坪西汉墓出土一块残存三印的郢爰，重 36.4 克。[2]有的研究者据前一例认为郢爰始铸于春秋晚期。此说缺乏事实依据。这一块郢爰虽然出土于郢城遗址，但是没有任何出土资料说明它是春秋时期的遗物。楚都纪郢 400 余年之久，遗址及其周围地下遗物不能简单地与郢城始筑时间等同起来，这是显而易见的。

还有的研究者根据楚东、西境郢爰遗物出土数量的悬殊，推测郢爰为楚东迁寿春以后所铸。此说也不能令人信服。

对地下郢爰的遗存，出现楚西境与东境悬殊的现象，要作具体分析。我们知道，把金银财物埋藏于地下，历史上屡见不鲜，其目的是隐藏或保有既得财富，一般是在社会发生剧变或特殊情况下出现的。楚人在强秦兵锋的威胁下，放弃西境东迁，这是不得已的有计划战略迁徙，国库的重器、宝器，以及贵族、士商私人所有贵重财物，自应随之东运，而不会将其丢弃埋入地下。然秦军在东境最后攻灭楚国的军事行动中，情况则不同，这是楚人的生死存亡关头，没有后退之路。在溃败、慌乱的情况下，国库财物的散失自不可免。同时，一些贵族、商人等出于恐惧和惜财心理，或者将财物埋入地下，或者在逃散的过程中遗弃于土中水下，都是可能的。所以，单从遗物出土地区数量多寡的现象，来判断郢爰铸造的时期，论据是不恰当的。

出土的郢爰遗物只是遗存的一小部分，然而，它却为后人对两千多年前我国货币发展的水平、楚文化的认识，提供了极可宝贵的实物资料，弥补了文献记载的不足，这是埋藏者或遗存者所意想不到的。

二、黄金货币的名目和形制

战国时期，各国皆使用黄金，执行一定的货币职能。因此，黄金便自发地充当了各国的共同货币，大大便利了各国之间的交往和贸易。例

① 荆州地区博物馆．湖北江陵首次发现郢爰［J］．考古，1972（2）．
② 管维良．宜昌前坪战国两汉墓［J］．考古学报，1976（2）．

如苏秦说赵王，赵王“乃饰车百乘，黄金千镒，……以约诸侯”[①]；严仲子从韩国跑到齐国求刺客报仇，“奉黄金百镒，前为聂政母寿”[②]；秦派人去韩国求购一个“美人”，支付的也是黄金[③]。许多跨国贸易的大商人亦大多以黄金作为支付的手段。各国黄金交流频繁。

从出土的窖藏黄金货币看，往往亦有多种金币名目共存的现象。如，1979年安徽寿县东津乡出土的窖藏金币有郢爰、卢金、无印金钣、饼金等数种；1974年河南扶沟县西南古城遗址出土的金、银币窖藏有郢爰、陈爰、鄗爰、“鄟”字金、饼金、马蹄金等[④]；1978年河南襄城县北宋村出土的窖藏金币有郢爰、陈爰、“鄟”字金、“兼陵”金、无印钣金、饼金、马蹄金等[⑤]。另外，据《安徽通志稿·金石古物考稿》记载，还有一种“郚爰”。

如上所述，黄金货币的名目已发现的有“郢爰”“陈爰”“鄗爰”“郚爰”“卢金”“鄟”“兼陵”等七种，如果加上饼金、无印钣金和马蹄金，就有十种之多了。迄今全国发现的战国时期黄金货币，据著者初步统计，约为45 000克上下[⑥]，其中95%以上出土于原来的楚境。从金币名目来说，以郢爰出土量最大，占总数65%左右；其次为无印钣金，占10%以上；再次为饼金，约占9%。马蹄金约占8%，陈爰约占5%，卢金约占2.2%，其余数量占比较少。

十个名目中，郢爰、陈爰为楚金，已为学术界所公认，已见上述。无印金钣形制同于郢爰，无疑亦为楚金，不须多言。饼金是黄金货币最初形制，已见的最早实物出土于绍兴306号战国早期的越墓，但体积较小，不同于他处出土的饼金；最早的饼金明器则见于湖北江陵太晖观楚

① 《史记·苏秦列传》。
② 《史记·刺客列传》。
③ 《战国策·韩策三》。
④ 郝本性，郝万章．河南扶沟古城村出土的楚金银币［J］．文物，1980（10）．
⑤ 郭建邦．河南襄城出土一批古代金币［J］．文物，1986（10）．
⑥ 由于有许多尚未报道，或者重量不明，目前尚无法作确切统计。盱眙南窑庄出土的饼金、马蹄金系汉物，不包括在内。

墓出土的铅饼模型，[1] 亦属战国早期。看来，饼金行于楚国，也行于他国，非必为楚物。“卢金”“郚爰”“兼陵”“郢少”“鄗爰”等金币，研究者有的认为是地方所铸，有的认为是小国所铸。不过，这些实物均出土于原来的楚境，是否属于楚金，尚待更多的发现和进一步研究。

值得注意的是河南扶沟古城出土的马蹄金，其中一件有刻文“二重四分”数字，重字作“⿴”，仅见于韩器铭文，而“四分”二字是合文，亦为三晋文字特有的写法。黄盛璋断定为韩国的金币，并据扶沟、襄城两处出土的遗物，认为蹄形金系三晋的黄金货币形制。[2] 按扶沟古城先秦为曲洧，战国晚期属韩国的边地；襄城战国晚期先后属楚、魏，前295年为秦攻占。两邑皆为国界的边地，所属无常。但不论窖藏者为何国之人，都无妨楚国金币与三晋金币同存这个事实。显然，这两处窖藏遗物，是各国黄金货币流通的一个有力物证。

金币的形制亦有多种，根据出土实物可分三类，即饼状金、钣状金和蹄状金。

饼状金是最早出现的金币形制，可能从春秋一直延续下来，主要有二式：一种是圆饼中部向上微鼓，略呈馒头形；一种是圆饼中部微凹，四围上凸，表层不平，即所谓“柿子金”。

钣状金是饼状金的演变，出现较晚，为战国晚期楚金的主要形制，除上面提到的四边不规则略呈龟甲形外，还有长方形、正方形、瓦形、圆形和半圆形等。龟甲形数量最多，其余均较少。

蹄状金有圆形和椭圆形两种，一般底面内凹，象征马蹄窝，中空。有的研究者认为，圆形的应称麟趾金，椭圆形的是马蹄金。初步认为是三晋金币形制。

战国时期的金币，史书言而不详，对于各国金币的形制难以辨认。

① 郭德维．湖北江陵太晖观楚墓清理简报［J］．考古，1973（6）．

② 黄盛璋．新发现的“兼陵”金版及其相关的兼器、曾器铭文中诸问题的考索［C］//出土文献研究续集．北京：文物出版社，1989．（作者认为，两处的发现，“彻底冲破蹄形金币上限为汉武帝太始二年之传统旧说”。）

幸有大量遗物出土，使我们大开眼界，扩大了视野。名目的繁多，形制的多样，反映交换领域的扩大，地区之间经济联系的加强。现在对楚国金币的了解比较多一些，对三晋金币的认识也见端倪，但对秦、齐、燕等国的金币尚未见真面目。因此，对战国金币的全面认识，除有待于更多的遗物出土外，对其名目、形制的研究，也是一条必要的途径。

表 4-1　楚东境“郢爰”等金币遗物出土统计表

时间	出土地点	数量	重量（克）	资料来源	备注
东晋永和元年	舂谷（今安徽繁昌）	1 钣	–	《宋书·符瑞志》	有印
北宋	安徽寿县	1 钣	–	《梦溪笔谈·异事》	有 20 余印
清道光年间	安徽寿县	1 钣	–	《缀遗斋彝器款识考释》	有 14 印
清光绪年间	安徽寿县	1 方	约 17.5	同上	
1903 年	安徽寿县	7 方	约 69.4	《安徽通志·金石古物考稿》	有“郢爰”“陈爰”“郚爰”“鈔”四种名目，共 18 印，大都不完整
1954 年	江苏高淳	1 件	15.312	《文物》1959 年第 4 期 11 页	1 印
1954 年	江苏仪征	1 件	12.0	《古钱新探》222 页	1 残印
1954 年	江苏无锡	1 件	12.04	《中国历代货币大系·先秦货币》	1 残印
1954 年	安徽合肥	1 件	19.781	安徽省博物馆提供	1 残印
1955 年	安徽合肥	1 件	18.18	同上	2 残印
1955 年	安徽合肥	4 件	118.8	同上	原为 1 整块，出土后被截割成 4 块。共 8 残印
1955 年	安徽合肥	2 件	–	同上	4 残印
1955 年	安徽合肥	2 件	–	同上	2 残印
1955 年	安徽霍邱	1 件	31.354	同上	2 整印，2 残印
1955 年	安徽合肥	4 件	111.80	同上	印文不清

续表

时间	出土地点	数量	重量（克）	资料来源	备注
1955 年	安徽芜湖	1 件	19.03	同上	由芜湖市中国人民银行收进转来
1955 年	安徽芜湖	2 件	–	同上	同上
1955 年	安徽寿县	1 件	8.735	《古钱新探》223 页	1 残印。出土地点下塘集今划归长丰县
1956 年	江苏句容	2 件	56.338	《文物》1959 年第 4 期 11 页	2 印。原为一块，出土后被截割为二
1956 年	江苏江宁	1 件	14.968	同上	1 印
1956 年	安徽合肥	4 件	–	安徽省博物馆提供	由合肥市中国人民银行收进转来
1956 年	安徽合肥	6 件	–	同上	同上；6 印
1957 年	江苏盱眙	1 件	27.468	《文物》1959 年第 4 期 11 页	1 印
1957 年	江苏宝应	1 件	57.812	同上	2 整印，1 残印，出土地点吕良区今划归金湖县
1957 年	江苏江宁	1 件	12.42	同上	1 印
1957 年	江苏南京	1 件	10.50	同上	1 印
1957 年	安徽庐江	1 件	7.41	安徽省博物馆提供	1 印
1957 年	安徽广德	1 件	20.00	同上	1 印
1957 年	安徽芜湖	1 件	–	同上	1 印
1958 年	江苏江宁	1 件	6.693	《文物》1959 年第 4 期 11 页	1 印
1958 年	江苏沛县	1 件	18.218	同上	1 印
1958 年	江苏丹阳	2 件	240.625	同上	1 件存 10 印、3 残印；1 件存 6 印
1958 年	安徽蒙城	1 件	52.53	安徽省博物馆提供	存 3 印
1959 年	江苏南京	1 件	24.45	《古钱新探》222 页	存 1 印
1959 年	江苏南京	1 件	12.6	同上	存 1 印
1959 年	江苏句容	1 件	15.47	《中国历代货币大系·先秦货币》	存 1 印

续表

时间	出土地点	数量	重量（克）	资料来源	备注
1960年	江苏江阴	19件	221.16	《古钱新探》222页，原文误为“221.65”克	存11印、9残印
1960年	江苏江宁	1件	11.09	《中国历代货币大系·先秦货币》	存1印
1964年	江苏南京	1件	15.76	《中国历代货币大系·先秦货币》	1印
1965年	安徽	1件	8.265	安徽省博物馆提供	以下共27件均由安徽省银行收进转来
1965年	同上	1件	31.525	同上	存1印半
1965年	同上	1件	10.026	同上	存1残印
1965年	同上	1件	16.103	同上	存1残印
1965年	同上	1件	15.621	同上	存1印
1965年	同上	1件	14.294	同上	存1残印
1965年	同上	1件	12.357	同上	存1残印
1965年	同上	1件	24.490	同上	存1残印
1965年	同上	1件	72.07	同上	存2印、7残印
1965年	同上	1件	39.03	同上	存2印
1965年	同上	1件	19.563	同上	存2印
1965年	同上	1件	14.063	同上	存1印
1965年	同上	1件	16.575	同上	存1印
1965年	同上	1件	14.391	同上	存1印
1965年	同上	1件	10.169	同上	存1残印
1965年	同上	1件	12.131	同上	存1残印
1965年	同上	1件	14.295	同上	存1残印
1965年	同上	1件	15.299	同上	存1残印
1965年	同上	1件	22.158	同上	存1印半
1965年	同上	1件	13.509	同上	存1印
1965年	同上	1件	16.690	同上	存1残印

续表

时间	出土地点	数量	重量（克）	资料来源	备注
1965 年	同上	1 件	14.180	同上	存 1 残印
1965 年	同上	5 件	–	同上	均残
1966 年	江苏江宁	1 件	10.51	《中国历代货币大系·先秦货币》	存 1 印
1967 年	安徽临泉	6 件	272.938	《考古》1973 年第 3 期 165 页	一件 12 印，一件 4 印，余皆 1 印
1967 年	浙江安吉	1 件	62.80	《考古》1982 年第 3 期	存 2 印半
1969 年	安徽六安	2 件	538.10	安徽省博物馆提供（包括以下计 15 件，皆六安陈小庄出土）	两件均为整钣，每钣 16 印
	安徽六安	1 件	51.40		存 4 印
	安徽六安	3 件	102.275		存 2 印、2 残印
	安徽六安	2 件	41.00		存 4 残印
	安徽六安	7 件	120.00		均残，存 1 印
1969 年	安徽寿县	1 件	87.725	安徽省博物馆提供	存 6 印
1969 年	安徽六安	1 件	270.00	同上（包括以下计 9 件，系陈小庄第二次出土）	整钣，16 印半
	安徽六安	8 件	518.75		每块 1—11 印不等
1970 年	安徽阜南	1 件	280.00	《考古》1973 年第 3 期 162 页（包括以下计 42 件，系三塔朱大湾出土）	整钣，19 印（其中 4 印不全》
	安徽阜南	1 件	262.825		整钣，17 印（其中 5 印不全）
	安徽阜南	1 件	263.362		整钣，18 印（其中 7 印不全）
	安徽阜南	22 件	375.20		每块半印至 2 印不等
	安徽阜南	17 件	270.186		均为无印零碎金块
1970 年	安徽临泉	32 件	618.49	《考古》1973 年第 3 期 165 页（包括以下计 50 件，系艾亭出土）	每块半印至 4 印不等

续表

时间	出土地点	数量	重量（克）	资料来源	备注
1970 年	安徽临泉	8 件	137.187		均为“陈爰”，每块半印至 2 印不等
	安徽临泉	10 件	43.528		无印碎块
1970 年	安徽霍邱	1 件	18.50	安徽省博物馆提供	存 2 印
1971 年	江苏泗洪	1 件	29.96	《中国历代货币大系·先秦货币》	存 2 印
1972 年	安徽凤阳	1 件	12.80	《中国历代货币大系·先秦货币》	存 1 印
1972 年	安徽霍邱	1 件	10.00	安徽省博物馆提供	存 1 残印
1974 年	安徽合肥	1 件	50.00	同上	存 4 残印
1974 年	安徽寿县	1 件	约 50.00	《楚文化研究论集》第一集 263 页	有印
1977 年	江苏常州	1 件	64.00	《文物》1993 年第 3 期	5 印
1978 年	江苏镇江	1 件	15.95	镇江博物馆提供	有印
1979 年	安徽全椒	1 件	17.00	《安徽金融研究》(增刊)1989 年第 3 期 56 页	存 1 印
1979 年	安徽寿县	1 件	263.50	《文物》1980 年第 10 期 67 页（包括以下计 19 件，出土于寿县城南）	整钣，22 印
	安徽寿县	1 件	259.10		整钣，22 印
	安徽寿县	4 件	1 042.08		四整钣，印文为“卢金”，分别为 16、18、19、21 印
	安徽寿县	8 件	2 110.67		八整钣，无印
	安徽寿县	4 件	1 502.86		饼金，无印
	安徽寿县	1 件	9.30		一“卢金”残印
1980 年	山东费县	1 件	17.50	《考古》1982 年第 3 期	有印
1982 年	江苏盱眙	1 件	610.00	《文物》1982 年第 11 期第 7 页（包括以下计 11 件，出土于盱眙南窑庄）	54 整印，6 半印

续表

时间	出土地点	数量	重量（克）	资料来源	备注
1982 年	江苏盱眙	1 件	466.30		35 整印，11 半印
	江苏盱眙	1 件	259.50		12 整印，9 半印
	江苏盱眙	1 件	275.70		10 整印，8 半印
	江苏盱眙	1 件	257.60		4 整印，12 半印
	江苏盱眙	1 件	252.50		6 整印，9 半印
	江苏盱眙	1 件	261.90		13 整印，7 半印
	江苏盱眙	1 件	225.40		16 整印，2 半印
	江苏盱眙	1 件	258.40		12 整印，4 半印
	江苏盱眙	1 件	251.30		11 整印，5 半印
	江苏盱眙	1 件	124.80		10 整印，1 半印
1982 年	山东费县	1 件	248.00	《中国钱币》1983 年第 2 期	“陈爰”，12 印
1982 年	江苏吴县	1 件	27.27	《文博通讯》(江苏)1983 年第 4 期	1 印
1982 年	江苏吴县	2 件	40.00	同上	一块 1 印；一块 1 整印，1 半印
1982 年	安徽黟县	1 件	42.26	安徽省博物馆提供	2 整印，2 残印
1983 年	安徽石台	1 件	25.00	同上	1 印
1986 年	安徽寿县	38 件	10 050.00	《文物》1992 年第 10 期 91 页	皆为整钣郢爰，原出土 42 块，散失 4 块。其中有印记的 28 块，无印记的 10 块。每块重量 256—272 克。有印记的一般为 15 至 24 印
1986 年	安徽寿县	125 件	3 394.00	《安徽日报》1986 年 5 月 11 日李文光报道	两块无印金钣，余均为截割开来的郢爰碎块
1988 年	安徽五河	16 件	302.00	《安徽金融研究》(增刊)1989 年第 2 期 54 页	每块均有郢爰印记

三、铜贝

铜贝的形状仿自天然贝（海贝壳）。天然贝是我国最初的雏形货币。从天然贝过渡到铜贝，是货币史上滥觞阶段的一大发展。我国的铜贝最早出现于商代，至春秋时期中原仍然流通。显而易见，楚国的铜贝亦是受中原文化的影响，继承商周传统的货币形式。

楚人何时开始自己铸造铜贝呢？从楚庄王“以为币轻，更以小为大”[①]的记载看来，可能在楚文王都郢后不久就已经开始铸造了，不过，尚没有得到考古资料的印证。

楚国的铜贝又称“蚁鼻钱”。此名初见于洪遵《泉志》，该书云：“世谓之蚁鼻钱。”洪遵为南宋人，那时，他尚不认识这种铜贝为楚钱，故记下了当时人的俗称。现在我们已经认识其为楚国的货币，可以不再沿用宋代人的俗称了。

楚国铜贝的特点是有文字，已发现有 10 种币文，出土数量最多的是“巺”字贝，可见是楚国官方所铸。楚国铜贝应以“巺”字贝为代表（见图 4–7）。

“巺”字难识，古钱币学家进行了各种各样的考释，都没有达成共识。我们认为，清人吴大澂在《权衡度量实验考》中从该字结构分析释为“贝”，比较近是。释“贝”在古文字形和字义上均可通解。铜贝脱胎于天然贝，后来凡与财货有关之字大都从贝，楚人以贝名之，亦事通字顺。

楚国铜贝遗物屡有出土，亦以楚东境遗存最多，据已知资料统计，占出土总量的 90% 左右。由于其中不少未见报道，故不嫌烦琐，列表附之于后（见表 4–2《楚东境铜贝遗物出土统计表》）。

铜贝为等量货币，流通中以枚为单位，每枚的重量应有相对的标准。可是，据出土实物考察，轻重却很不一致，重的有 5.6 克，轻的仅 0.5 克，大多数在 2 至 4 克之间（见表 4–3《巺字形铜贝形制重量抽样实测表》）。这是什么原因呢？我们认为可能是由以下几种情况造成的：

① 《史记·循吏列传》。

图 4–7 楚铜贝拓片

（1）铸造标准重量的递减。统治者为了平衡货币的比值，同一名目的货币后来铸造的比原先铸造的重量逐渐减轻，这是古代铜铸币的一般情况，楚国铸造铜贝前后数百年，当亦难免。

（2）私铸和盗铸。铸币权为国家所垄断，但是很难避免封君和地方私铸，以及盗铸。[①] 私铸和盗铸均为牟利，蓄意减料，他们铸造的轻币和劣币也进入了流通领域。

（3）刮钱取铜。由于铜贝是等量货币，减轻若干重量价值不变，于是便出现刮钱取铜的谋取私利者。自从铜铸币问世以后，牟利者以刮、磨、剪的方法盗取币铜，历代不绝。楚国铜贝自然不会例外。

（4）自然耗减。铜贝流通时间既长，难免不同程度地受酸性腐蚀，特别是出土物，在地下埋藏两千多年之久，受土壤中酸性腐蚀必相当严重。由于土壤中酸性程度不同，铜贝本身与酸性接触面也不完全一样，因此出现轻重不一现象。

铜贝的铸造，文献无考。可喜的是已经发现了几件青铜贝范实物。1974 年武汉市文物商店在废铜中拣选了一件“咒”字残铜贝范。[②] 上海博物馆藏品中也有两件“咒”字铜贝范，一残一完整，完整的有 77 枚贝

① 《云梦秦简·秦律》中就有盗铸铜钱的案例，可见，战国时盗铸铜币之风已经流行。

② 朱活．古币续谈［J］．中国钱币，1985（2）．

型腔。[1]1982 年安徽省繁昌县文物管理所在横山废品收购站又发现两件“巺”字铜贝范，比较完整，长方形，“巺”字为阳文，有浇口和两条流槽，贝形腔对称排列 4 行，每行 16 枚，共 64 枚；另一件在中间两行前端多出一枚贝型腔，共 65 枚（见图 4–8）。两件形制基本相同，长 27 厘米、宽 10.7 厘米、厚 0.95 厘米，重 1.055 千克。[2]

这几件铜贝范，让我们对楚国的铸币技术产生了新的认识，也引起了钱币学者的兴趣。从已发表的有关论著看来，大都认为这种铜范是直接铸造铜贝的钱范，并推测铸造过程为“刷涂、合范、预温、浇注、启范”等几道工序，[3]这个见解在技术上是可以讲得通的。从铜范的贝形内凹看，亦显示具有直接铸造铜贝的功能。对铸范的推测是有一定依据的。

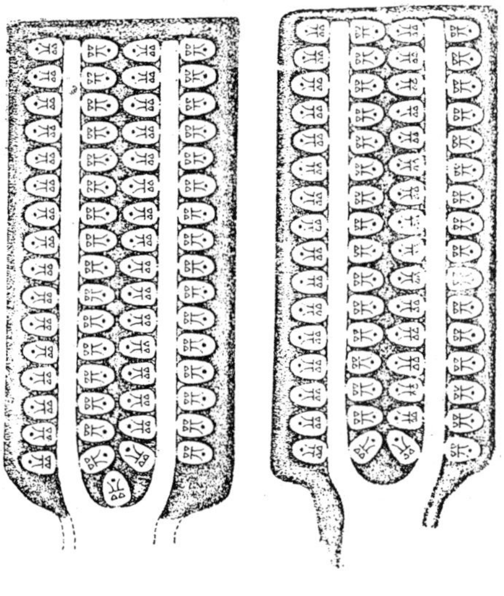

图 4–8　繁昌出土的铜贝范拓片

① 陆松麟．上海博物馆藏楚贝铜范［J］．中国钱币，1983（2）．

② 陈衍麟．繁昌拣选的“楚铜贝范”［J］．钱币文论特辑，1988．（另一件残长 25 厘米，重 1.01 千克，厚、宽相同。推测两件原来长度、重量应略同。）

③ 徐达元．试论楚国“巺”字铜贝的铸造工艺［J］．钱币文论特辑，1988；汪本初．从安徽繁昌县出土蚁鼻钱铜范来探讨楚“巺”字贝的铸造工艺［C］// 楚文化研究论集：第二集，武汉：湖北人民出版社，1991．

用铜范铸钱的优点，省去了范母印制泥范及泥范焙烧的生产工序，但缺点也很明显，不能适应大批量地铸造钱币。所以后世不见用铜范直接铸钱。

从先秦到汉代还有其他钱币铜范遗物传世，如“齐法化”“半两”“五铢”等铜范，其中大多皆明确为范母。同时，用铜范直接铸钱，在历史上尚未发现更多的实证。所以，我们认为，这种铜贝范除铸范的可能性外，还有另一种可能：范模，即范祖。

范模印制泥型范母，入窑烧制成陶范母，再由范母翻制泥型子范铸钱。子范的使用只是一次性，旋用旋弃。陶范母虽可反复使用，但亦有所限，而一范少者数钱，多者数十钱，大批铸钱，范母不仅需要量大，消耗量亦大，必须不断烧制。有了范模就省去了反复制作钱型之劳，标准亦易于趋于一致。

铜贝的陶范母虽未发现，但从其他陶范母遗物观察，模型俱是印制出来的。所以范模的存在是不成问题的。

两种推测均有一定的道理，哪一种符合事实，尚待进一步探讨。

表 4–2　楚东境铜贝遗物出土统计表

时间	出土地点	币文	数量	资料来源
1955 年	安徽寿县	咒	2 枚	安徽省博物馆提供
1956 年	安徽临泉	同上	10 枚	阜阳地区博物馆提供
		彙	1 枚	
1958 年	江苏徐州	咒	2 枚	《古钱新探》196 页
1959 年	江苏昆山	同上	10 枚	同上
1959 年	江苏邳县	同上		《古钱新探》197 页
1962 年	山东曲阜	同上	8 枚	同上
1965 年	安徽泗县	同上	2 枚	安徽省博物馆提供
1971 年	安徽临泉	同上	110 枚	《安徽金融研究》1989 年第 3 期 2 页
		彙	数枚	

续表

时间	出土地点	币文	数量	资料来源
1972 年	山东曲阜	同上	15 978 枚	《古钱新探》211 页
1973 年	安徽全椒	咒	数十枚	《安徽金融研究》1989 年第 3 期
1976 年	安徽固镇	同上	3 856 枚	安徽省博物馆提供
1976 年	安徽寿县	同上	3 000 余枚	寿县博物馆提供
1979 年	安徽亳州	≡	1 枚	阜阳地区博物馆提供
		忻	8 枚	
1979 年	安徽凤阳临淮	咒	35 千克	凤阳县文物管理所提供
1981 年	安徽颍上	同上	30 余枚	阜阳地区博物馆提供
1982 年	安徽蚌埠	同上	1 000 余枚	蚌埠市博物馆提供
1982 年	安徽广德	同上	1 159 枚	《宣州文物》43 页，1983 年年刊
1982 年	安徽六安	同上	200 余枚	六安县文物管理所提供
1982 年	安徽怀远	同上	1 000 余枚	怀远县文物管理所提供
1982 年	安徽巢湖	同上	1 000 余枚	安徽省文物考古研究所提供
1982 年	河南淮滨	同上	10 千克	《楚文化研究论文集》（河南）154 页
1982 年	山东滕州	同上	527 枚	《钱币文论特辑》171 页
1983 年	安徽临泉	同上	2 355 枚	阜阳地区博物馆提供
1983 年	安徽凤阳	同上	30 枚	凤阳县文物管理所提供
1984 年	安徽涡阳	同上	13 枚	阜阳地区博物馆提供
1984 年	河南固始	同上	50 余枚	《钱币文论特辑》172 页
1985 年	安徽巢湖	同上	200 余枚	巢湖市文物管理所提供
1985 年	安徽肥西	咒	9 238 枚	合肥市文物管理处提供
		桊	2 枚	
1985 年	安徽利辛	同上	6 枚	阜阳地区博物馆提供
		咒	10 枚	

续表

时间	出土地点	币文	数量	资料来源
1985 年	安徽涡阳	同上	25 枚	同上
1986 年	安徽肥西	同上	200 余枚	合肥市文物管理处提供
1988 年	安徽合肥	巽	1 枚	合肥市文物管理处提供
1988 年	安徽临泉	同上	30 枚	阜阳地区博物馆提供
1989 年	安徽寿县	同上	3 000 余枚	寿县博物馆提供
		夅	10 枚	
1989 年	安徽寿县安丰塘	巽	200 余枚	合肥市文物管理处提供
1989 年	安徽寿县堰口集	同上	300 余枚	同上
1989 年	安徽临泉	同上	200 余枚	阜阳地区博物馆提供
1989 年	安徽繁昌	同上	52 枚	《安徽金融研究》（增刊）1990 年第 4 期 61 页
1990 年	安徽太和	同上	2 000 余枚	阜阳地区博物馆提供
1990 年	安徽淮南	同上	300 余枚	淮南市博物馆提供

表 4-3　巽字形铜贝形制重量抽样实测表

序号	出土地点	长（厘米）	宽（厘米）	重（克）
1	安徽寿县九里沟	2.1	1.2	3.18
2	山东曲阜鲁故城	1.1—1.46	0.8—0.95	0.5—2.7
3	安徽临泉崔寨	1.7—2.1	1—1.3	1.4—3.6
4	山东曲阜董大城村	1.2—1.85	0.7—1.2	0.6—4.2
5	安徽肥西新仓	1.72—2.1	1.05—1.25	1.75—3.71
6	江苏昆山	1.29—1.8	0.9—1.2	0.75—2.8
7	江苏丹阳			3.35
8	安徽宿县			3.125
9	江苏徐州			3.06
10	安徽涡阳	1.7	1.8	3.2

四、布钱

楚国铜铸货币，除铜贝外，还有布钱。

这种布钱面文有四字，背文有二字。面文四字原来有近十种的不同释文，前二字有“殊布”“庄布”“端布”“郝布”“沛钱”“旆比”“扶比”等释，后二字有“当釿”“铜十斤”“当十斤”“当十化”诸释，众说纷纭。随着研究的深入，认识逐渐趋于接近，一从旧释“殊布当釿”，一从新见“旆钱当釿”。按朱活的解释，“旆字含有大的意义”，“旆钱”也就是“大钱”，“釿为铜的单位重量标度”，四字连贯起来就是“当一釿的大钱”。[①] 背文二字释作“十货”，没有什么争论，确认无疑（见图4–9）。

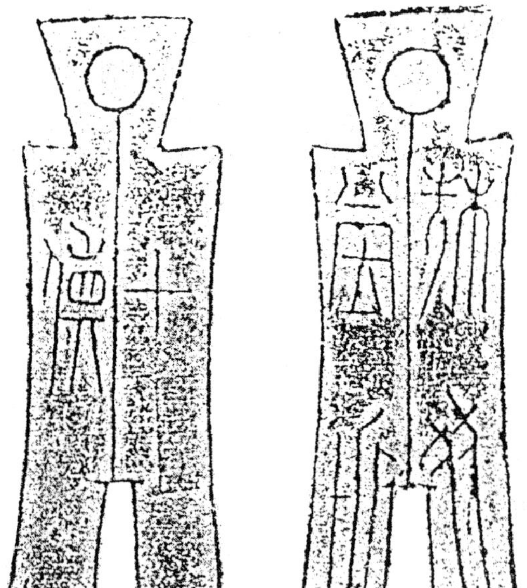

图 4–9　“旆钱当釿”布钱拓片

① 朱活. 古钱新探［M］. 济南：齐鲁书社，1984：203.（上“实测表”有数条采自该书。）

此钱存世很少，旧钱谱称为罕见之品。因此，这种布钱铸于什么时代，是哪一国别的铸币，也莫衷一是。近半个世纪以来，由于出土数量渐多，根据出土地域推断为楚国的铸币，基本上得到钱币学界的共识。.

布钱是中原地区流行的铸币形制，源于周及三晋。楚铸布钱也是向中原学来的，但形状并不完全相同。楚布钱平首，首部有一圆孔，方肩，方足，平裆，与三晋布钱相比，钱体较瘦长，两足稍外撇，腰部略收束，币文字体亦较清癯，风格显然不同。楚人喜爱纤丽清秀之风，在货币上也有所反映。

近些年来，楚布钱虽屡有出土，但数量不多，远不能和郢爰、铜贝相比，可能铸造量不大，流行的时间也不长。其出土的范围比郢爰、铜贝更集中，除一枚出自陕西咸阳外，均发现于原楚东境，见表 4–4《楚东境布钱遗物出土统计表》。

大概由于锈蚀程度不同，出土的布钱重量也不一致。据安徽涡阳龙山出土的布钱抽样实测，重者达 40 克，轻者不到 30 克，平均重量为 36 克左右。楚铜贝的重量一般在 3 克到 4 克之间。据此可以推测，背文“十货”乃是比值，即一枚布钱可以换算为十枚铜贝。由此可见，楚布钱是一种记值货币。

另外，还有一种小方足布钱，出土遗物更少，面文为“四钱”，也有释为“四布”，背文为“当釿”，合读即“四钱当釿”。此钱重量约为 7.5 克，大约是四枚小布钱等于一枚大布钱。所见出土实物多为两枚对足连在一起，被称为“连布”，那么，两枚“连布”就可换算一枚大布钱了。不过，小布钱出土数量极少，也许“连布”并不是普遍现象，只是铸造时连在一起，没有断开的实物。

布钱铸造的年代，研究者多认为是战国中期到战国晚期，不过，从出土地区看来，可能是战国晚期楚东迁后所铸。

表 4–4 楚东境出土布钱统计表

时间	出土地点	数量	资料来源	备注
1956 年	江苏徐州	2 枚	《古钱新探》204 页	均残
1957 年	江苏丹阳	35 枚	同上	4 枚残
1957 年	安徽涡阳	50 余枚	《钱币文论特辑》164 页	一部分锈蚀粘结
1958 年	安徽宿县	4 枚	安徽省博物馆提供	一枚残
195？年	浙江杭州临平	2 枚	《古钱新探》204 页	
195？年	山东临沂	2 枚	同上	
1965 年	安徽宿县	7 枚	《钱币文论特辑》154 页	
1967 年	安徽固镇	12 枚	同上	
1968 年	安徽蚌埠	6 枚	同上	
1973 年	安徽阜阳、利辛、亳州	20 枚	阜阳地区博物馆提供	
1974 年	安徽濉溪	8 枚	《钱币文论特辑》155 页	
1974 年	安徽淮北市	2 枚	同上	一枚残
1978 年	安徽滁州	1 枚	同上	为“四钱当釿”小布
		1 枚	安徽省博物馆藏品	
		1 枚	合肥市文管处藏品	吕长礼提供
	安徽歙县	1 枚	歙县博物馆藏品	同上
	安徽灵壁	6 枚	灵壁县文管所藏品	同上
	安徽五河	6 枚	五河县文管所藏品	同上
		2 枚	安徽省人民银行收藏	同上
	安徽宿县	7 枚	安徽省古钱币商店收藏	同上

第五章　战国晚期的楚墓

第一节　寿县朱家集李三古堆大墓

寿县朱家集李三古堆大墓是最早发现的一座大型楚墓，它与楚文化这个学科的诞生有着密切的联系。

该墓发现于 1933 年，出土大量的青铜器，当时“报章竞载，寰海喧腾”[①]，引起海内外文化人士的关注。令人惋惜的是，这样一座大型墓葬，竟然未经科学发掘，而是盗掘出土，造成了不可弥补的损失。所幸的是，由于文化界的呼吁，有关部门及时抢救，大部分器物乃得以保存下来，散失的也有部分经收藏者公之于世。这批体现楚国文化的大量实物，前所未见，引起了学术界的广泛兴趣。此后，楚器陆续有所发现，这偶然事件，竟“成为楚文化这个学科诞生的契机”[②]。

一、两次厄运

寿县，是楚国最后一个都城所在地，其附近遗存着相当数量的楚墓。当地民间传说和地方文献记载中，有名的大冢就有庄王（顷襄王）墓、考烈王墓、武王（？）墩、春申君墓、廉颇墓等。这些大冢均有高大的封土堆，有的已列为文物保护单位。无名的土冢更多，李三古堆就为其中之一。

朱家集西北距寿县城约 25 千米（见图 5–1）。这里北至杨公镇、东

① 李景聃．寿县楚墓调查报告［M］// 田野考古报告：第一册．上海：商务印书馆，1936.

② 张正明．楚文化史［M］．上海：上海人民出版社，1987.

至大古堆集，西南至瓦埠湖，一百余平方千米范围内，原来古冢比较集中，如李三古堆东北约 5 千米有“大古堆”，其封土堆比原来李三古堆还要高大，西北约 5 千米有“小古堆”，南面有“斗笠古堆”。据当地乡民反映，还有几个较大古堆已陷入瓦埠湖中。至于中、小土冢大多已经夷为耕地，因此，农民在开沟掘土中有时也会发现古墓。

20 世纪 20 年代，寿县境内就常有零星文物出土，乡民偶有所获，售去亦可得到若干经济利益。同时，寿县出土的文物逐渐受到京、津、沪古董商人的注意，来蚌埠、寿县的收购者络绎不绝，甚至还有国外文物商人插足其间。在他们推波助澜之下，有些乡民视盗墓如副业，并渐渐蔓延成风。

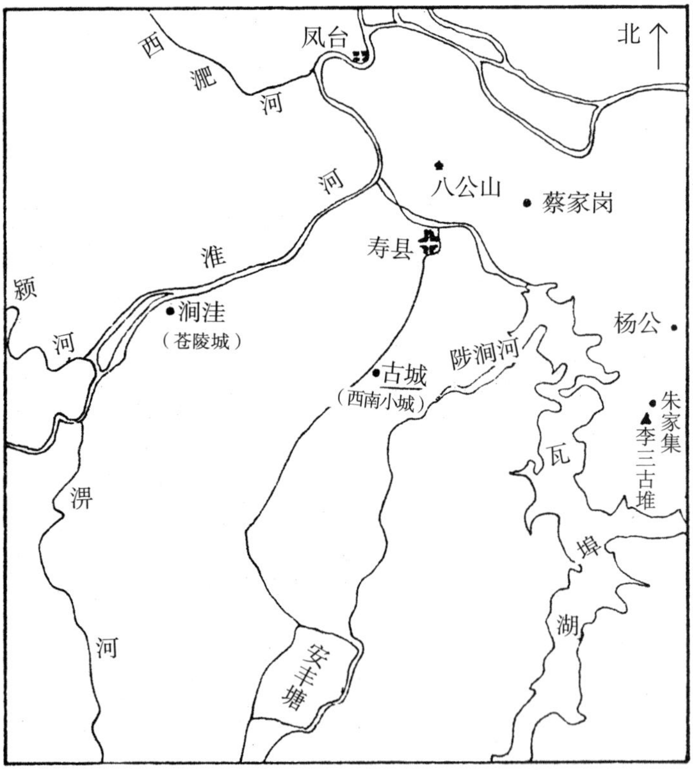

图 5-1　寿县及朱家集李三古堆位置示意图（丁邦钧绘制）

1931 年淮南一带遭受水灾，1932 年又发生旱灾，许多乡民生活出现困难。朱家集一带劣绅竟以“救荒”为名，于 1933 年公然纠集一百数十人盗掘李三古堆大墓。由于封土堆太大，埋藏又深，费时三个月，才挖到墓室，盗出大批铜器。这一盗宝消息，不胫而走，报章竞相报道，传遍国中。事态扩大后，当时地方政府迫于舆论，不得不出面干涉，追缴盗出文物，并以安徽省政府名义，明令禁止继续开掘，封闭掘开的墓室洞口，这次盗掘古墓文物的不法行为方被制止。因而墓内遗物没有全部取出。可是，盗出的青铜器已有多件被来自北平、上海的文物商人购走。[①]

抗日战争全面爆发以后，1938 年，桂系李品仙第十一集团军总司令部驻于寿县，军政大权集于一身。李品仙贪财，喜玩古董，听说朱家集李三古堆大墓尚有余物没有取出，遂派三个运输连的人到朱家集开掘，李三古堆大墓再遭浩劫。由于原盗坑积水甚深，水车完后，洞口成了泥潭，无法进入墓内，只好另从封土堆上重新开掘，挖了“十多丈深”，方达墓室。前后亦花了三个月的时间，墓中余物被盗掘净尽。[②] 此事亦轰动全国，各界人士纷纷指责李品仙这种公然破坏古代文化的行径。李一时被搞得相当难堪，但由于在抗日战争时期，当局没有认真追究，最终不了了之。

李三古堆为王一级的大墓，随葬品之丰富，令人惊叹。可见楚东迁以后，其国力仍然相当雄厚。遗憾的是，这样一座楚文化的宝库，遭遇两次厄运，被搞得支离破碎。后来文物考古工作者虽然做了不少弥补的工作，有所收获，但是，已无法恢复其原来面貌了。

---

① 李景聃．寿县楚墓调查报告［M］// 田野考古报告：第一册．上海：商务印书馆，1936；刘和惠．关于寿县楚王墓的几个问题［M］// 文物研究：第 5 辑．合肥：黄山书社，1989．

② 邓峙一．李品仙盗掘楚王墓亲历记［C］// 安徽文史资料选辑：第一辑．合肥：安徽人民出版社，1964．

二、形制和结构

李三古堆大墓遭受两次大规模的盗掘，破坏严重，对于墓葬的形制与结构不得而知，一时无从认识。因此，当时不少人包括一部分学术界人士认为李三古堆是楚国的窖库，而不是墓葬。

1934 年冬，中央研究院历史语言研究所派李景聃、王湘两位研究人员赴寿县朱家集，进行了一个月的实地调查，勘察盗掘的遗址，访问参加盗掘的乡民，获得了许多有关资料。后来李景聃写的《寿县楚墓调查报告》(以下简称《报告》)，是李三古堆大墓比较全面的也是最早的一篇调查记录。《报告》否定了窖库说，为墓葬见解提供了颇有说服力的依据。但是由于没有进行发掘勘探，墓葬的形制仍然无从知晓。

1981 年、1983 年，在考古工作者的建议下，安徽省文物考古研究所对李三古堆遗址先后进行了探测和探掘，发现了台阶、墓道，找出了墓坑的范围，对于认识该墓形制，迈出了关键性的一步。

综合调查和探掘的资料，李三古堆大墓的形制和结构，可复原如下。

该墓是一个大型土坑竖穴木椁墓。地面上的封土堆，覆盖面积约 1 万平方米，原高当在 10 米以上，盗掘前高出地面约 2 米。封土与墓口之间有一层硬结的白土泥（即白膏泥），土质极细。墓口近正方形，东西长 41.2 米、南北宽 40.2 米，面积约 1 656 平方米。墓口以下四周有 9 级台阶，逐层内收。台阶每级高度 0.55—0.75 米、宽 0.65—0.85 米，总高约为 5 米。墓底面积，由于没有发掘到底，无实测数据，据推算，约 400 平方米。墓底距地表的深度，推算为 15 米左右。

墓方向正东。墓道为长斜坡式，上宽下窄，两壁呈倒“八”字形，东端宽 10.3 米、西端宽 15.6 米，长 22.4 米。墓道底有稻草和其他农作物秸秆留下的遗迹。①

① 李德文．朱家集楚王墓的形制与棺椁制度［C］// 楚文化研究论集：第一集．武汉：荆楚书社，1987.

墓室结构，李景聃记录为："坑内中间为一大木堆，东西长约一丈二三尺，南北宽约六七尺，均系四棱大木密密排比。……木堆西南、西北两角包以锡块，四面围以木头分间，式同箱笼，大小相差甚微，长与木堆相仿，宽度仅及其半。盖已腐朽，底部全系大木平铺。"李景聃画一"排列图"，"大木堆"四周共有8间木室。[①] 参以邓峙一的回忆，[②] 以及已发现的楚墓椁室结构资料，不难推测，"大木堆"系内椁，为棺室，在9室中面积最大。四周8室构成外椁，应为边箱，内陈随葬器物。东面两个边箱"略向南、北错开"，显然中间为墓道通向棺室的甬道。内、外椁墙均用四棱大木垒成。椁上有盖板，椁底有垫木。椁顶及外椁四周有一层很厚的白膏泥。椁木规格不一，据邓峙一记述，"有约三丈长两尺方的木条一百多根"，后来李品仙运回广西，因太长不便运输，而将每根"锯成两段"，"每段又分锯成两块"。安徽省博物馆尚保存数根（是第一次盗掘出土的），有的长4.30米、宽0.48米、厚0.24米；有的长3.50米、宽0.50米、厚0.33米；有的还有榫卯。这是椁木留下的物证。

可是，仍有两个问题不太明确：

一是棺制。李景聃在《报告》中没有提到棺材，但他在调查中从参加第一次盗掘的乡民家中得到一块出自墓室的漆板。此板以黑漆为地，绘金黄色间朱色花纹，"花纹似蟠凤"，残长两米有余，宽半米，厚十厘米，李景聃拍有照片，附图于《报告》，漆板一侧略呈弧形。是否为外棺之板，不是没有可能的。同时，出土物中还有两只棺环。[③] 第二次盗掘，邓峙一回忆说"只有内棺，没有外椁"，与李景聃调查情况不合，

① 李景聃. 寿县楚墓调查报告［M］// 田野考古报告：第一册. 上海：商务印书馆，1936.（按："排列图"的边箱排列位置有误。）

② 邓峙一. 李品仙盗掘楚王墓亲历记［C］// 安徽文史资料选辑：第1辑. 合肥：安徽人民出版社，1964.（按：邓系第二次盗掘参与者，他的记述误谬很多，必须加以分析。）

③ 刘和惠. 关于寿县楚王墓的几个问题［M］// 文物研究：第5辑. 合肥：黄山书社，1989.

难以作凭。按礼制，“天子之棺四重”[①]，先秦王者可比天子。李三古堆为王一级大墓，似不可能以一棺下葬。从已发现战国时期大中型楚墓看，如湖北江陵天星观1号墓，望山1、2号墓，沙冢1号墓，荆门包山2号墓，湖南长沙子弹库17号墓，湘乡牛形山1、2号墓，安徽长丰8、9号墓等，皆为重棺或三棺，个别还有四棺。对比之下，以李三古堆大墓墓主的身份，也是很难以一棺论定的。

一是车马坑。春秋战国一般大、中型墓多有车马器随葬。该墓两次盗掘出土器物中，未闻有车马甲胄之物。1981年，安徽省文物考古研究所对李三古堆大墓周围进行钻探调查，《报告》说：“在墓周二百米内，没有发现有车马坑或陪葬坑。”[②]据此，有可能该墓原来就没有车马器随葬。

三、出土遗物

李三古堆大墓遗物，1933年第一次被盗出土大约1 000余件；[③]1938年第二次被盗出土的，据邓峙一记述，主要是铜、石乐器，150余件，全部为李品仙等囊括，运往香港，[④]在国内没有露面，下落不明。因此，下面所述，全为第一次出土之物。

该墓随葬品原有不少漆器，由于盗掘，一件也未保存下来。所以出土物除若干石器外，基本上全为青铜器。从1934年开始，该墓出土的青铜器即见于著录，据统计，先后收入各种著录的有80余件，其中有铭铜器60余件。这些著录对于保存资料，无疑都有一定贡献。可是，由于传讹，也有少数非该墓出土之器混杂其间。所以见于著录的并非完全确凿无误地出自李三古堆大墓。

根据李景聃《报告》，这一铜器群出土后有四个去向。

① 《礼记·檀弓》。
② 李德文. 李三古堆楚王墓钻探情况［J］. 安徽省考古学会会刊：第6辑. 1982.
③ 刘和惠. 关于寿县楚王墓的几个问题［M］// 文物研究：第5辑. 合肥：黄山书社，1989.
④ 邓峙一. 李品仙盗掘楚王墓亲历记［C］// 安徽文史资料选辑：第1辑. 合肥：安徽人民出版社，1964.（记述有数件在国内售出，但迄今未闻下落。）

1. 前安徽省立图书馆接收 712 件

系盗掘者直接上交的出土物，估计没有他墓器物混入，对照当时接收经手人之一朱拜石于 1934 年所与的遗稿，[1] 数计完全相符。这是该墓出土物中最可靠的部分。这批器物原在安庆，“卢沟桥事变”爆发后曾运往四川，抗战胜利后运回南京。解放军渡江前夕，又由南京运至芜湖。1953 年，安徽省博物馆筹备处成立，复由芜湖运至合肥。几经长途运输，基本完整，损失甚微。现藏安徽博物院。这批器物有铭铜器共 26 件（见表 5–1）。

表 5–1　李三古堆大墓出土铜器及其铭文（一）

顺序号	器名	铭文	备注
1	铸客大鼎	铸客为集[illegible][illegible][illegible][illegible][illegible][illegible]为之安邦（？）	“安邦”，腹、膝同铭
2	王后升鼎 1	铸客为王后六室为之	另七鼎同，无铭文
3	王后升鼎 2	同上	铭文系后来发现
4	太后匜鼎	铸客为太后脰官为之	
5	熊肯匜鼎	楚王酓肯作铸钍鼎以共岁尝	原盗掘者已售出，后由北平追回
6	集脰鼎 1	铸客为集脰为之	失器
7	集脰鼎 2	同上	失盖
8	集脰鼎 3	铸客为集脰　集脰	
9	太子鼎 1	集脰　大子鼎	
10	太子鼎 2	集脰　大子鼎	盖、耳同铭
11	太子鼎 3	大子	铭文为后来发现；据考，铭有疑
12	客铸鼎 1	客铸盥	
13	客铸鼎 2	同上	
14	客铸鼎 3	同上	
15	客铸鼎 4	同上	

① 朱拜石．考订寿县出土古器物初稿［M］．1934．（现存合肥市文物管理处。）

续表

顺序号	器名	铭文	备注
16	王后簠 1	铸客为王后六室为之	
17	王后簠 2	同上	
18	王后簠 3	同上	
19	大府簠	大府之固	
20	王后镐 1	铸客为王后六室为之	
21	王后镐 2	同上	
22	太子镐	大子之镐　集脰	
23	集脰炉	铸客为集脰为之	
24	太后鉴	大后□（？）	原释“大右人”；铭两行，字同
25	铸客甗	铸客为集□铸为之	铭文为后来发现
26	铸客镐	铸客为集脰为之	铭文为后来发现

以上除 4 件铭文为后来发现外，22 件有铭铜器与朱拜石遗稿的记载完全相符，其中有“铸客”“王后”“熊肯”“太子”“太后”“大府”诸器。这 26 件有铭铜器未经流散，是诸器同出于一墓的事实依据。

无铭铜器主要为鼎、鬲、敦、簋、壶等，一时尚无法做出准确统计，有待进一步整理。其中镢、斧、铲、锯、凿等数十件工具，可能是筑墓、作椁的遗物，而不是随葬品。

2. 寿县留存 64 件

均为铜器，据李景聃记载，多为小件、残件，完整的大件很少。这批铜器在全面抗日战争时曾被埋入地下，抗战胜利后起出，存于原民众教育馆，中华人民共和国成立后归县文化馆，1953 年，上交安徽省博物馆筹备处 30 余件，其中有铭文的 5 件（见表 5–2）。

这批器物出自李三古堆有所根据，比较可靠。但事隔多年，几经转手，是否绝对没有他墓出土之物混入，尚不敢断言。

表 5-2　李三古堆大墓出土铜器及其铭文（二）

顺序号	器名	铭文	备注
1	畲忎乔鼎	楚王畲忎战隻（获）兵铜　正月吉日　室铸乔鼎　以共岁尝　冶师绍圣　佐陈共为之 楚王畲忎战隻（获）兵铜　正月□□（吉日）室铸乔鼎之盖　以共岁尝　冶师绍圣　佐陈共为之集脰	
2	大府镐	秦客王子齐之岁　大府为王饮晋镐　集脰	
3	集豩鼎	铸客为集豩为之	此件为 1954 年补交
4	浅腹勺 1	冶史秦　苛膆为之	铭文为后来发现
5	浅腹勺 2	冶史秦　苛膆为之	铭文为后来发现

3. 盗掘者私自售出百件左右

确知下落者有 50 余件，藏于京、津、沪等地博物馆，[①] 大多均有著录。其余去向不明，据说有的已流入他国。这批器物皆经文物商人之手，难免有非该墓出土物混入。因为李三古堆大墓出土物经过报章报道渲染，遐迩闻名，一时寿县流散出去的楚器不管是否出自李三古堆，俱言出自该墓，如熊章剑、曾姬无卹壶就是例证。还有伪造文物也声称出自该墓。

4. 隐藏未交出的约 60 件

这是李景聃根据揭发材料记下的，未为确据。在盗掘的过程中，为首者、经手者都有浑水摸鱼的机会，后来虽经追缴，但漏网总是难免的。究竟有多少，其去向如何，现在已无法弄清了。

5. 损毁的随葬器物

情况相当严重，漆器一件无存，玉器只存一件谷纹玉璧，铜器也不少，从残件中可以看出，有鼎、甗、壶。

李三古堆大墓出土的铜器群是楚东迁以后留下的重要文物，对楚文化和楚史的研究都具有特定的意义。但由于这批遗物系盗掘，出土后又

① 刘和惠．寿县朱家集李三古堆大墓墓主的再认识［J］．东南文化，1991（2）．

遭遇不幸，带来了一些复杂情况和混乱现象，上面的考察，或许对研究者有所助益。

四、青铜器的特色

李三古堆大墓的青铜器，两次盗掘出土加起来，超过 1 000 件，其中铜礼器 100 余件，林林总总，蔚为大观。楚东迁后，虽已衰微，犹不失大国气度。

礼器中最引人瞩目的是铜鼎，完整的有 35 件，加上几件出土时破碎的残器，原来随葬的鼎器当在 40 件以上，比蔡昭侯墓、曾侯乙墓随葬鼎器的数量高出一倍多。[①]

鼎有五种形式：

大鼎，即“铸客大鼎”，又称“楚大鼎”。此鼎器形高大，造型雄伟，圆口，平沿，附耳外撇，鼓腹、圜底，三蹄足。腹部凸起一周圆箍，腹、足间饰浮雕的涡云纹。双耳和颈壁花纹皆为模印，一模多用，纹皆重复。通高 113 厘米、口径 87 厘米、腹围 290 厘米、腹深 52 厘米、足高 67 厘米、耳高 36.5 厘米，重 400 千克。体形和重量仅次于 1939 年河南安阳出土的商代司母戊方鼎，在已发现的三足圆鼎中要数第一大鼎了。鼎腹的底面有烟炱痕迹。这种现象也见于蔡昭侯墓的于鼎和曾侯乙墓的大鼎，应是祭祀煮牲肉留下的遗迹。其功用相当于镬，但它不是镬，因为镬是无足的。蔡昭侯墓出土的自铭“于鼎”，“于”有广大之义，于鼎也就是大鼎。不过，于鼎有盖，此鼎和曾侯乙墓大鼎均无盖。可能到战国时期这种大鼎的盖子由非金属物所代替了。曾侯乙墓大鼎出土时，口沿上就有篾盖的遗迹。[②]

这样的大鼎原来应是两件，该墓出土的残器中发现有与大鼎相同的鼎耳和鼎足，这说明另一件大鼎在出土的时候已经破碎了。

升鼎。这种束腰、侈耳、浅腹、平底、蹄足，腹有四兽附饰的鼎

① 蔡昭侯墓出土 18 件，曾侯乙墓出土 20 件。

② 湖北省博物馆. 曾侯乙墓：上册［M］. 北京：文物出版社，1989：189.

器，系楚礼器中具有代表性的器物。四兽为圆雕，张嘴翘尾，攀援而上，探首于鼎沿，遒劲生动（见图 5–2）。器身遍施羽纹，腹部有凸弦纹带一周。和曾侯乙墓升鼎比较，纹饰较为简朴，制作亦比较粗放，但形体大得多，壮美有过之，有铭为“王后”器。9 件升鼎，形制相同，大小相差甚微，尺寸如表 5–3：

表 5–3 李三古堆大墓出土升鼎形制

顺序号	通高（厘米）	口径（厘米）	足高（厘米）
1	51.0	48.0	22.0
2	50.0	48.5	22.5
3	50.0	48.0	22.0
4	49.0	48.0	23.5
5	48.0	48.0	22.0
6	49.0	49.5	22.5
7	48.0	47.5	22.5
8	47.5	47.5	23.0
9	47.5	48.5	22.5

乔鼎。弇口、附耳、深腹、兽面蹄足，有盖；盖有三个“工”字形纽，中心有一活环。双耳、颈部纹饰皆为模印，与大鼎同，自铭“乔鼎”。共三件，一件为“畬肯”器，两件为“畬忎”器，形制、大小略同，通高在 52—59 厘米[①]之间。

扁圆腹盖鼎。此器数量比他式鼎为多，也较复杂，共同特点是弇口、附耳、隆盖、扁圆腹、圜底、高蹄足，盖上有环状或兽状纽。形制基本上同于乔鼎，只是器腹略浅。大多皆有铭文，有“铸客”鼎、“客铸”鼎、“太子”鼎等。器形大小不一，通高 28.5—54.2 厘米、口径 24.5—47.9 厘米、足高 18.6—35.7 厘米之间。

① 三器均有多种著录，所记尺寸不统一。现两器在中国历史博物馆，一器藏故宫博物院。

匜鼎。器身如匜，外突流口，方耳外折、浅腹平底，兽面蹄足，腹有一道凸弦纹。据铭文，一为“熊肯”匜鼎，通高 38.5 厘米、口径 67.5 厘米、足高 30 厘米；一为“太后”匜鼎，通高 38 厘米、口径 44.5 厘米、足高 33 厘米。此鼎系水器，曾侯乙墓亦出土一件，形制不完全相同，亦比较轻薄。[①] 匜鼎为楚文化系统的特殊鼎器，北方未见出土。

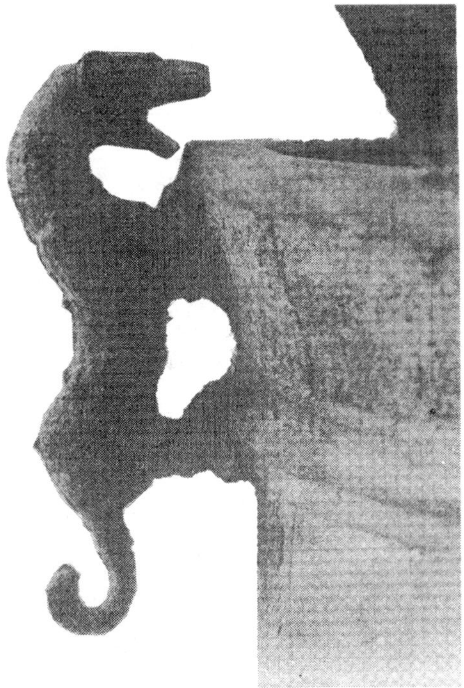

图 5–2　升鼎的攀兽附饰

鼎之外，青铜礼器有簋、簠、敦、豆、甗、镐、鬲、炉、俎、缶、鉴、壶、盘等，大多承春秋中期以后的新式形制，但有的亦有所变化。如方座簋，无耳，腹变浅，盖上莲瓣纽变为四个云形纽，腹周有四竖棱，盖口缘无兽面卡，方座亦变宽；簠，无耳，器、盖口部直壁变宽，

① 湖北省博物馆．曾侯乙墓：上册［M］．北京：文物出版社，1989：238．

盖口缘无兽面卡；敦，有二式，一为圆体敦，形状仍旧，但无纹饰，趋于简朴，一为盖浅器深，不像球形敦上下对称，合而稍呈扁圆形了。

这一铜器群的装饰，主题花纹是一种由菱形纹统摄的蟠虺纹（见图5–3），均为模印，一模可以遍印全器，纹样重复，千篇一律，显得有些单调，见之于铸客大鼎、熊忎乔鼎、王后簠，等等。另一种为变形凤鸟纹（见图5–4），亦为模印，羽毛线条纤密，细如游丝，变而不乱，工艺精湛，见之于方炉。还有一种粗放的羽纹（一称粟粒纹、谷纹），见之于升鼎、簠、盘等。

菱形纹是楚人偏爱的纹饰，多见于陶器，特别在丝织品上占有优势的地位。蟠虺纹则是楚青铜器的传统纹饰。变形鸟纹见之于刺绣和漆绘，在铜器上却十分罕见。与春秋时期的楚令尹子庚墓、蔡昭侯墓、战国早期的曾侯乙墓铜器纹饰相比，繁缛、华美均不及，只是纤细颇有过之。总的说来，纹饰由繁变简，素面无华的铜器增多，向实用方向发展。

不过，这一铜器群在造型艺术上自有特色，以壮美取胜。像体形硕大的“楚大鼎”，以及体形超过出土同类器的升鼎、乔鼎和四环大鉴（高45厘米、口径77厘米、腹围222厘米）等，均显得十分壮观，表现了王者之器的雍容大方和气魄。

前面提及的“飞鹰攫蛇”青铜雕塑也值得一谈。此件是一器盖上的雕塑装饰，失器。飞鹰展翅伸颈，两眼圆睁，粗健的双腿利爪下抓住一条尚在挣扎的双尾连体蛇。这件艺术品是用圆雕和浮雕相结合的手法表现的，鹰为圆雕，双尾连体蛇为浮雕。鹰已展翅高举飞翔，借助于双爪抓蛇作为支点，双尾蛇在利爪下似在竭力翻腾挣扎，整个画面俱在动态之中。这一绝妙的刻画，使观者很自然地联想到飞鹰攫蛇刹那间的速度、冲力和准确性，以及飞动翱翔的无限空间。这一造型艺术的构思，既体现了一种自然流观之美，也表达了热烈的生命力的阳刚意境，与1969年甘肃武威出土的青铜奔马有异曲同工之妙。是一件难得的楚青铜雕塑艺术品。

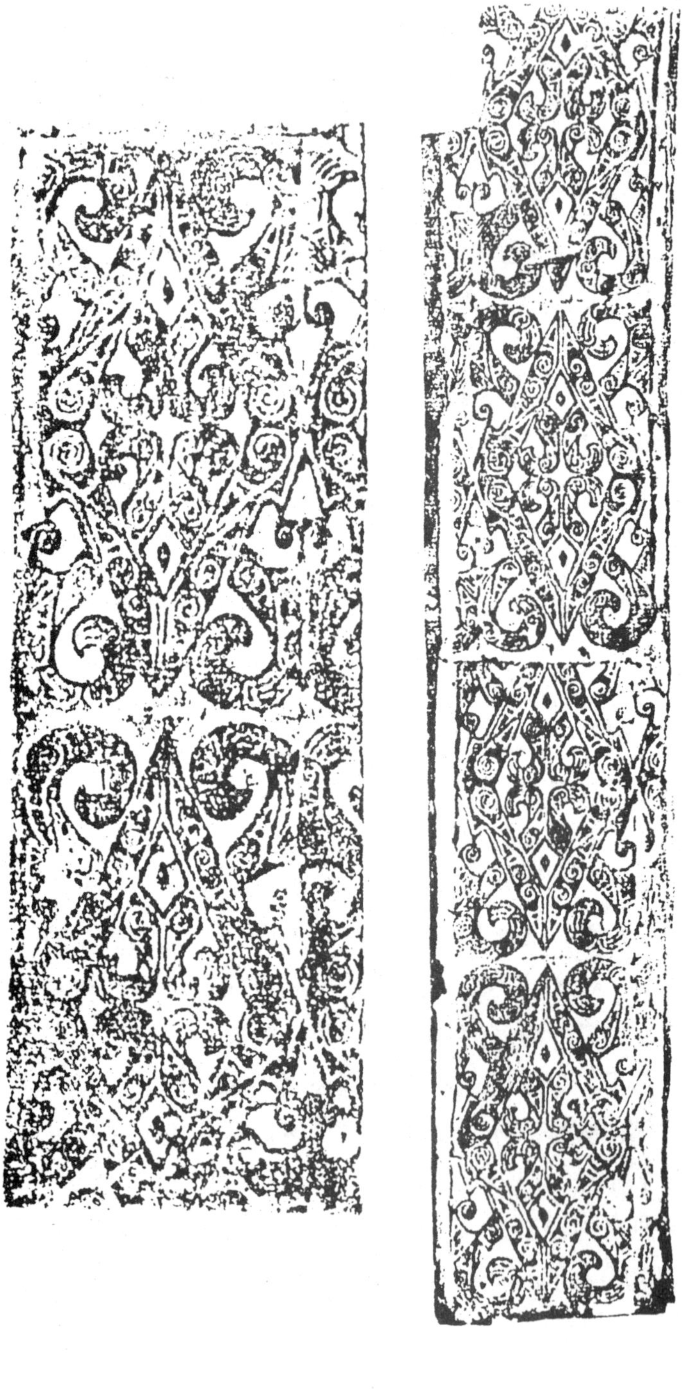

图 5-3　王后簠纹饰拓片

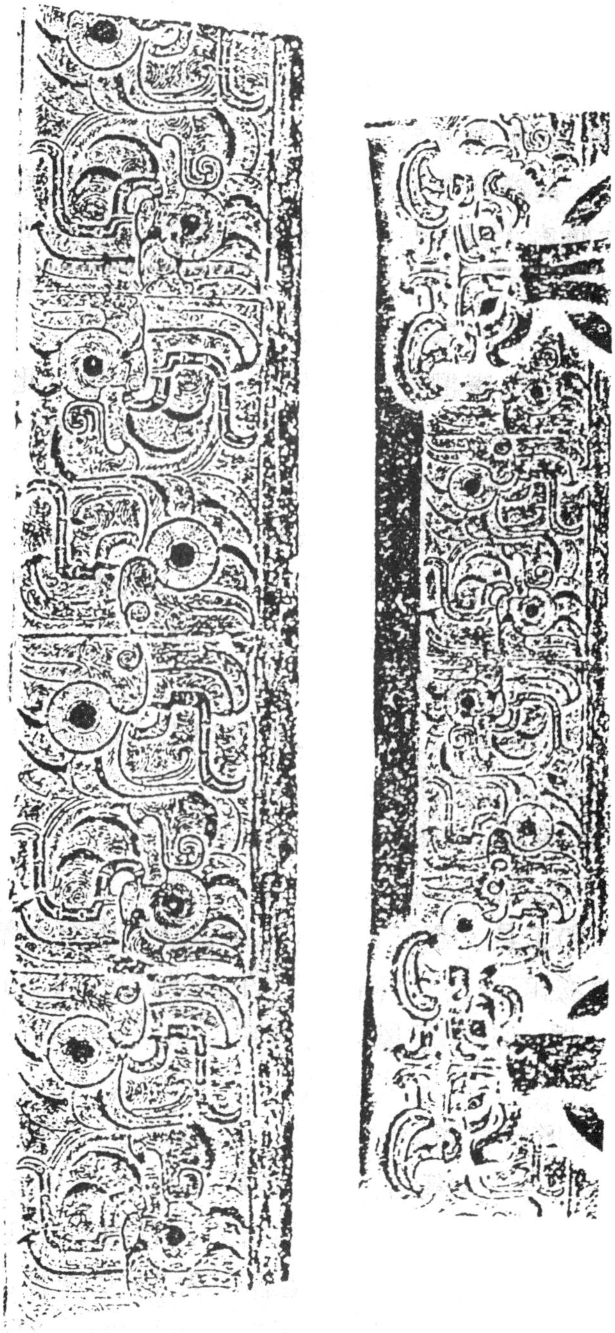

图 5–4　方炉纹饰拓片

五、铜量和工具

李三古堆大墓出土器物中有铜量三件，另外，淮南市博物馆于1957年征集一件，阜阳地区博物馆于1976年征集一件（据说出土于凤台县郊区），在这里也一并加以介绍。

五件铜量形制相同，皆为筒形，直口，方唇，平底，腹侧中部有一环纽。李三古堆大墓出土的三件两大一小（其中一件调中国历史博物馆，两件现藏安徽省博物院），大者内口径11.4厘米、内腹高11.4厘米、内底径11.05厘米，水测容积为1 140毫升；小者内口径6.65厘米、内腹高6.4厘米、内底径6.1厘米，水测容积为216毫升。淮南市博物馆的一件内口径11.15厘米、内腹高11.35厘米、内底径11.2厘米，水测容积为1 125毫升。阜阳地区博物馆的一件内口径10.8厘米、内腹高11.6厘米、内底径10.06厘米，水测容积为1 110毫升。

实测的三件大铜量为同一规格的量具，但容积不相等，这不是量具的数值不一，而是因为在地下埋藏两千多年之久，酸性腐蚀程度不同所造成的。三件中以淮南的一件保存较好，容积的数值可能接近于标准。

战国至秦汉间，一升量大约在194—225毫升之间，可知小铜量为一升量。阜阳的一件大铜量腹部有刻画铭文一行6字，胡悦谦考释为"郢大府之□笅"。"笅"通"籍"，《说文解字》："籍，饭筥也，受五升"，可见几件大铜量均为5升量。

于此，可以得知楚国量器一升大约在210毫升至225毫升之间。[①]李三古堆大墓出土的三件量器，两件为5升量，一件为1升量。

李三古堆大墓的遗物中，有铜工具52件，铁工具3件。铜工具有削、刀、斧、錾、锯、锉、凿、铲、钁、镰等，铁工具有凿和钁。有农用工具，也有木工和石工工具。一个墓葬出土这么多金属工具，比较罕见。按古代礼制一般不以金属生产工具随葬，这种现象作何解释？我们

① 胡悦谦．试论安徽出土的楚国铜量［C］// 中国考古学会第二次年会论文集．北京：文物出版社，1980.

认为，其中有的可能是制作木简、竹简的工具，如斧、锯、锉、刀等，是作为文具的附属物而随葬入土的。削是生活用具。有的可能不属于随葬品，而是下葬时所用工具遗留于墓中的，如铲、镬、镰、凿等。

六、墓主的探讨

李三古堆大墓铜器群出土后，在学术界引起了很大的反响，吸引了当时许多著名的学者从事器物铭文的考释，而对楚王的名字尤感兴趣，一时各申己说，歧见纷呈。

唐兰认为，器铭中的“楚王酓肯”即考烈王熊元，“元、肯一声之转”；“楚王酓忎”即楚幽王熊悍。① 马衡亦主“酓肯”为考烈王说。② 郭沫若则认为“酓肯”“酓忎”同是一人，“肯”“忎”古音近而字异，或书“肯”，或书“忎”，均指幽王。③ 于省吾也释“酓忎”为熊悍，而“酓肯”之“肯”字则疑为“犹”，主“酓肯”哀王说。④ 徐中舒亦认为“酓肯”可能是哀王之名。⑤ 刘节另有所见，释“肯”为“啃”；⑥ 胡光炜释“肯”为“胐”，⑦ 二人均主负刍说。“酓忎”即文献上记载的楚幽王熊悍，基本上取得了一致的见解，争论的是“酓肯”。这些研究意见均发表在 20 世纪 30 年代，都是单纯的铭文考释，严格地说，还没有真正接触到墓主问题。

20 世纪 50 年代，这一铜器群的研究仍停留于铭文的考释。值得一提的是朱德熙释出了铭文中“王后”中的“后”字（此前诸家释为“句”，读勾音），从而揭出了这一铜器群中有“王后”之器。同时又

---

①② 唐兰．寿县出土铜器考略［J］．国学季刊：第 4 卷 1 号，1934．
③ 郭沫若．寿县所出楚器之年代［M］// 金文丛考．北京：人民出版社，1954．
④ 苏秉琦．考古学文化论集［C］．北京：文物出版社，1987：215．
⑤ 寿县所出铜器补释［N］．大公报，1934-06-16．
⑥ 刘节．寿县所出楚器考释［M］// 古史考存．北京：人民出版社，1958．
⑦ 胡光炜．安徽省立图书馆新得寿春出土楚王铊鼎铭释［J］．国风半月刊：第 5 卷 8、9 期，1934．

释出器铭中多次出现的“集脰”二字（“脰”即厨），[1]李学勤进而认为，“集脰”乃“有司名”，[2]对铭文的考释前进了一步。可是，对于墓主问题，仍然缺乏深入的探讨。有关论著提到该墓大都从幽王说。因为熊悍不仅在器铭中有所依据，而且从楚国晚期历史分析，东迁寿春后之四王，哀王在位两月余即被杀，负刍系亡国之君，显然均无条件建此大墓；而“酓肯”既是考烈王熊元，其器与“酓忎”器同出，按一般逻辑推理，自应否定前者，而以幽王说为优了。

然而，不难看出，幽王说亦存在不足之处，它不是从这一器群综合研究得出的，对器群的复杂现象也没有做出合理的解释。同时，没有发现车马坑。因此，墓主的问题仍然有待进一步探讨。

20世纪80年代，曹淑琴、殷玮璋根据各家著录，用形态学的方法，对李三古堆出土的铜器群进行排比分组，扩大了研究的领域。他们认为，这一铜器群“并非都出于李三孤（古）堆或者说不可能出自一个陵墓，应是两个楚王陵的出土物”。又说：“从王后组器的组合情况升鼎九、簠四、缶二、豆四、镐二看，当不能排斥另有墓穴的可能。”[3]这就是说，李三古堆出土的铜器群，可能属于三个墓葬的主人。

对于这个问题，著者在一篇文章中也曾提出浅见，认为“酓忎”器仅三件，不成礼套，且均为宗庙祭器，幽王说显然依据不足。但是，多墓说也很难令人信服。该墓虽非科学发掘，却与一般流为传世品的出土物有别，并非无案可稽，器群主体出自一墓不能简单否定。从出土情况、器物排比、铭文研究等多方面综合分析，李三古堆大墓随葬器物是以“王后”器为主的，王后器不仅在有身份的铭器中数量最多，且组合成套。尤其是正鼎只有一套，而这套正鼎正是“王后”之器，其中心地位显然可见。这个王后可能就是考烈王后、李园的妹妹李后。李后在错综

① 朱德熙．寿县出土楚铜器铭文研究［J］．历史研究，1954（1）．

② 李学勤．战国题铭概述（下）［J］．文物，1959（9）．

③ 曹淑琴，殷玮璋．寿县朱家集铜器群研究［C］// 考古学文化论集．北京：文物出版社，1987．

复杂的政治斗争中被杀。“李三古堆大墓随葬品所以如此复杂，原因可能就在于此。特殊的时间，特殊的事件，从而产生这样一座特殊的墓葬”①。

这篇论文虽然否定了多墓说，但我们后来再思考这一问题，认为对墓主的推测，也没有超越器铭和形态学的视野。

李三古堆大墓的复杂性，不仅在于它是被盗掘出土的墓器物流散，而且在于随葬器物的来源也与大多数墓葬不同，下葬的年代也较特殊。这些情况，我们在分析认定墓主问题时也应该考虑在内。

大墓的器物有两类：一类是身份、生活用器，来自王宫；一类是祭器，来自宗庙。王宫的器物大部分是李园的妹妹李环被立为王后后所铸。李环于考烈王二十二年进宫，二十三年生熊悍，旋被立为王后。升鼎（正鼎）等礼器大约铸于考烈王二十四年（前239）。此时考烈王已有病在身，自知在世不久，铸造这套礼器就是为熊悍继位，李后主政做准备的。所以，大墓中升鼎等礼器应是熊悍继位后的代表身份的礼器。礼器上的铭文不是正式款识，而是铸工私刻的，这类文字的特点，一是字体很小，二是刻画在器物不显眼处，是铸工留下的作器记名。刻画在升鼎上的文字是“铸客为王后六室为之”，当时，熊悍尚未继位，铸工只知在为后宫作器。

战国时期，宗庙的祭器，一般已不纳入墓葬。把宗庙的祭器埋入墓中，这在已出土的楚墓中尚属首见。大墓中的祭器大都为宗庙之物，如楚大鼎、乔鼎、匜鼎、簠、盘，等等。为什么要把宗庙的祭器埋入墓中？这可能与楚国当时面临的局势有关。

熊悍三岁继承王位，在位十年，十三岁亡故。按当时礼制，亡者三日而殡，殡而治葬具，“天子七月，诸侯五月”下葬，战国时，王者可比天子。可是，幽王故后两月即发生政变，王室子弟负刍杀了李后、李园及他们所立的哀王，政变后，诸事繁多，下葬事可能推迟，估计在负刍二年或三年。是时秦已灭韩、赵、魏，破燕，楚都面临秦大军压境，

① 刘和惠．寿县朱家集李三古堆大墓墓主的再认识［J］．东南文化，1991（2）．

危在旦夕。纪郢失守时，楚尚能撤退到东方，此时楚已无退路，为了避免宗庙祭器受辱，因而趁幽王下葬之机，把它埋入地下。

扩大了视野，改变了思路，得出的结论也就不同了。李三古堆大墓的主人应是楚幽王熊悍。

第二节　长丰杨公楚墓

一、墓葬形制和出土器物

长丰县杨公乡，原属寿县，西距寿县城 20 千米，南距朱家集 5 千米。上面提到，这一带大概是楚迁都寿春后的贵族墓地。1977 年至 1982 年，安徽省文物考古研究所在这里先后共清理发掘了 11 座墓葬。

这一墓群分布在岗阜延伸的两座小山垄上，地表上原来都有封土堆，年深岁久，清理时基本上已经消失了。墓葬形制除了一墓为石椁外，其余均为土坑木椁。椁顶及周围均填以青膏泥，墓底留有生土二层台。11 座墓葬都曾被盗，有的被盗过三次，但仍清理出一批遗物。墓葬的结构见表 5–4。

11 座墓葬中，有 6 座异穴合葬墓。合葬的两墓相距 20—30 米，南墓大于北墓。这种夫妇异穴合葬墓在湖北、河南的楚墓中也曾发现过。

5 号的石椁墓亦为土坑竖穴，盖石三块横置，两侧墙板和前后两挡板均为一块整石，底板两块纵列，衔接处都有榫槽投合。石料呈灰白色，厚约 15 厘米。这种石椁墓在楚墓中尚属罕见。

9 号墓是这一墓群中最大的一座，埋藏较深，墓底距地面近 9 米，棺椁保存比较完整。椁室全用方木垒成。外棺板系整木，以黑漆为底，绘朱漆勾连云纹。内棺外髹黑漆，内髹红漆。

8 号墓亦是较大的一座，墓底距地面 8 米左右，棺椁保存也较好，棺外尚有三道绳索捆绑的遗迹。内棺人骨架下垫有木质透雕几何纹的苓床。苓床亦见之于湖北、湖南地区出土的楚墓，系典型的楚人葬俗。

表 5-4 长丰杨公楚墓结构一览表

单位：米

墓号	墓坑			墓道			葬具	
	墓口长、宽	墓底长、宽	台阶级数	墓道长、宽(上口)	方向	形式	椁室长、宽	棺椁结构
1	11.00×9.70	4.95×4.20	2	7.50×3.00	北	斜坡	仅有棺椁痕迹	不清
2	11.58×10.50	4.80×3.70	3	7.10×2.40	东	斜坡	仅有棺椁痕迹	不清
3	11.60×10.00	3.00×2.20	2	7.70×2.80	北	斜坡	仅有棺木痕迹	不清
4	12.50×10.00	3.50×2.50	2	6.80×2.80	东	阶梯	仅有棺木痕迹	不清
5	12.40×10.10	4.15×2.50	4	5.85×2.60	东	斜坡	2.86×1.48	石椁一棺
6	13.40×11.40	4.20×3.00	3	7.30×3.00	东	斜坡	仅有棺木痕迹	不清
7	14.60×12.20	3.50×2.60	4	7.40×2.80	东	斜坡	2.90×1.80	一椁一棺；一棺室，一边厢
8	16.90×14.70	5.05×3.30	5	7.80×3.60	东	斜坡	3.94×2.30	一椁重棺；一棺室，一边厢，一脚厢
9	16.30×13.90	6.00×4.90	4	9.10×4.10	东	斜坡	5.55×4.33	重椁重棺；一棺室，一头厢，一脚厢，二边厢
10	12.20×9.90	4.30×2.40	2	7.70×2.70	东	斜坡	3.30×1.50	一椁一棺；一棺室，一头厢，二边厢。
11	15.90×13.75		2	7.60×3.25	东	斜坡	仅有棺椁痕迹	不清

资料来源：杨鸠霞《长丰战国晚期楚墓》。

有一现象值得一提，11 座墓葬中有 7 座墓道中左右对称排列戈、矛，并有相应的盾牌。其中 4 座墓道中各出土 3 对，3 座墓道中各出土 5 对。这种现象反映，原来可能有兵俑，一手执戈或矛，一手执盾，立于墓道两旁，象征仪仗卫士。兵俑与兵器木质部分均已腐朽无存，只剩下金属的戈、矛和盾上的铜牌了。

清理出土的遗物有青铜器、陶器和玉器三类。

青铜器 120 余件，兵器有 110 余件，主要有戈、矛、镦、镈、盾牌等。其中错银兽形铜钥戈、错银凤鸟铜镈制作精致，是兵器中难得的工艺品；还有一件虎形器座，制作亦精，造型十分生动（见图 5–5）。

陶器 50 余件，皆为黑衣泥质灰陶，火候较低，黑衣易脱落，大多饰简单的弦纹，显然是明器。其组合如 8 号墓为鼎、敦、壶、盒、钫；10 号墓为鼎、豆、盒、壶、罐，都是战国晚期楚墓常见的组合形式。

玉器 80 余件，比较集中地出土于 2 号、8 号、9 号三墓中。其中 2 号墓最多，有璧 36 件，璜、佩、圭等近 20 件，共 55 件。这些玉器除两件玉圭置于死者两脚之间外，全部如鱼鳞般交相叠压平铺于尸体之上。这种葬俗在楚墓中尚属首见。

以玉殓尸是新石器时代良渚文化的遗风。1987 年，浙江余杭县瑶山出土的良渚文化早期祭坛遗址中，发现 6 座墓葬均有玉琮随葬，其中一墓有玉器 148 件，玉琮置于死者的腹部；[①] 1982 年，江苏常州武进寺墩一座良渚文化的墓葬中，发现随葬玉器近百件，均围绕死者骨架四周[②]。《周礼・春官・典瑞》：“驵圭、璋、璧、琮、琥、璜之渠眉，疏璧、琮以敛尸”，说明战国时期以玉殓尸风气有所扩大，不限于东南一带了。

① 芮国耀．余杭瑶山良渚文化祭坛遗址发掘简报［J］．文物，1988（1）．
② 汪遵国，李文明，钱锋．1982 年江苏常州武进寺墩遗址的发掘［J］．考古，1984（2）．

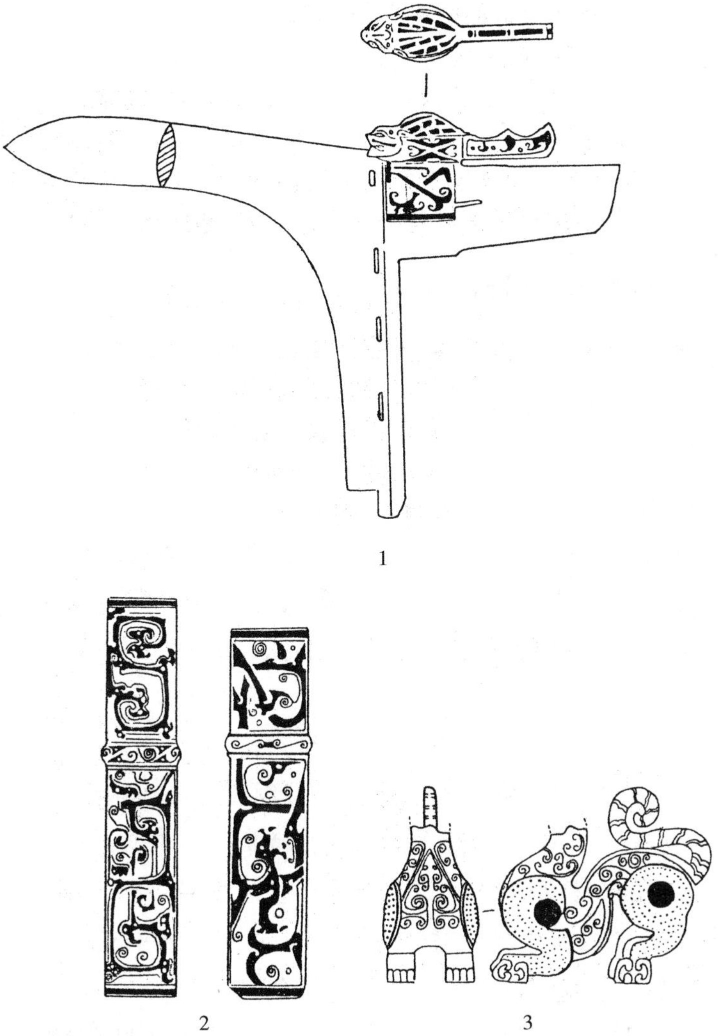

1. 错银兽形铜钥戈　2. 错银凤鸟铜镈　3. 虎形铜器座（头部残缺）

图 5–5　杨公墓群出土的兵器工艺品摹绘图（周群绘）

用众多的玉器殓尸，固然表现死者的身份，同时，也反映当时人们以为玉能保护尸身使之不腐的观念。《吕氏春秋 · 节丧》："国弥大，家弥富，葬弥厚，含珠鳞施。""含珠"即以珠、玉或贝放入死者口中，葬仪中称"琀"，实例多见。"鳞施"，前人多以为即"玉匣"，但玉匣见之于汉代帝王之墓，先秦未见其例。长丰杨公 2 号墓将玉器交相叠压平铺于尸体之上可能就是所谓“鳞施”。汉代的玉匣应是“鳞施”的流变，成为帝王葬仪的专用品，并且定为一种礼制，非其他等级所能享用得了。

长丰杨公墓葬的玉殓葬为文献上的“鳞施”提供了实证。①

二、玉器的艺术风格

长丰杨公楚墓出土的大批玉器，是这次清理发掘的重要收获。

玉器是“一种中国特有的艺术品”。② 从新石器时代晚期起，人们就对玉器特别崇尚，祭祀朝聘，礼仪大典，莫不以玉为上品，个人也常以玉作为佩饰，作为信物。同时，在语言中“玉”字成了坚贞、高洁、美好的形容词和代名词，可见，玉在古代中国人的心目中的位置了。

楚人亦非常重玉。战国时期价值连城的“和氏璧”就出于楚国。楚国设有“玉尹”的官职（见董说《七国考》卷一），专司王室的玉器制作。

玉器的制作，在商代就已达到相当高的工艺水平。楚人琢玉的技术无疑受到中原文化的影响。但是他们也有创新，如河南淅川下寺楚墓出土的玉器中，有一种蚀花石髓玉器，其花纹是用化学腐蚀方法形成的，③ 就是前所未见的一种制玉工艺。

长丰杨公楚墓所出的玉器，质地多为青玉，琢磨精细，厚薄均匀，形制规整。品种有璧、璜、佩、圭、觿、管等。

璧的数量最多，有 42 件，分三式：一饰涡纹（即谷纹）；一内圈饰涡纹，外圈饰龙首纹；一饰斜线交织的网格纹（即蒲纹）。前两式应

① 本目参考资料：杨鸠霞．长丰战国晚期楚墓［M］// 文物研究：第 4 辑．1988；安徽省文物工作队．安徽长丰杨公发掘九座战国墓［C］// 考古学集刊：第 2 辑．北京：中国社会科学出版社，1982.

② 夏鼐．商代玉器分类、定名和用途［J］．考古，1983（5）.

③ 赵世纲．河南淅川发现令尹子庚墓［N］．光明日报，1980-09-14.

是文献上记载的“谷璧”，后一式应是“蒲璧”。

佩、璜工艺最精，运用圆雕、透雕、浮雕、平刻相结合的手法雕琢而成，刀法圆熟精细，造型生动，一件件都是精巧的玉雕作品，如：

龙凤佩。龙昂首回顾，龙身蟠屈成S形，尾连凤体，凤尾羽长大，一凤反首上视，一凤低首下瞰，龙爪间立一小鸟，龙、凤身均饰涡纹。两件造型基本相同（见图5-6-13、5-6-14）。

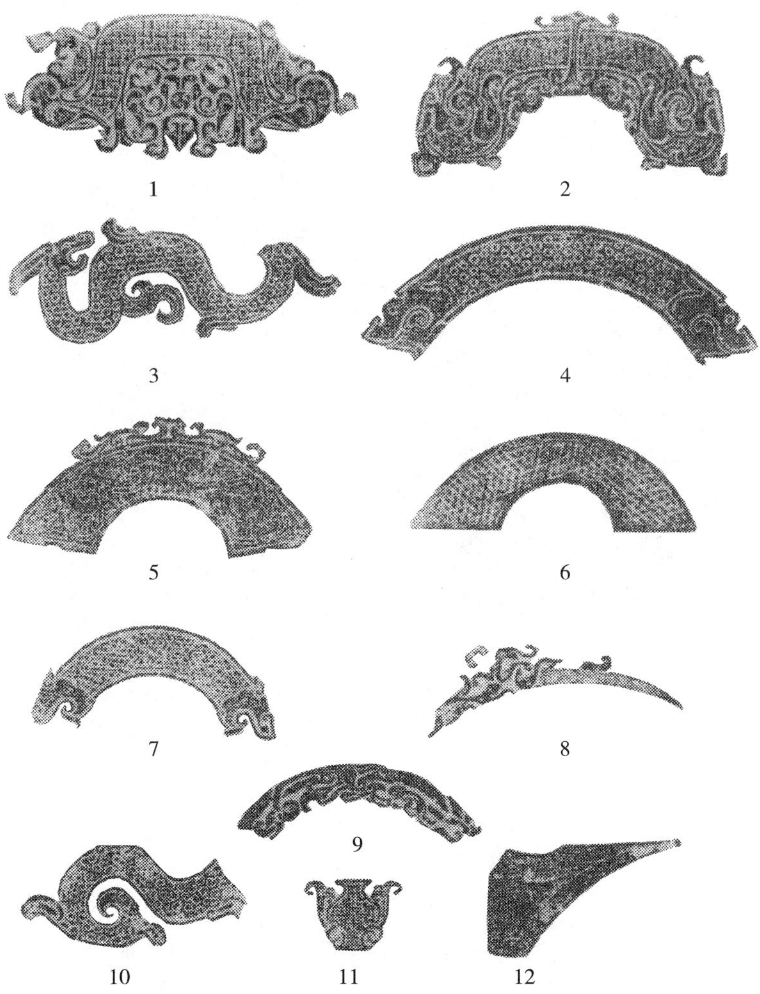

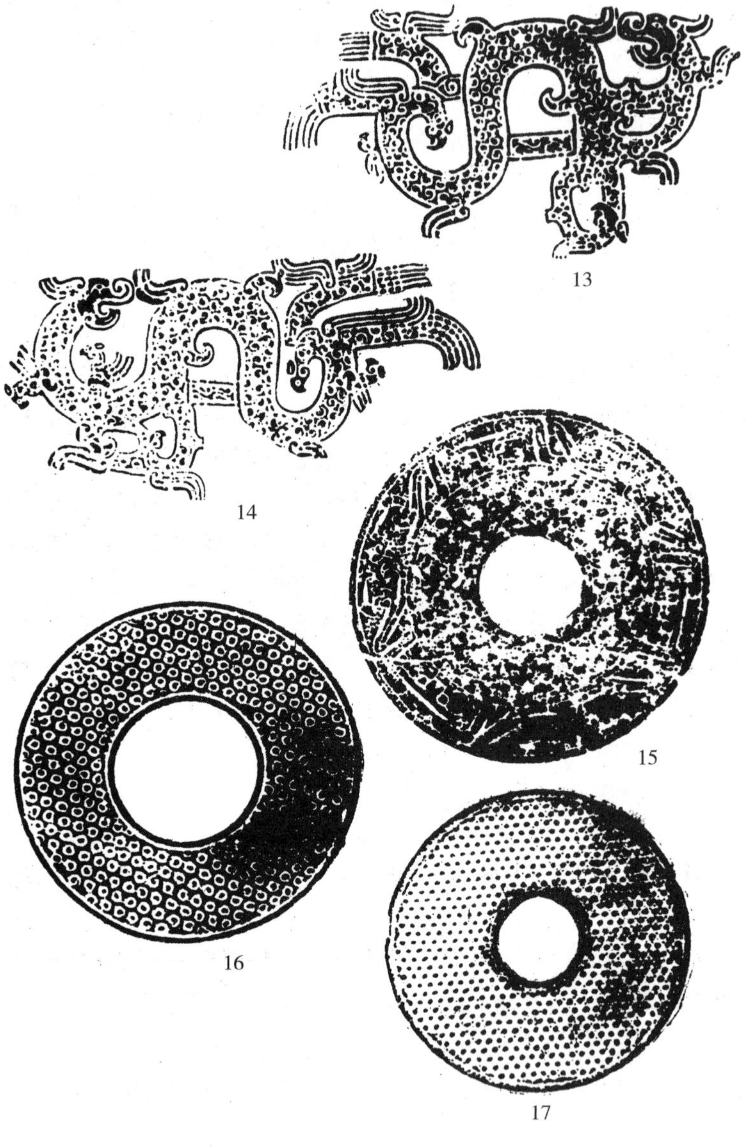

1—2. 玉佩（M2：23、M2：24） 3. 玉龙（M9：27） 4. 玉璜（M2：29）
5—7. 玉璜（M2：37、M2：32、M2：27） 8. 玉觿（M2：43）
9. 玉璜（M2：40） 10. 玉龙（M9：22） 11. 玉瓶饰（M2：47）
12. 玉片饰（M9：28） 13—14. 大型玉佩 15—17. 玉璧

图 5-6 杨公墓群出土玉器拓片（安徽省文物考古研究所提供）

双龙双凤佩。双龙身相连，首相背，昂颈前眺，张牙舞爪（一龙首残），曲拱的龙身下直立双凤，皆花冠后卷，回首反顾，龙身刻勾连云纹，双凤中间由圆形和桃形图案填补（见图 5–6–1）。

独龙佩。龙首引颈反顾，龙身曲拱，尾部上卷，状如腾云（见图 5–6–3）。

双龙璜。扁平弧形，两端俱为龙首，身相连，满布涡纹（见图 5–6–4）。

双凤璜。璜身刻卷云纹，衬以谷纹，弧背上透雕对凤，凤首反顾，二冠相连，凤尾长大而优美（见图 5–6–5）。

云龙璜。弧形一端为龙首，尾端略残，龙身下透雕云纹（见图 5–6–9）。

云龙觿。角状宽端透雕龙首，饰卷云纹，尾部刻羽纹（见图 5–6–8）。

这批玉器佩、璜的造型基本上均以龙、凤为主题。在古代传说中，龙为神物，凤为瑞鸟。上面曾提到，楚人特别喜爱凤，但同时也崇尚龙。龙可以栖身于泥淖，也可以兴云作雨飞腾上天，和凤一样，是人、神之间交流的“工具”。同时，它还有利于趋吉避凶，是人们精神上的吉祥物。作为朝夕随身的佩饰，吉祥的形象，自然更会召人喜爱。

从楚人的审美角度来说，龙和凤最适宜表现运动的姿态，体现动态的美。龙，实际上是波浪形线条的应用，凤则是弧形或不规则线条的组合。蟠屈起伏的龙身，身段优美的凤体，自然更受到楚人的欣赏。所以，爱凤喜龙也是楚人审美观的表现。

第三节　小型楚墓和遗物

一、江淮地区出土的楚墓

江淮地区战国晚期小型楚墓屡有发现，但是，大多保存得不好，经过清理，值得介绍的有以下数座。

1. 舒城秦家桥楚墓

秦家桥东距县城约 15 千米，1978 年在这里发现 3 座战国晚期墓葬，均为长方形土坑竖穴，墓底填青膏泥。3 墓俱系清理，墓口长 3 米左右，宽 2 米多，规模较小。①

1 号墓为一椁重棺，椁分一室和一厢；2 号墓为单椁单棺，但椁外附一头龛和一边龛，椁室和头龛、边龛之间各设一窗，并有窗棂；3 号墓椁分一室一边厢和一耳厢，单棺、棺内有雕花苓床，边厢内有 10 个木俑，耳厢内有 20 个木俑，由于非科学发掘，惜已不存。

3 座墓共出土遗物 75 件，其中铜器 18 件，陶器 34 件，漆木器 16 件，玉器 3 件，锈蚀铁器 1 件，还有丝织物残片。1 号和 2 号墓均有一套青铜礼器随葬，其组合为鼎、壶、盘、匜。3 号墓出戈、剑、山字纹镜各一件，无青铜礼器。陶器的组合为鼎、豆、壶、盒、罐，3 座墓基本相同；1 号墓还出土一件高足小壶。下面着重介绍几件漆器：

（1）镀银铜钔漆盒

出于 1 号墓，木胎，器、盖以子母口扣合，口沿各有一道镀银铜钔，盖上圈及器底圈足也用镀银铜饰镶边。器、盖木胎各刻两道凹弦纹。盒表髹黑漆，用红漆绘变形凤纹和菱形纹统摄的三角云纹。器内髹红漆，顶、底正中加髹黑漆圆心，圆心内用红漆绘变形凤纹和云纹。整体设计典雅而富丽。通高 19.5 厘米、口径 20 厘米、底径 11.2 厘米（见图 5-7）。

钔器是战国时期出现的漆器新品种，遗物颇少见，楚器中仅见于湖北江陵张家山墓葬出土的一件铜钔漆壶，②所以这一件镀银铜钔漆盒就更显得难得了。

---

① 舒城县文物管理所. 舒城县秦家桥战国楚墓清理简报［M］// 文物研究：第 6 辑. 合肥：黄山书社，1990.

② 后德俊. 楚国科学技术史稿［M］. 武汉：湖北科学技术出版社，1990.

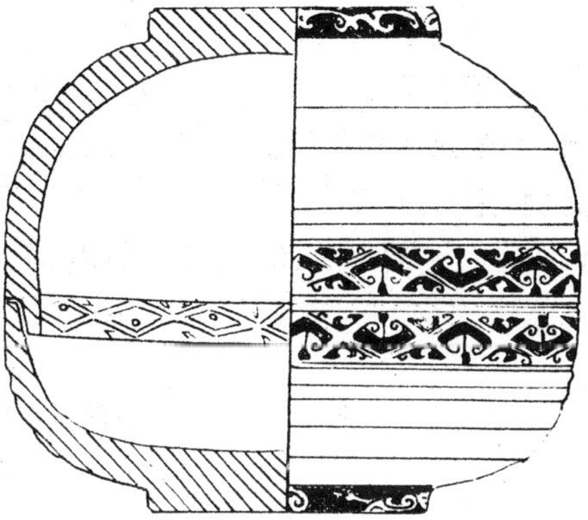

图 5–7　镀银铜扣漆盒摹绘图（周群绘）

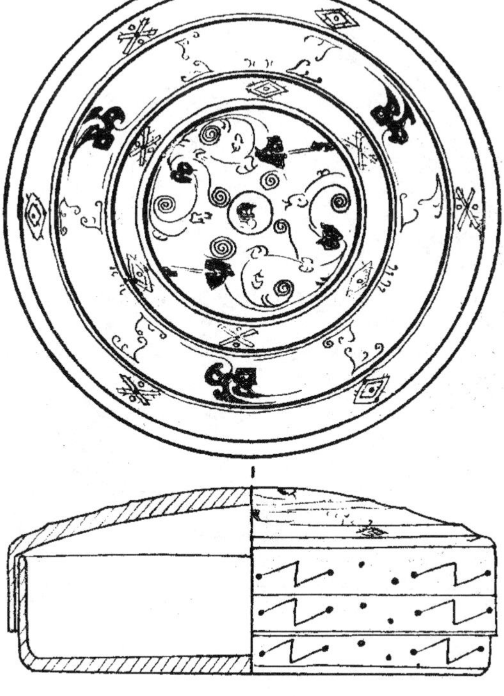

图 5–8　漆奁摹绘图（周群绘）

（2）漆奁

出土于 3 号墓，木胎卷制，盖与底套合，扁圆形，盖顶稍隆起，略呈弧形，平底。器表以黑漆为地，红漆纹饰，边框绘星斗纹，盖面绘卷云纹、鸟纹和几何纹。器内髹红漆，顶、底各加黑漆圆心，圆心纹饰与盖面同，出土时器内装有铜镜、木梳、木篦等。通高 9.8 厘米、口径 25.6 厘米（见图 5–8）。

（3）漆盘

出土于 2 号墓，夹纻胎，撇口，折沿，折腹，平底。通体以棕色漆为地，红色纹饰，口沿内外一圈绘几何纹、圈点纹，盘内绘变形夔纹和涡纹，出土时盘内尚有果核。高 5.7 厘米、口径 28 厘米、底径 12 厘米（见图 5–9）。

图 5–9　漆盘摹绘图（周群绘）

（4）漆耳杯

3座墓皆有出土，分二式。I式，木胎，椭圆形，小平底，新月形耳微上翘，内髹红漆，口沿及器外髹黑漆，两耳和外沿绘勾连云纹、三角纹，内沿绘几何纹，器身绘卷云纹，杯底有针刻铭文“卷柢”二字。Ⅱ式，不同处为方耳，中凹，两耳绘三角纹和花瓣纹，口沿绘三角纹、点纹（见图5–10）。

2. 舒城凤凰嘴和河口楚墓

凤凰嘴位于县城西南2.5千米处，1980年在这里发现两座古墓，其中一座为战国晚期楚墓。该墓为长方形竖穴土坑，东西长3.3米、南北宽2.4米，深1.68米，一椁一棺，有二层台。出土仿铜陶礼器一组，有鼎、盖、豆、壶、盘、勺，以及高足小壶、灯等，计12件，有的器物上还绘有红色网状纹。[①]

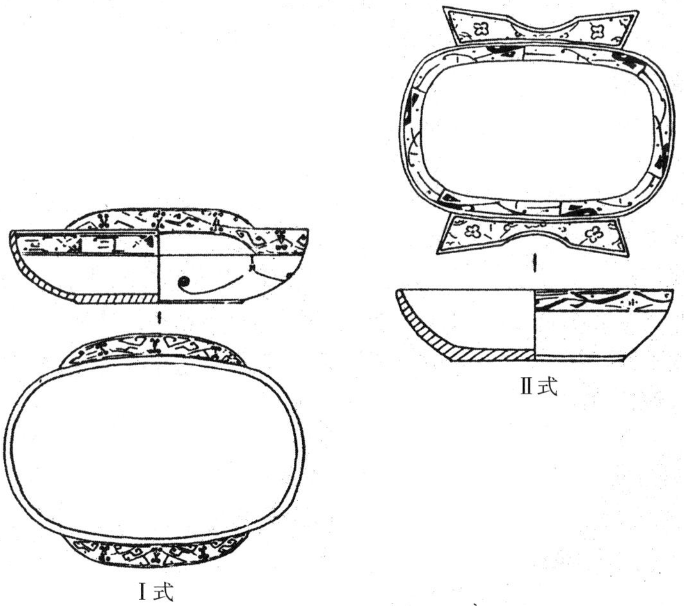

图5–10　漆耳杯摹绘图（周群绘）

① 胡欣民．舒城凤凰嘴发现二座战国西汉墓［J］．考古，1987（8）．

河口楚墓位于县城南5千米一座小山丘上，发现于1988年，亦为长方竖穴土坑墓，长2.9米、宽1.6米，葬具已朽。出土一组仿铜泥胎夹砂陶器，器表施一层黑衣，有鼎、豆、壶、盘、匜，以及盒、罐、高足小壶、铜镜等。鼎附耳、圜底、浅腹、钵形盖，三蹄足显得瘦高，腹部饰一周弦纹。铜镜弦钮、凸起三道宽弦带纹，质地薄而轻。随葬品基本组合是鼎、豆、壶、盘、匜，加盒、罐，为战国晚期小型楚墓流行的随葬品组合形式。①

3. 寿县双桥和潜山彰法山楚墓

寿县双桥位于县城西南约11千米。1956年曾在这里发现两座土坑木椁墓，但已遭破坏，空无一物。②1984年又在这里发现一座土坑石椁墓，有斜坡墓道。墓坑下部填以白膏泥，坑口长3.8米、宽2.5米、深4.06米；墓道宽1.47米，一端已被取土破坏，长度不详，两侧各有3只铜矛排列，与杨公楚墓相同。墓室靠近墓道两侧，原有彩绘壁画，惜已不存，仅留残迹。石椁长2.94米、宽1.35米，四角俱由榫槽扣合，椁盖为一块整石块，背面周边有凹槽与椁墙石板扣合。该墓早年被盗，残存铜器5件，有鼎、错银弩机、带钩等，铁矛两件，玉璜两件，陶器有盒、壶各两件，另外能辨认器形的陶片有鼎、匜、匕等，可见，其组合是以鼎、盒、壶为主的。③

石椁见于长丰杨公5号墓，形制相近，规模亦略同。石椁墓大概起源于石室墓和石棚葬。据文献记载，春秋战国时期，中原和长江流域均有以石为椁之例。如《吴越春秋》言，“吴王阖闾有女自杀，阖闾痛之甚，葬于邦西阊门外，文石为棺椁”；《西京杂记》载，“魏襄王冢皆以文石为椁，高八尺许。广狭容四十人”；《博物志》曰：“卫灵公葬，得

① 杨鸠霞．安徽舒城县河口春秋墓［J］．文物，1990（6）．

② 马人权．安徽寿县双桥发现战国墓［J］．考古通讯，1956（3）．

③ 寿县博物馆．寿县双桥战国墓调查［M］// 文物研究：第2辑．合肥：黄山书社，1986．

石椁。”① 从考古发现来看，先秦石椁墓虽有实例，但并不普遍，楚墓仅见此二例。

潜山彰法山墓南距县城约 1 千米，这里山势比较平缓，墓坑开在石岩层上，长 3 米、宽 2.5 米，近底填以青膏泥，墓壁为经过夯筑的五花土。墓室结构为一椁一边厢一棺，木椁长 1.95 米、宽 1.6 米。出土的随葬品有：铜器 2 件，剑 1，戈 1；陶器 8 件，鼎、豆、壶、盂各 2 件，俱泥质灰陶和夹砂灰陶。鼎、豆、壶皆用红、白两色绘流云纹、卷云纹、弦纹或花瓣纹。该墓系清理，出土的随葬品可能不全。墓葬的时代大约为战国晚期偏早阶段。②

4. 六安楚墓

20 世纪 90 年代，安徽省考古研究所和六安市文物管理所为配合该市基建工程，在城北、城西、城东及九里沟数处，经抢救性发掘，清理数百座墓葬，其中属于战国中晚期的楚墓有 70 座，皆属小型长方形竖穴土坑墓。可分三种类型：一为一棺一椁墓，随葬品主要是仿铜陶礼器、日用陶器，以及青铜兵器；一为无椁单棺墓，随葬品为数量不多的陶器，有的也有几件青铜兵器；一为无椁无棺墓，皆无随葬品。陶器的组合，战国中期的为鼎、壶、豆、钫；战国晚期的为鼎、壶、豆、盒。③

二、江南的楚墓和遗物

江南小型楚墓见于报道的有以下数座。

1. 无锡出土的楚墓和楚器

1954 年出土于无锡市西郊锡山南麓的施墩 5 号墓，原报道为汉

① 上三条引自董说《七国考》卷十。

② 余本爱. 潜山县彰法山清理一座战国墓［M］// 文物研究：第 2 辑. 合肥：黄山书社，1986.

③ 参看冯志余，宫希成. 六安楚墓的发现与研究［C］// 楚文化研究论集：第五集. 合肥：黄山书社，2003.

墓，[①]但从随葬品看来，应是战国晚期的楚墓。高至喜在一篇论文中已提到这个问题。[②]该墓为一小型竖穴土坑墓，葬具全朽，棺椁不明。出土陶器 11 件，木俑 2 件。陶器有灰陶和黑衣陶两种，火候较低。随葬品组合为鼎、钫、盒、盘、匜，是战国晚期小型楚墓随葬器物常见的组合形式。俑，身躯为木制，头和手却为陶制，这种用两种不同材料制作的俑，在湖南楚墓出土的随葬品中也有发现。

1973 年无锡前洲出土 5 件青铜器：鉴 1、豆 2、匜 1、洗 1，均素面无纹饰。前三件有铭文，皆系刻画，与寿县朱家集李三古堆大墓铜器铭文字体风格完全一致。

鉴。折沿，平唇，圜底，高 25 厘米、口径 54 厘米，铭文刻在沿下颈部外壁，一行 30 字，李零、刘雨释文如下：

> 郪陵君王子申，攸（修）兹造金监（鉴），攸（修）立（莅）岁尝，以祀皇祖，以会父兄。羕（永）甬（用）之，官攸（修）无疆。[③]

豆。浅盘，高足，平底，通高 29.1 厘米、口径 18.2 厘米、足径 15 厘米。另一件形制基本相同。铭文分刻两处，一在盘口外壁，30 字，除器名外，全同鉴铭；一在盘的外底，铭文 22 字，李学勤隶定如下：

> 郢□府所告（造），冢（重）十沓（有）四沓（有）圣（降）枩（率），湵（资）毁（镶）冢（重）三枩（率）二圣（降）枩（率）四□。[④]

① 谢春祝．无锡施墩第五号墓［J］．文物参考资料，1956（6）．

② 高至喜．论战国晚期楚墓［J］．东南文化，1990（4）．

③ 李零，刘雨．楚郪陵君三器［J］．文物，1980（8）．

④ 李学勤．从新出青铜器看长江下游文化的发展［J］．文物，1980（8）．

郪陵君王子申，于文献无征。据《史记·春申君列传》记载，考烈王十五年（前248），春申君黄歇请封江东，城故吴墟。苏州、无锡一带当是黄歇的封地。此后未见再有封君的记载。这批铜器是农民挖塘泥时取出，未见墓葬遗迹。是窖藏，还是墓葬，现在已无法搞清楚了，所以也不能肯定铜器出土地一带就是郪陵君的封地。李学勤认为王子申“可能是楚幽王之子，也可能是其弟”①；何浩认为王子申“很可能就是王子负刍”②，这些推测尚缺乏依据。

王子申豆铭，据李学勤考释，主要内容为记载器物的重量，“率”相当于锾，“降率”为“率”以下的重量单位，“资镶”“即铸造青铜器用的内模”。豆铭的发现，对于研究楚国的衡制有着一定的参考价值。

2. 上海、武进、宣城发现的楚墓

1983年上海青浦县重固镇福泉山出土三座战国晚期小型楚墓，均为长方形竖穴土坑形制，葬具已朽烂无存。三墓共出土陶器34件，计有鼎5件，壶5件，豆5件，盒5件，罐2件，钫1体，匜1件，杯2件，勺2件，以及陶俑残件，外有玉璧2件。鼎，附耳，有盖，浅腹，高蹄足，与淮阴高庄战国墓出土的Ⅲ式铜鼎略同。豆，浅盘，喇叭形高足。三墓随葬品基本组合是鼎、壶、豆、盒，亦是战国晚期小型楚墓常见的器物组合的形式。③

1959年，上海嘉定县外岗发现一座小型楚墓，亦为土坑竖穴，出土随葬器物14件，全为陶器，有鼎、钫、豆、盒、勺等，器形与福泉山出土的同类器略同。值得一提的是一块陶质“郢爰”明器，质地为黑皮灰陶，火候不高，长7厘米、宽5.8厘米、厚0.7厘米，上有十余方“郢爰”阳文印记。④这种“郢爰”明器在湖南长沙也有出土，但在楚东

① 李学勤．从新出青铜器看长江下游文化的发展［J］．文物，1980（8）．

② 何浩．郪陵君与春申君［J］．江汉考古，1985（2）．

③ 郑金星．上海青浦县重固战国墓［J］．考古，1988（8）．

④ 黄宣佩．上海市嘉定县外岗古墓清理［J］．考古，1959（12）．（据说1951年寿县朱家集赵家古堆曾出土一块有16印记的“郢爰”陶质明器，但实物去向不明，记以备考。）

境却是首见，反映郢爰在战国晚期已经成为社会上普遍流通的货币和财富的物质代表。

1980年，镇江博物馆在武进县孟河清理一座楚墓，该墓为土坑竖穴，有棺无椁，棺木四周填以青膏泥加以封闭。出土器物主要是青铜器，有：鼎2件，形制相同，附耳，扁圆腹，有盖，六棱柱状蹄足，腹上有凸弦纹一道，无其他纹饰；壶2件，有盖，盖上饰三纽，腹部有两只对称铺首衔环；盒1件；盘、匜各1件，已残破；勺2件；带钩1件；弩机1件；剑1件，长35厘米，剑脊和刃部铜色不同，系采用含锡量有差别的铜料铸成。此墓墓主可能属于士的阶层。器物组合为鼎、盒、壶、盘、匜，为战国晚期小型楚墓随葬器物组合的典型形式。①

1982年宣城砖瓦厂在城西1千米一座土丘上取土时，发现一座古墓，经清理，乃土坑竖穴木椁墓。墓口长3.25米、宽2.5米、深3.3米，墓底长宽与墓口同。葬具为重椁一棺，外椁长2.75米、宽2.5米，内椁长2.04米、宽0.74米，仅能容棺，结构简单，形制较小。随葬品差不多全部置于椁厢。出土器物有陶器、漆器、木俑等，共29件。

陶器14件，均为黑衣泥质灰陶，火候较低，有：鼎2件，附耳，浅腹，平底，瘦蹄足，三纽弧形盖，腹部饰红彩三角云纹，盖饰红彩卷云纹，足、耳饰弦纹，鼎中附勺两只；豆2件，圆唇，浅盘，喇叭形圈足、饰红彩弦纹、叠线纹和人字纹；方壶2件，平沿方唇，束颈折腹，有盖，腹部饰红彩云纹，底座饰红彩三角纹；盒2件，圆唇，子母口，小圈足，盖上饰红彩四叶纹；罐4件；杯2件。

漆器5件，均为耳杯，木胎，黑漆为底，红漆彩绘，分二式，形制同于舒城秦桥楚墓出土的耳杯。

木俑5件，皆以简单的线条雕成人形，斜肩、细腰，两臂多作持物状，当为侍女形象。此外，还有梳、篦、玉璧等物，以及器物中的残

① 镇江博物馆. 江苏武进孟河战国墓［J］. 考古，1984（2）.（铜盒，原文误为“铜敦”。）

存物。如鼎中存有籼稻粒和锥栗（一种生长在山区的野果），特别是盒、杯中盛放的树叶，经鉴定，共有四种：锥栗叶、女贞叶、厚叶冬青树叶和桂花。[①] 这几种花、叶放置于杯、盒之中有可能是作为养生的饮料，或者是某种风俗的象征物，值得进一步研究。

三、楚人在鲁南的遗迹

楚东迁以后，虽然无力与强秦争衡，恢复本土，但在东方仍然是一个大国。前 264 年至前 250 年，先后吞并了郯、邳、小邾、邾、费、鲁等数国，势力达到今天的鲁南一带。

1954 年在泰安城西南约 1 千米的泰山南麓发现青铜缶 6 件（原报道为“罍”）、铁盘 1 件。出土坑距地表 4 米，呈长方形，铁盘居西，铜缶依次排列，每件间隔 3 米左右，井然有序。器物排列的位置与泰山主峰相对。根据《周礼 · 春官 · 鬯人》记载：“凡祭祀社壝用大罍”，考古学者推测，可能是祭祀泰山的遗物。[②]

铜缶有盖，直口，短颈，双兽耳，耳上套有提链，盖顶有圈形把手，肩腹间有圆形饼饰，器身似饰蟠虺纹。此种形制与淅川下寺 3、10、11 号楚墓所出的“浴缶”，寿县蔡昭侯墓所出的“盥缶”基本相同，完全是楚器的风格。缶与罍的功用是相同的，罍是酒器，也可以为水器。《仪礼 · 少牢馈食礼》云：“司空设罍水于洗东，有木斗。”盥缶为水器，当然亦可兼为酒器了。

按此缶形制，应为春秋晚期或战国早期之物，但是该器口沿上刻有“楚高”“右征肙”数字铭文，与寿县朱家集李三古堆大墓铜器铭文风格完全相同，由此看来，器是旧铸的，铭文则是后来刻画的。在泰山脚下设祭，应是战国晚期的事情。

楚、秦等国都重祭祀。楚人灭鲁以后，设祭于泰山是可能的。一般认为祭器系楚人的遗物，是可以相信的。

---

① 丁邦钧，汪景辉. 宣城县土坑木椁墓［J］. 安徽省考古学会会刊：第 7 辑，1983.
② 杨学范. 山东泰安发现的战国铜器［J］. 文物参考资料，1956（6）.

楚人在鲁南留下的遗迹，在货币上反映更加显著，鲁境东起日照、临沂，西至费县、曲阜多次发现楚国郢爰和铜贝，这些已在货币遗物一节中提到，这里不再重述了。

此外，在葬俗上也有反映。据王恩田研究，20 世纪 70 年代发掘的曲阜鲁城战国中晚期墓葬，有楚文化因素的存在，如高柄圈足小壶、陶釜、长颈链壶、山字纹镜等，皆为楚式器物。[①] 说明这个遵奉周礼的地区，也受到楚风的影响。

第四节　东境楚墓的特点

楚人虽在春秋中期已东进到江淮地区，但由于吴、越的兴起，受到阻遏。其对东境的控制，断断续续，直到楚威王败越及楚怀王灭越以后，东境才全部归其掌握。所以楚人经营东境的时间，全面看来，不仅没有汉淮地区那样长，同时，也比南境湘江一带短。另外，由于地理和历史诸方面的原因，东境地下遗存的许多先秦古墓，或遭淹没，或遭破坏，能够保存下来的不多。因此，从数量上说，东境出土的楚墓远远比不上两湖地区。

根据地面调查和出土情况，东境楚墓有以下几个特点：

一是东境楚墓多集中在寿县及其周围地区，既有大型的王一级的墓葬和中型的贵族墓葬，也有一般士和平民的小型墓葬。这是因为这里曾是楚国都城，和江陵地区有相同之处。但墓葬破坏极其严重，从已出土的情况看，没有一座完整的未被盗掘的墓葬。这一点和江陵地区墓葬大多保存完好，就不能比拟了。其他地区只有零星的小型楚墓发现。

二是已发现的楚墓时代均为战国晚期，此前确凿无疑的楚墓尚未有发现。时间较早的楚王熊章剑、曾姬无卹壶虽有出自寿县之说，但无出

① 王恩田．从曲阜两周墓看鲁文化面貌及楚文化对鲁国的影响［C］// 楚文化研究论集：第一集．武汉：荆楚书社，1987．

土资料，说明不了问题。当然，这不等于说东境没有战国晚期以前的楚墓，可能数量极少，将来也许会有发现。

三是墓葬形制皆为土坑竖穴，靠近棺椁大都填以青膏泥或白膏泥，大中型墓葬一般有多级台阶和长斜坡墓道，地面上有巨大的封土堆，椁多室，棺多重。小型墓葬则无台阶、墓道、封土，不过有的亦有棺有椁。这些都同于江陵楚墓。可是，石椁墓在江陵未见，玉殓葬江陵楚墓也未见。这可能是地区性的特殊情况，受土著和邻近文化遗俗的影响。

四是随葬品的礼器组合，大型楚墓青铜器组合为鼎、敦、簠、壶、缶、镐、鉴等。中小型楚墓大多出仿铜陶礼器，或铜、陶并存，组合为鼎、豆、壶、盒、罐，加盘、匜，或鼎、钫、盒、盘、匜。这种组合与长沙楚墓接近，而与江陵楚墓则小有区别。

五是随葬青铜兵器比较普遍，小型墓葬亦多有出土，特别是铜剑。这一现象与江陵楚墓是相同的。

六是除大型墓葬外，随葬品青铜器显见衰落，漆器则方兴未艾，连小型墓葬亦有漆器随葬，反映了当时社会日用器物漆器取代铜器的趋势。不过，东境墓葬漆器保存不好，出土完整器物较少。楚漆木器中颇具特色的“镇墓兽”和“虎座飞鸟”，东境尚未见出土。

七是春秋晚期和战国前期的墓葬，虽非楚墓，但不论蔡墓、舒墓、吴墓、越墓都不同程度地受到楚风的影响，并引起了东境葬俗的变革。这种变革首见于大型墓葬，小型墓葬则要晚一些。这反映楚文化传播的过程，首先是社会的上层仿效、认同，然后逐渐扩大到社会的中下层。

参考文献

一 芍陂

〔清〕夏尚忠．芍陂纪事［M］．寿县博物馆石印本，1975．

金家年．芍陂得名及水源变化的初步考察［J］．安徽大学学报，1978（4）．

金家年．芍陂工程的历史变迁［J］．安徽大学学报，1979（1）．

徐义生．关于楚相孙叔敖的期思陂和芍陂［J］．安徽大学学报，1979（4）．

何浩．古代楚国的两大水利工程期思陂与芍陂考略［M］// 楚文化新探．武汉：湖北人民出版社，1981．

刘和惠．孙叔敖始创芍陂考［J］．社会科学战线，1982（2）．

郑肇经．关于芍陂创始问题的探讨［J］．中国农史，1982（2）．

孙剑鸣．关于芍陂始建时期的问题［J］．安徽文博总第 5 期，1985．

姚汉源．泄水入芍陂试释［C］// 芍陂水利史论文集．安徽省水利史志研究会，1988．

钮仲勋．夏尚忠的《芍陂纪事》［C］// 芍陂水利史论文集．安徽省水利史志研究会，1988．

杨钧．孙叔敖的治水业绩［C］// 芍陂水利史论文集．安徽省水利史志研究会，1988．

刘和惠．芍陂史上几个问题的考察［C］// 芍陂水利史论文集．安徽省水利史志研究会，1988．

许益科．安丰塘考［C］// 芍陂水利史论文集．安徽省水利史志研究会，1988．

余德鸿．关于“期思陂”之我见［C］// 芍陂水利史论文集．安徽省水利史志研究会，1988．

朱更扬．从“期思陂”说起［C］// 芍陂水利史论文集．安徽省水利史志研究会，1988．
张义丰．淮河中游江淮湖群形成的地理因素和社会因素——并论芍陂的形成［C］// 芍陂水利史论文集．安徽省水利史志研究会，1988．
嵇超．我国最早的水库——芍陂［C］// 芍陂水利史论文集．安徽省水利史志研究会，1988．
石泉．关于芍陂和期思——雩娄灌区始建问题的一些看法［C］// 芍陂水利史论文集．安徽省水利史志研究会，1988．
朱更翎．安丰塘史料溯源及其工程演变［C］// 芍陂水利史论文集．安徽省水利史志研究会，1988．
安丰塘历史研究小组．古塘芍陂［C］// 芍陂水利史论文集．安徽省水利史志研究会，1988．
陈怀荃．楚在江淮地区的发展和孙叔敖开芍陂［C］// 芍陂水利史论文集．安徽省水利史志研究会，1988．
程涛平．楚芍陂溯源［C］// 芍陂水利史论文集．安徽省水利史志研究会，1988．
殷涤非．安徽省寿县安丰塘发现汉代闸坝工程遗址［J］．文物，1960（1）．

二 鄂君启节

郭沫若．关于鄂君启节的研究［J］．文物参考资料，1958（4）．
殷涤非，罗长铭．寿县出土的鄂君启金节［J］．文物参考资料，1958（4）．
谭其骧．鄂君启节铭文释地［J］．中华文史论丛：第 2 辑，北京：中华书局，1962．
商承祚．鄂君启节考［C］// 文物精华：第二集．北京：文物出版社，1963．
于省吾．鄂君启节考释［J］．考古，1963（8）．
黄盛璋．关于鄂君启节交通路线的复原问题［M］// 中华文史论丛：第 5

辑. 北京：中华书局，1964.
谭其骧. 再论鄂君启节地理答黄盛璋同志［M］// 中华文史论丛：第 5 辑. 北京：中华书局，1964.
商承祚. 谈鄂君启节铭文中几个文字和几个地名问题［M］// 中华文史论丛：第 6 辑. 北京：中华书局，1965.
殷涤非. 鄂君启节两个地名简说［M］// 中华文史论丛：第 6 辑. 北京：中华书局，1965.
刘和惠. 鄂君启金节［J］. 安徽文博总第 2 期，1981.
熊传薪，何光岳. 鄂君启节舟节中江湘地名新考［J］. 湖南师院学报，1982（3）.
刘和惠. 鄂君启节新探［J］. 考古与文物，1982（5）.
陈伟. 鄂君启节之"鄂"地探讨［J］. 江汉考古，1986（2）.
黄盛璋. 再论鄂君启节交通路线复原与地理问题［J］. 安徽史学，1988（2）.
朱德熙，李家浩. 鄂君启节考释（八篇）［C］// 纪念陈寅恪先生诞辰百年学术论文集. 北京：北京大学出版社，1989.
孙剑鸣. 鄂君启节续探［J］. 安徽省考古学会会刊：第 6 辑. 1982.
姚汉源. 鄂君启节释文［M］// 古文字研究：第 10 辑. 北京：中华书局，1983.

三　楚币

龚心铭. 周爰金考［M］. 安徽通志 · 金石古物考稿，安庆：安徽通志馆，1935.
顾震福. 郢爰陈爰考释［M］. 安徽通志 · 金石古物考稿，安庆：安徽通志馆，1935.
方浚益. 缀遗斋彝器款识考释［M］. 上海：商务印书馆，1935.
王国维. 印子金跋［M］// 观堂集林 · 别集：卷二. 北京：中华书局，1959.

白冠西．郢爰考释［J］．考古通讯，1957（1）．
田心．江苏宝应县发现楚国郢爰［J］．考古通讯，1958（5）．
张浦生．江苏“郢爰”［J］．文物,1959（4）．
加藤繁．郢爰考［M］// 中国经济史考证（中译本），北京：商务印书馆，1959．
南京博物院．江苏邳海地区考古调查［J］．考古，1964（1）．
阜阳地区展览馆．安徽阜阳地区出土的楚金币［J］．考古，1973（3）．
安志敏．金版与金饼［J］．考古学报，1973（2）．
李家浩．试论战国时期楚国的货币［J］．考古，1973（3）．
韩自强．龟币“郢爰”初探［C］．安徽省考古学会成立会刊，1979．
涂书田．安徽省寿县出土一大批楚金币［J］．文物，1980（10）．
詹汉清．固始发现楚国郢爰［J］．中原文物，1981（2）．
马道阔．固镇发现楚国铜贝［J］．安徽文博总第 2 期，1981．
刘心健，王言畅．山东费县发现郢爰［J］．考古，1982（3）．
匡得鳌．浙江安吉发现郢爰［J］．考古，1982（3）．
朱活．蚁鼻新解［C］// 中国考古学会第二次年会论文集．北京：文物出版社，1980．
孔繁根．曲阜董大城村发现一批蚁鼻钱［J］．文物，1982（3）．
姚迁．江苏盱眙南窑庄楚汉文物窖藏［J］．文物，1982（11）．
殷涤非．卢金与龟币［M］// 古文字研究：第 8 辑．北京：中华书局，1983．
朱活．古币三谈［J］．中国钱币，1983（2）．
张志新．江苏吴县华川等地发现郢爰［J］．文博通讯（南京），1983（4）．
朱活．楚金杂谈［J］．江汉考古，1983（3）．
李绍曾．期思古城遗址调查［J］．中原文物（特刊），1983．
广德县文物组．誓节出土的一坛楚币［J］．宣州文物，1983．
蔡运章．郦爰考［J］．中国钱币，1984（3）．
陆松麟．上海博物馆藏楚贝铜范［J］．中国钱币，1983（2）．

赵德馨. 楚国金属货币币形［J］. 江汉论坛，1983（5）.
曹桂岑. 试谈楚国货币［C］// 楚文化研究论文集. 郑州：中州书画社，1983.
李绍曾. 试论楚币——蚁鼻钱［C］// 楚文化研究论文集. 郑州：中州书画社，1983.
冯耀堂. 安徽临泉出土大批楚国铜币［J］. 文物，1985（6）.
赵德馨. 楚国金币流通地域的考察［J］. 江汉考古，1985（3）.
朱活. 蚁鼻续解［M］// 古钱新探，济南：齐鲁书社，1984.
朱活. 郢爰新探［M］// 古钱新探，济南：齐鲁书社，1984.
朱活. 楚金再探［M］// 古钱新探，济南：齐鲁书社，1984.
刘和惠. 郢爰与战国黄金通货［C］// 楚文化研究论集：第一集. 武汉：荆楚书社，1987.
吴兴汉. 楚金币研究［C］// 楚文化研究论集：第一集. 武汉：荆楚书社，1987.
田福铿. 楚国“旆布当釿”布币浅释［J］. 淮北煤炭师范学院学报，1987（1）.
郭彦岗. 楚币浅议［J］. 钱币文论特辑，1988.
汪本初. 楚国铜币的特色［J］. 钱币文论特辑，1988.
张振标，刘奕云. 楚币“旆钱当釿”考略［J］. 钱币文论特辑，1988.
徐达元. 试论楚国“巽”字铜贝的铸造工艺［J］. 钱币文论特辑，1988.
陈衍麟. 繁昌拣选的“楚铜贝范”［J］. 钱币文论特辑，1988.
叶长庆，吕长礼. 肥西县出土大量蚁鼻钱浅谈［J］. 安徽金融研究（增刊），1988（3）.
王琳. 阜阳地区发现楚贝新品种［J］. 安徽金融研究（增刊），1988（2）.
汪本初. 安徽省三十年来出土古钱币述略［J］. 安徽金融研究（增刊），1989（2）.
李家魁. 五河县出土的楚金币“郢爰”［J］. 安徽金融研究（增刊），1989（2）.

张振标，刘奕云．“楚币之乡”探源［J］．安徽金融研究（增刊），1989（3）．
陈衍麟．繁昌县三山出土楚“𠔿”字铜贝［J］．安徽金融研究（增刊），1990（4）．
李学勤．楚金爰考［J］．中国钱币，1990（2）．
汪本初．从安徽繁昌县出土蚁鼻钱铜范来探讨楚“𠔿”字贝的铸造工艺［C］//楚文化研究论集：第二集，武汉：湖北人民出版社，1991．
黄德馨．楚爰金研究［M］．北京：光明日报出版社，1991．
寿县博物馆．安徽寿县再次出土大量楚国郢爰［J］．文物，1992（10）．
汪庆正．中国历代货币大系·先秦货币［M］．上海：上海人民出版社，1988．

四　李三古堆大墓

唐兰．寿县所出铜器考略［J］．国学季刊：第4卷1号，1934．
郭沫若．寿县所出楚器之年代［M］//金文丛考．北京：人民出版社，1954．
宝楚斋主人．寿县楚器出土记［N］．北平晨报附刊，1934-12-20、27．
向达，刘节．寿州出土楚铜器［N］．大公报·图书附刊，1934-06-02．
徐中舒．寿州出土楚铜器补释［N］．大公报·图书附刊，1934-06-16．
胡光炜．寿春所出楚王鼎考释（两篇）［J］．国风半月刊：第4卷，1934（3）、（6）．
胡光炜．安徽省立图书馆新得寿春出土楚王铊鼎铭释［J］．国风半月刊：第5卷，1934（8）、（9）．
方焕经．宝楚斋藏器图释［M］．影印本，1934．
刘体智．善斋吉金录［M］．庐江刘氏影印本，1935．
于省吾．双剑誃吉金图录［M］．北京：中华书局，2009．
商承祚．十二家吉金图录［M］．影印本，1935．
刘体智．小校经阁金文拓本［M］．庐江刘氏小校经阁影印本，1935．

郭沫若．两周金文辞大系图录·考释［M］．北京：科学出版社，1957．
刘节．楚器图释［M］．北京：北京图书馆，1935．
徐乃昌．安徽通志·金石古物考稿［M］．安庆：安徽通志馆，1936．
罗振玉．三代吉金文存［M］．北京：中华书局，1983．
李景聃．寿县楚墓调查报告［M］// 田野考古报告：第一册．上海：商务印书馆，1936．
容庚．商周彝器通考［M］．上海：上海人民出版社，2008．
朱拜石．考订寿县出土古器物初稿［M］．1934．
朱拜石．寿县出土楚器简明表［J］．学风：第 5 卷，1935（7）．
李则纲．楚器无恙［N］．光明日报副刊，1950-06-07．
安徽省博物馆筹备处．楚器图录［M］．［出版地不详］，1953．
楚文物展览会．楚文物展览图录［M］．北京：历史博物馆，1954．
朱德熙．寿县出土楚铜器铭文研究［J］．历史研究，1954（1）．
殷涤非．关于寿县楚器［J］．考古通讯，1955（2）．
于省吾．商周金文录遗［M］．北京：科学出版社，1957．
李学勤．战国题铭概述（下）［J］．文物，1959（9）．
邓峙一．李品仙盗掘楚王墓亲历记［C］// 安徽文史资料选辑：第一辑．1964．
朱德熙，裘锡圭．战国文字研究（六种）［J］．考古学报，1972（1）．
王人聪．关于寿县楚器铭文中“但”字解释［J］．考古，1972（6）．
朱德熙，裘锡圭．战国铜器铭文中的食官［J］．文物，1973（12）．
殷涤非．寿县楚器中的“大府镐”［J］．文物，1980（8）．
郭德维．关于寿县楚王墓椁室形制复原问题［J］．江汉考古，1982（1）．
李德文．李三古堆楚王墓钻探情况［J］．安徽省考古学会会刊：第 6 辑．1982．
吴兴汉．寿县楚王墓及其有关问题［J］．安徽文博总第 3 期，1983．
陈秉新．释“戠棠”［M］// 文物研究：第 1 辑．合肥：黄山书社，1985．
李德文．朱家集楚王墓的形制与棺椁制度［C］// 楚文化研究论集：第一集．武汉：荆楚书社，1987.
陈秉新．寿县楚器铭文考释拾零［C］// 楚文化研究论集：第一集．武汉：荆楚书社，1987.
曹淑琴，殷玮璋．寿县朱家集铜器群研究［C］// 考古学文化论集．北京：文物出版社，1987.
刘和惠．关于寿县楚王墓的几个问题［M］// 文物研究：第 5 辑．合肥：黄山书社，1989.
刘和惠. 寿县朱家集李三古堆大墓墓主的再认识[J]. 东南文化, 1991(2).
郝本性．寿县楚器集脰诸铭考释［M］// 古文字研究：第 10 辑．北京：中华书局，1983.

五　中小墓葬

马人权．安徽寿县双桥发现战国墓［J］．考古通讯，1956（3）.
谢春祝．无锡施墩第五号墓［J］．文物参考资料，1956（6）.
安徽省文物工作队．安徽长丰杨公发掘九座战国墓［C］// 考古学集刊：第 2 集．北京：中国社会科学出版社，1982.
丁邦钧，汪景辉．宣城县土坑木椁墓［J］．安徽省考古学会会刊：第 7 辑．1983.
余本爱．潜山县彰法山清理一座战国墓［M］// 文物研究：第 2 辑．合肥：黄山书社，1986.
寿县博物馆．寿县双桥战国墓调查［M］// 文物研究：第 2 辑．合肥：黄山书社，1986.
黄宣佩．上海市嘉定县外岗古墓清理［J］．考古，1959（12）.
安徽省文物考古研究所．舒城凤凰嘴发现两座战国西汉墓［J］．考古，1987（8）.
杨鸠霞．长丰战国晚期楚墓［M］// 文物研究：第 4 辑．合肥：黄山书社，1988.
安徽省文物工作队．安徽舒城九里墩春秋墓［J］．考古学报，1982（2）.

安徽省文物考古研究所．安徽舒城县河口春秋墓［J］．文物，1990（6）．
南京博物院．江苏六合程桥东周墓［J］．考古，1965（3）．
南京博物院．江苏六合程桥二号东周墓［J］．考古，1974（2）．
苏州博物馆考古组．苏州虎丘东周墓［J］．文物，1981（11）．
吴县文物管理委员会．江苏吴县何山东周墓［J］．文物，1984（5）．
南京市博物馆．江苏六合程桥东周三号墓［J］．东南文化，1991（1）．
江苏省丹徒考古队．江苏丹徒北山顶春秋墓发掘报告［J］．东南文化，1988（3–4）．
镇江博物馆．江苏武进孟河战国墓［J］．考古，1984（2）．
浙江省文物管理委员会．绍兴306号战国墓发掘简报［J］．文物，1984（1）．
淮阴市博物馆．淮阴高庄战国墓［J］．考古学报，1984（2）．
绍兴县文物管理委员会．绍兴凤凰山木椁墓［J］．考古，1976（6）．

六　蔡墓和蔡器

寿县古墓清理小组．安徽省战国墓出土的铜器群纪略［J］．文物参考资料，1955（8）．
安徽省博物馆．寿县蔡侯墓出土遗物［M］．北京：科学出版社，1956．
郭沫若．由寿县蔡器论到蔡墓年代［J］．考古学报，1956（1）．
陈梦家．寿县蔡侯墓铜器［J］．考古学报，1956（2）．
李学勤．谈近年新发现的几种战国文字资料［J］．文物参考资料，1956（1）．
史树青．对五省出土文物展览中几件铜器的看法［J］．文物参考资料，1956（8）．
孙百朋．蔡侯墓出土的三件铜器铭文考释［J］．文物参考资料，1956（12）．
唐兰．五省出土重要文物展览图录［M］．北京：文物出版社，1958：序言．
安徽省文化局文物工作队．安徽淮南市蔡家岗赵家孤堆战国墓［J］．考古，

1963（4）.
郭沫若．跋江陵与寿县出土铜器群［J］．考古，1963（4）.
陈梦家．蔡器三记［J］．考古，1963（7）.
仲卿．襄阳专区发现的两件铜器［J］．文物，1962（11）.
孙稚雏．淮南蔡器释文的商榷［J］．考古，1965（1）.
马数鸣．黼字考［J］．安徽文博总第2期，1981.
游寿，徐家婷．寿县蔡器铭文与楚蔡吴史事［J］．南京大学学报，1980（1）.
殷涤非．寿县蔡侯铜器的再研究［J］．考古与文物，1984（4）.
王人聪．蔡侯黼考［M］// 古文字研究：第12辑．北京：中华书局，1985.
黄德宽．蔡侯产剑铭文补释［M］// 文物研究：第2辑．合肥：黄山书社，1986.
王步艺．安徽霍山县出土吴蔡兵器和车马器［J］．文物，1986（3）.
刘和惠．蔡器铭与楚蔡关系新探［J］．东南文化，1989（3）.
许建强，李宏．寿县出土一件春秋铜罍［M］// 文物研究：第6辑．合肥：黄山书社，1990.
陈秉新．寿县蔡侯墓出土铜器铭文通释［C］// 楚文化研究论集：第二集．武汉：湖北人民出版社，1991.
刘建国．蔡侯墓文化属性试析［C］// 楚文化研究论集：第二集．武汉：湖北人民出版社，1991.
信阳地区文管会，潢川县文化馆．河南潢川县发现黄国和蔡国铜器［J］．文物，1980（1）.
赵新来．潢川县出土蔡国铜器补正［J］．文物，1981（11）.
于省吾．寿县蔡侯墓铭文考释［M］// 古文字研究：第1辑．北京：中华书局，1979.

七　其他

孙百朋．介绍蚌埠市出土的几件有文字铜器［J］．文物参考资料，1957（7）.

殷涤非. 安徽寿县新发现的铜牛［J］. 文物，1959（4）.
天津市文化局文物组. 天津市新收集的商周青铜器［J］. 文物，1964（9）.
安徽阜阳地区展览馆文博组. 安徽凤台发现楚国“郢大府”铜量［J］. 文物，1978（5）.
刘东瑞. 谈战国时期的不等臂秤“王”铜衡［J］. 文物，1979（4）.
李学勤. 论汉淮间的春秋铜器［J］. 文物，1980（1）.
安徽省博物馆. 安徽贵池发现东周青铜器［J］. 文物，1980（8）.
李零，刘雨. 楚郷陵君三器［J］. 文物，1980（8）.
李学勤. 从新出青铜器看长江下游文化的发展［J］. 文物，1980（8）.
胡悦谦. 试论安徽出土的楚国铜量［C］// 中国考古学会第二次年会论文集. 北京：文物出版社，1980.
殷涤非. 楚量小考［M］// 古文字研究：第 7 辑，北京：中华书局，1982.
陈秉新. 舒城鼓座铭文初探［J］. 江汉考古，1984（2）.
殷涤非. 安徽近年来考古发现与研究［J］. 江淮论坛，1981（3）.
殷涤非. 青铜器研究与安徽古代史［J］. 江淮论坛，1983（1）.
丁邦钧. 江淮地区楚文化考古述略［M］// 文物研究：第 2 辑. 合肥：黄山书社，1986.
刘彬徽. 楚国有铭铜器编年概述［M］// 古文字研究：第 9 辑. 北京：中华书局，1984.
殷涤非. 舒城九里墩墓的青铜鼓座［M］// 古文字研究：第 14 辑. 北京：中华书局，1986.
李学勤. 再论楚文化的传统［M］// 楚文化觅踪. 郑州：中州古籍出版社，1986.
蔡运章. 胡国史迹初探——兼论胡国与楚国的关系［M］// 楚文化觅踪. 郑州：中州古籍出版社，1986.
杨立新. 江淮地区楚文化初论［C］// 楚文化研究论集：第一集. 武汉：荆楚书社，1987.
刘彬徽. 楚系铜器略论［C］// 楚文化研究论集：第一集. 武汉：荆楚

书社，1987.
李国梁．“大子”鼎辨伪［C］//楚文化研究论集：第一集．武汉：荆楚书社，1987.
刘兴．从江苏东周时期遗存看楚文化的东渐［C］//楚文化研究论集：第一集．武汉：荆楚书社，1987.
王恩田．从曲阜两周墓看鲁文化面貌及楚文化对鲁国的影响［C］//楚文化研究论集：第一集．武汉：荆楚书社，1987.
郝本性．试论楚国器铭中所见的府和铸造组织［C］//楚文化研究论集：第一集．武汉：荆楚书社，1987.
俞伟超．楚文化的研究与文化因素分析［C］//楚文化研究论集：第一集．武汉：荆楚书社，1987.
何浩．鄢陵君与春申君［J］．江汉考古，1985（2）.
杨学范．山东泰安发现的战国铜器［J］．文物参考资料，1956（6）.
丁邦钧．楚都寿春城考古综述［J］．东南文化，1987（1）.
吴蒙蒙．盱眙南窑铜壶小议［J］．文物，1982（11）.
任经荣．蔡都州来辨址——兼论寿春城的历史形成［J］．东南文化，1991（2）.
丁邦钧．寿春城考古的主要收获［J］．东南文化，1991（2）.
杨立新．皖南古代铜矿的发现及其历史价值［J］．东南文化，1991（2）.

附录

一、寿县及其邻县地面战国城址调查表

顺序号	名称	位置	简介
1	寿春城址	今寿县城东南	详见本书第四章第二节
2	古城拐城址	寿县九龙乡古城村古城拐（寿春城址）西南	据《太平寰宇记》记载，该城为春申君黄歇所居的“西南小城”。城之平面为长方形，城垣残高 2.5 米，总面积 9.6 万平方米。城内地表有大量战国晚期的建筑材料遗物，如云纹瓦当，绳纹与布纹筒瓦、板瓦等
3	苍陵城址	寿县丰庄乡涧洼村冯家圩，淮河南岸	该城与《水经注·淮水》所记载的“苍陵城”位置吻合。现存城垣为夯筑，高 8 米，总面积 11.3 万平方米。1983 年安徽省、寿县文物部门在城内试掘，发现文化层堆积为战国至汉代陶豆、陶钵、筒瓦、板瓦等遗物
4	长城寺城址	六安新塘乡百洋铺村长岗	为战国至汉代的城址。平面长方形，南北长 750 米，东西宽 400 米，总面积 30 万平方米。城垣已被平整为耕地。城中有陶管井，地表暴露绳纹筒瓦、云纹瓦当、陶罐残片等
5	东城城址	六安城北乡东城村，淠东干渠从城址西部穿过	据清末《六安州志》记载为晋朝白沙城，但从考古调查发现的实物与标本分析，应为战国城址。该城建于商周遗址之上，平面长方形，南北长 650 米，东西宽 390 米，夯土城垣残高 2—6 米，宽 20—40 米。城址地表多见战国时期空心砖、云纹瓦当、筒瓦及鼎足、鬲足、红烧土等
6	锁阳城城址	六安祝墩乡祝墩村周围	该城建于商周遗址之上，在夯土城墙中曾发现过春秋时期的铜镞。城址呈平面长方形，南北长 500 米，东西宽 300 米，总面积 15 万平方米。地表可见鼎足、鬲足、各种纹饰的陶片、瓦片等

续表

顺序号	名称	位置	简介
7	孙城寺城址	六安双桥乡孙城寺村	该城建于新石器时代与商周时期的村落遗址上。城址呈平面方形，长220米，宽200米，面积4.4万平方米。残存战国时代的夯土城垣数段
8	洞阳城址	六安洞阳乡夏岗村周围	该城建在新石器时代至商周文化遗址上，为近似正方形的高大土墩，四周有夯土筑成的城墙。东西长320米，南北宽297米，高6.5—9米，面积10万平方米。城内地表遍布鼎足、鬲足及战国时期的布纹瓦片、云纹瓦当等
9	沈子国古城址	临泉城关镇西1千米，泉河南1千米	该城为春秋时期沈子国的国都，战国时为楚国军事重镇。现存城址为长方形高台地，三面环水。四周有夯土城墙突起。南北长1 000米，东西宽500米，总面积50万平方米。城内地表暴露陶片、瓦片甚多，出土过楚铜贝
10	艾亭城址	临泉艾亭乡乡政府所在地	该城建于战国，沿用至汉代。现为高台地，周围有护城河。东西1千米，南北1.6千米，面积160万平方米。文化层厚2米。地表发现过楚金币、铜贝、陶片及汉代瓦当、铜镜。城东南角尚存一座烽火台遗迹
11	鲖阳城址	临泉鲖城镇上	该城始建于战国，沿用至汉代。现为长方形台地，周围有护城河。残存南北长1千米，东西宽120米。文化层厚1.5米。出土过楚金币、铜贝、铜剑、戈及汉代瓦当、铜镜等。地表遍布砖、瓦、陶片
12	李大寨城址	临泉高塘乡李大寨村	为战国至汉代城址。现为长方形高台地，南北1千米，东西1.5千米。文化层厚2米。地表暴露大量瓦砾，出土过楚铜贝、铜镞，战国陶罐，汉代瓦当等。城内及周围还有战国、汉、晋各代墓葬
13	迎仙城址	临泉迎仙乡镇上	为战国至汉代城址。城平面长方形，周围有一圈护城河。南北1.5千米，东西1.3千米。文化层厚1.8米。地表陶片甚多，出土过楚铜贝、陶豆、瓦当等

续表

顺序号	名称	位置	简介
14	史庄城址	临泉雀庄乡史庄村	为战国至汉代城址。城垣已毁，平面长方形，南北800米，东西1.2千米。文化层厚1.8米。出土遗物有楚铜贝、陶罐、陶豆及汉代砖、瓦、陶器等
15	土坡城址	临泉土坡乡土坡集上	为战国至汉代城址。平面长方形，南北800米，东西1 600米，面积128万平方米。文化层厚1.5米。地表瓦砾甚多，出土过楚铜贝，战国陶罐，汉代砖、瓦当等
16	郭大庄城址	临泉谭棚乡郭大庄村，泉河南岸	为战国至汉代城址。平面呈长方形，南北800米，东西1千米，面积80万平方米，文化层厚1.5米。出土过楚金币、铜贝、陶器及汉代瓦当、砖、陶器等，地表遗物不多
17	阮城城址	阜南公桥乡阮城村，谷河南岸	又名“原鹿故城”，《后汉书》《水经注》均有记载。该城建于春秋，历经战国、汉，三国以后城废。城址现状南北1千米，东西1.7千米。尚存城垣及护城河。历年出土众多陶器和战国铜戈、弩机、铜镞、铜贝以及秦汉半两和五铢钱、铜镜、带钩等
18	山桑县城址	涡阳曹市乡北3千米	当地又名经城子、江栗城、红城子、北平城。为汉代山桑县城，始建于战国。平面方形，边长600米，面积36万平方米。四周城垣突出，四角有城楼遗迹，东西二门。城外护城河宽15米。地表多战国与汉代陶片、瓦片。当地农民曾经在城址内外捡到楚国铜贝
19	红城城址	蒙城小涧乡双锁山北峰东北600米的红城村	又名垂惠聚。此城始建于春秋，战国、汉代沿用。平面长方形，面积130万平方米，周长4 660米。城垣夯筑，残高0.7—1.7米，宽7米。城中有一块名为“金銮殿”的台地，面积近2 000平方米。出土遗物较多，遍布大平瓦、筒瓦、绳纹陶片
20	漆园城址	蒙城香山乡姜楼村刘寨庄西面20米	战国时筑城，名漆园邑。南北朝为涡阳县城，后没于水。城址平面长方形，长500米，宽300米，面积15万平方米。南城垣残高0.7米，形似土垅。曾出土战国陶罐、壶及楚贝等。地表多见汉代砖、瓦

续表

顺序号	名称	位置	简介
21	瑕城城址	蒙城乌集乡乌集街周围	《左传》记载，楚庄王伐宋，回师瑕坡，筑城，可能即此。今残存城垣高0.7米，总面积400万平方米。曾出土楚金贝2枚。地表有不少战国陶片
22	孙村城址	蒙城赵集乡，小孙庄北100米	该城平面方形，面积1平方千米，高出周围地面0.5米。城垣已毁，耕土层下有夯土城墙基。城中曾出土楚国铜贝、陶罐、灰陶瓦片等
23	钟离城址	凤阳临淮关东五里的李二庄乡小下庄西	该城为安徽省重点文物保护单位，是一处建于春秋，沿用至战国、秦汉的古城址。在春秋晚期为楚、吴两国的交争之地。该城址保存完好，城外有护城河，城垣残高3—4米，东西长360米，南北380米。四面各有一门。城内曾出土过铜器、陶器及楚铜贝，还发现过一块汉代“钟离丞印”封泥

二、寿县及其邻县地面战国墓葬调查表

顺序号	名称	位置	简介
1	裤裆地古堆墓	寿县东津乡南关村东津轮窑厂南250米	墓冢呈馒头状，封土残高3米，面积5 000平方米。中华人民共和国成立前曾在此墓西北发现过棺椁墓。附近还常发现中、小型土坑墓，出土有陶鼎、陶壶、车马器及原始瓷器等
2	西圈墓群	寿县东津乡寿西湖东岗上的朱家圩、周家圩一带	墓群南北长2千米，东西宽800米，面积160万平方米。在中华人民共和国成立前，就曾在此发现春秋墓葬多座。1984年安徽省文物部门调查发现，墓葬分上下层。上层为唐宋时的砖室墓，下层为春秋时的土坑墓，分布密集。已清理3座春秋墓，出土铜剑、车马器、铜镞、玉瑗等
3	廉颇墓	寿县城关北八公乡郝圩村放牛山南坡	又名“信平君之墓”，俗名“颇古堆”。墓冢高大似土山，高15—20米，面积1万多平方米。墓前原有一碑，今已佚。据明代《寿州志》记载，墓主为赵国大将军廉颇。他在赵国受迫害，出奔楚国，卒，葬于此
4	考烈王墓	寿县茶庵乡茶庵集西500米	当地原有3个大墩相连，安徽省博物馆曾对其中一大墩钻探，发现封土为夯土筑成。今残高4米，面积300平方米。据《寿州志》记载，墓主为楚国国君考烈王，此系传说，确否待考
5	半店大古堆墓	寿县八公乡郝圩村半店西50米的淮河边	墓冢原很高大，后被削低。今残高2米，面积约2 030平方米。1957年文物普查时发现，保存至今
6	店疙瘩古墓	寿县八公乡张管村店疙瘩西南，淮河东岸	墓葬坐落在一个高25米的土丘上，封土已削平，面积4 000平方米。过去曾在附近发现过棺椁结构的土坑墓，出土有战国铜镜、铜剑等遗物。该墓发现于1957年，至今保存未掘
7	孙家古堆墓	寿县八公乡张管村孙家郢北100米	墓冢封土高大，高15米，面积约2 500平方米。该墓发现于1957年，至今保存完好，可能为战国时期古墓

续表

顺序号	名称	位置	简介
8	刘家古堆墓	寿县八公乡团结村陆家郢东	墓冢呈馒头状，高8米，面积约2 800平方米。在东部剖面上，可见夯土层，每层厚0.3—0.4米。附近出土过玉璧、铜剑、云雷纹铜镜等
9	双古堆墓	寿县双桥镇胡塘村张大圩，寿西湖南岸	墓冢原有高大封土，后平为稻场。今残高4米，双墩面积1万平方米。在剖面可见黄白相间的五花土。可能为战国时期墓葬
10	大冲林古堆墓	寿县双桥镇大郢村南，寿西湖南岸	墓冢呈馒头状，封土为夯土筑成。残高3米，面积约2 400平方米
11	二十铺大古堆墓	寿县双桥镇二十铺村二十铺西南	墓冢原有高大封土，今仅残存2米高，面积1 000平方米。附近有大量五花土。土丘断面可见夯土层，每层厚0.25—0.3米
12	邱家老圩古堆墓	寿县双桥镇大郢村邱家老圩东南，寿西湖南1.2千米	有两处古墓。一处封土堆高6米，面积3 600平方米。一处呈“马鞍”状，名双古堆。高约3.5米，面积1万平方米。20世纪50年代末曾在附近发现过两座战国土坑木椁墓，出土一批陶器、铜器等
13	梅家古堆墓	寿县双桥镇大郢村郭台子西150米	有两座大墓。一处高4米，面积1 500平方米。另一处高7米，面积2 000平方米。封土均为夯筑，附近可见五花土。1991年1月发现一个新掘的盗洞，深4米。已填土复原
14	胡塘古堆墓	寿县双桥镇胡塘村东北300米，寿西湖南岗地上	有两座大墓，东西相距150米。西冢高3米，面积2 500平方米。东冢高2米，面积约3 000平方米。均为夯土筑成，保存完好
15	史家古堆墓	寿县双桥镇南塘村北塘沿北200米	墓冢封土高3.5米，面积5 700平方米。20世纪50年代曾在此清理两座战国土坑墓
16	酒坊圩古堆墓	寿县双桥镇南塘村酒坊圩东200米	地面上有3座封土堆大墓。一座高5米，面积200平方米。另2座高4—5米，面积5 700—5 800平方米

续表

顺序号	名称	位置	简介
17	蒋圩古堆墓	寿县双桥镇蒋圩村周围，寿西湖的东南岸	有3座大墓。一名双古堆，封土残高2米，面积600平方米。可见黄白相间的夯土层。一名邱家古堆，高1.5米，面积500平方米。一名平古堆，高3米，面积2 500平方米
18	孙场墓群	寿县双桥镇的孙场、胡塘、二十铺、双桥等村之间	墓群分布在孙场至双桥村一带的寿西湖东南岗地上，长5 000米，宽1 300米，面积650万平方米。其间有数以十计的大小墓冢，断面多见黄、白相间的夯土层。已发掘几座土坑木椁和石椁墓。出土有战国铜器鼎、剑、壶、矛、镜，玉器有璧、璜、佩及陶器等
19	双桥轮窑厂墓群	寿县双桥镇大郢村轮窑厂，寿西湖南岸岗地上	墓葬群面积约16万平方米。上层多为唐代砖墓，下层多为战国至汉代墓葬。出土有铜鼎、镜，陶鼎、壶、勺等
20	珍珠泉墓群	寿县八公乡团结村珍珠泉东南，四顶山东南坡地上	墓群从寿县水泥厂、供销社水泥厂到涌泉庵一带，面积190多万平方米。在此范围内，战国至唐宋时期的土坑、砖室、石板墓甚多，出土了铜剑、戈、矛、镜、砝码、金币、玉器、陶器等遗物
21	化肥厂墓群	寿县八公乡团结村化肥厂	以县化肥厂为中心，东到淮南，北至山坡，南达老河北的72万平方米范围内，发现许多土坑墓、砖室墓、石板墓，出土过战国至秦汉时期的铜镜、带钩、剑、矛、玉璧等
22	五里闸墓群	寿县八公乡大泉村五里闸，肥水北岸	从五里闸坝西侧至玛瑙泉，面积约15万平方米。在已动土的4 000平方米内，发现了60座战国至秦汉、唐宋墓葬，有土坑墓、砖室墓、石板墓等
23	东津渡墓群	寿县东津乡东津渡大桥西南，肥河西岸	为战国至秦汉墓地。北至公路，南至黄家庄，面积108万平方米。1984年以来已发现一些土坑竖穴墓、石板墓。出土有彩绘陶钫、陶豆、陶鼎、铜剑、戈、矛等

续表

顺序号	名称	位置	简介
24	两巷墓群	寿县板桥乡两巷村的土岗上	墓地面积1 000平方米。1990年平整土地，在此发现一些土坑、砖室、石板墓。相继发现战国至唐宋遗物玉蝉、玉璧、铜镜、弩机、陶器、瓷器200多件
25	青凤岗墓群	六安先生乡九龙村	在一条长800米的土垅上，分布着4座土墩大墓。一般高3—6米，周长50—100米。过去曾在此出土过春秋战国铜器
26	枣树墩子墓群	六安城东乡皋陶村	在枣树墩方圆500米的范围内，共有馒头形大小墓葬13座，一般高3—6米。过去曾出土过战国土坑木椁墓多座
27	石马墩墓群	六安城东乡三岔河村	石马墩为一墓群，面积约1万平方米。附近还有3座小墓。这里曾发现过战国土坑木椁墓
28	桃园墓群	六安新塘乡新塘村	在一条土垅上排列着8个土墩，一般高2.5米，直径30米。附近窑厂取土时，经常发现小型木椁墓葬，出土过陶器、兵器等遗物
29	大蒲墩墓	六安新塘乡新塘村	大蒲墩墓高4米，直径30米。附近还有两墓，已被公路切割削平。路边水沟现出墓坑的横剖面宽2.71米，封土系夯筑而成
30	陈墩墓群	六安施桥乡金斗村	在1平方千米的范围内有11座封土堆，一般高2—5米，直径15—20米。附近曾发现过战国土坑木椁残墓，墓中陶器多被乡民打碎
31	庄王墓	长丰罗塘乡庄岗村孙岗西500米	该墓长20米，宽32米，高3米，面积640平方米。原有高大的封土堆，后因修水利灌渠而被削掉缩小。相传为楚庄王（顷襄王）墓
32	斗笠古堆墓	长丰杨公乡前瓦村张家郢子之北200米	该墓长30米，宽25米，高3米，面积750平方米。墓北部被取土破坏，可见明显的夯土层，其他三面有近代民坟

续表

顺序号	名称	位置	简介
33	吴家双古堆墓	长丰杨公乡杨公村后圩西北约100米	计有两墓，南北排列。南墓高4米，面积1 155平方米；北墓高2.5米，面积1 365平方米。原来封土均比现在高大，后被削平种地。这一带可能为楚国墓地
34	西古堆墓	长丰杨公乡陈庙村蒋郢子北约50米	该墓长50米，宽40米，高2. 5米，面积2 000平方米。封土被削低，夯土层可见
35	杨公楚墓群	长丰杨公乡与朱集乡之间	1977—1979年，安徽省文物部门在此清理11座战国晚期的楚墓，出土陶、铜、玉器240多件。这里为楚国墓地，河边高地还有一些墓葬，其中被河水冲刷暴露墓口的墓就有六七座，尚待发掘
36	马家古堆墓	长丰孤堆乡鲁庙村刘家堆坊东北150米	该墓长宽各约60米，高12米，面积3 600平方米。封土原很高大，后被群众取土缩小。夯土筑墓，夯层厚7—8厘米
37	沈岗古堆墓	长丰孤堆乡沈家岗北50米	该墓长宽均37米，面积1 369平方米，高5米。封土，已被取土缩小
38	杨岗古堆墓	长丰孤堆乡杨岗村顾家圩之西北150米	该墓方形，高2米，面积400平方米。墓因常年取土而缩小。北60米处，也有一座夯土古墓，现已被削平
39	孤堆村墓	长丰孤堆乡孤堆村中	该墓方形，高4米，面积4 000平方米。封土堆被群众取土削低。附近原先有多座封土堆的古墓，现均已被削平
40	刘郢古堆墓	长丰孤堆乡孙老郢村刘郢庄西	该墓近方形，边长22米，高3.5米，面积484平方米，封土堆因修建氨水池被破坏
41	武王墩	长丰三和乡徐洼村武王墩庄东南400米	为安徽省重点文物保护单位。墓高16米，面积5 840平方米。墓形高大，十分壮观。封土夯筑，保存完好。可能为战国至西汉墓葬

续表

顺序号	名称	位置	简介
42	大古堆墓	长丰三和乡益城村建华之西南 80 米	该墓高 9 米，面积 1 110 平方米。封土较大，保存完整。大约为战国至西汉墓葬。现在墓顶有一座航空标铁架
43	军张墓群	长丰吴山镇军张村周围，吴山至涂郢乡公路两侧	在军张村边 200 米处，原有 20 多座古墓相连，现多已被平整。尚存 6 座较完整，高 3 米，每座古墓面积为 1 500—2 000 平方米。多为夯土筑成，大约为战国至汉代墓葬
44	黄歇墓	淮南赖山乡李一矿东 1 千米，南距沈郢孜 110 米	该墓高 12 米，面积 3 500 平方米。1979 年，市文物部门曾勘探过，从封土顶至墓室深 11 米。1986 年夏，曾遭盗掘，但未及墓室。相传为战国晚期楚春申君黄歇墓
45	双古堆墓	淮南唐山乡乳山村，翟家洼之西 300 米	共有两座古墓，各高 9 米，总面积 1 万平方米。封土高大，外貌完整。可能为战国晚期至汉初墓葬
46	奶头古堆墓	淮南唐山乡乳山村乳山顶端	墓高 3 米，面积 225 平方米。封土上植有松树林，保存完整
47	红卫轮窑厂墓群	淮南谢家集区红卫轮窑厂内	自 1972 年以来，先后发现战国、两汉古墓数 10 座。均为长方形竖穴土坑墓，个别有墓道。一般长 2—3.5 米，宽 1—2.8 米。出土有铜剑、镜、戈、洗，玉璧、玦，各种陶壶、鼎、豆、杯等
48	尚安村墓群	淮南赖山乡尚安村及其张岗、沙里岗、张家圩之间	计有大、小古堆 6 处，总面积 5 000 平方米。一般高 1 至 5 米，保存完整。为战国至汉代墓地
49	赖山村墓群	淮南赖山乡赖山村及其新庄孜、新范圩孜之间	计有和尚滩古堆、神仙古堆、无名古堆 3 处墓地，总面积 800 平方米。一般高 1 米左右。为战国至汉代墓地

续表

顺序号	名称	位置	简介
50	立新村墓群	淮南赖山乡立新村及其新庄孜、高家郢等村之间	计有庙台孜、荒草古堆、大小古堆等7处墓地，总面积4 000平方米。封土一般高2—3米左右。有的墓封土为夯筑。为战国至汉代墓葬
51	九里村墓群	淮南唐山乡九里村和柏家庄、九里岗庄之间	计有5座古墓，一般高1—2米，面积为150—400平方米不等。距孔山村墓群不远，为战国至汉代墓葬
52	孔山村墓群	淮南唐山乡孔山村梁郢、康郢、钱郢之间	计有楼台古堆、李家坟等7座古墓，总面积6 000平方米。封土残高2—10米左右。为战国至汉代墓葬
53	二十店墓群	淮南赖山乡二十店村附近	在村周围1万平方米范围内，分布着大小古墓几十座，多有封土堆。其中有一座墓葬较大，面积2 000平方米。为战国至汉代墓葬
54	隗店墓群	淮南赖山乡隗店村及刘老郢自然村	计有大小古堆7座，包括九女古堆、新塘古堆、赖侯古堆等。有的墓葬封土被削低，从剖面可见封土是由0.2米厚的夯土筑成。总面积约3 000平方米。为战国至汉代墓葬
55	红旗村墓群	淮南赖山乡红旗村及柏家台孜、小黄庄之间	计有4座大古堆，总面积4 000平方米。一般高0.5—2米不等。从已被取土破坏的剖面可见夯土层。地表散布粗、细纹陶片等。为战国至汉代墓葬
56	西郊墓群	蚌埠长青乡蚌怀公路两侧，涂山东麓	在东西长4千米，南北宽2千米的范围内，分布着战国、汉、六朝及唐至明清古墓上千座。为配合厂矿建设，清理发掘了一批战国、两汉墓，出土数百件陶、瓷、铜、玉器
57	周古堆墓	霍邱砖洪乡古堆村古堆队平畈地	为圆形土堆墓，高4米，面积92平方米。过去在附近挖出过战国时期的土坑小墓

续表

顺序号	名称	位置	简介
58	双古堆墓	霍邱砖洪乡民安村古堆队平畈地	有两座古墓，均为圆形土堆。南古堆在1976年兴修水利时被挖去封土，现在变成长7米、宽4米的洼地。北古堆高6米，周长80米。过去在此发现过战国墓。地表可见布纹瓦片
59	城关墓群	临泉城关镇泉河与流鞍河之间	墓群为长方形，东西2千米，南北1.5千米，面积300万平方米。因城市建设取土，已发现东周至汉代墓葬50多座，出土有青铜鼎、壶、剑、戈、殳、镜以及许多陶鼎、壶、豆、钵、俑、空心砖等
60	常湾墓群	临泉邢塘乡常湾村边	墓群占地20万平方米。因平整农田和取土，挖出战国墓葬30多座，出土青铜剑、戈、镞，以及陶鼎、豆、罐、盆、钵、勺等许多遗物。尚有一半墓地未被扰动
61	坟塘墓群	临泉鲖城镇北1千米处	墓群占地6万平方米。当地群众在平整土地时，已破坏6座战国墓葬，出土有楚金币、铜贝、青铜提梁壶和许多陶器
62	岗上墓群	临泉姚集乡岗上村之南50米，岗上遗址边	墓群占地3万平方米。当地农民平整土地时已破坏4座战国墓，出土有灰陶鬲、罐、盆等器物。今地表为农田，遍布陶器碎片
63	史楼墓群	临泉杨桥镇史楼村之西200米，泉河北岸	墓群位于河坡地上，面积3万平方米。当地农民在此建窑烧砖，先后破坏了20多座战国至汉代墓葬。出土有青铜剑、戈；陶壶、鼎、豆和汉代铜镜、陶盆、壶等
64	养由基墓	临泉牛庄乡马华村之东北400米。	墓为土堆，形制较小，高2米，面积20平方米。当地相传为春秋楚国名将养由基墓。从墓葬大小及结构观察，应为战国或汉墓
65	范蠡墓	涡阳西阳乡西4千米，涡蚌公路南侧，左西河南岸	此墓形制高大，占地1.2万平方米，高约15米。封土夯筑，坚实牢固。相传墓主为春秋晚期越国大夫范蠡。《安徽通志》、清《蒙城县志》均持此说。从墓的形制封土看，应为战国墓葬

续表

顺序号	名称	位置	简介
66	王子坟	涡阳高公乡小穆庄之西约300米	该墓封土高大，占地1.3万平方米。原高6米，后被农民取土挖低，现高3米。封土牢固，当地农民在中华人民共和国成立后曾两次挖掘，均未挖开。相传墓主为春秋楚平王之孙新弋，待考
67	钟子期墓	凤阳门台镇小青郢村南，马鞍山东北麓	墓为圆形封土堆，高2米，直径6米，面积30平方米。墓前有一块1930年树立的“先贤钟先生子期之墓”墓碑。钟子期为楚国人，因精于音律，又与俞伯牙友善而名传千古。相传其世居钟离集贤村（今凤阳小青郢），卒葬于此。确否待考
68	葛家古墓	凤阳殷涧乡葛家村东边	1983年，当地农民在村边高地挖塘，距地表1米处发现古墓，出土一些被打碎的灰陶器，征集了铜戈、匕首，具有战国时期的风格。据了解，附近仍有一些墓葬，尚待清理发掘
69	下庄古墓	凤阳李二庄乡下庄村南部	墓葬距钟离古城不远。1983年，村民在宅后挖塘，发现一座砖石结构古墓，出土战国铜剑、矛、带钩等器物。1991年修公路，在附近又发现一座春秋战国墓，出土铜器数十件

说明：以上两表综合寿县及其附近县、市的地面城址、墓葬调查资料而编制，城址和墓葬大部分未经发掘和试掘，表中的时代只具相对性，更准确的判断尚待科学发掘后才能获得。仅供参考。